Alexandra Reinwarth

Das Sexprojekt

Alexandra
Reinwarth

DAS
SEXPROJEKT
Wie ich (mich) auszog, die beste
Liebhaberin der Welt zu werden

mvgverlag

Bibliografische Information der Deutschen Nationalbibliothek:
Die Deutsche Nationalbibliothek verzeichnet diese Publikation in der
Deutschen Nationalbibliografie; detaillierte bibliografische Daten sind im
Internet über http://d-nb.de abrufbar.

Für Fragen und Anregungen:
sexprojekt@mvg-verlag.de

2. Auflage 2014

© 2013 by mvg Verlag, ein Imprint der Münchner Verlagsgruppe GmbH, München,
Nymphenburger Straße 86
D-80636 München
Tel.: 089 651285-0
Fax: 089 652096

Redaktion: Mareike Fallwickl, Rif bei Hallein
Umschlaggestaltung: Maria Wittek, München
Satz: HJR, Jürgen Echter, Landsberg am Lech
Druck: CPI – Ebner & Spiegel, Ulm
Printed in Germany

ISBN Print 978-3-86882-289-2
ISBN E-Book (PDF) 978-3-86415-188-0

Weitere Infos zum Thema:

www.mvg-verlag.de

Beachten Sie auch unsere weiteren Verlage unter
www.muenchner-verlagsgruppe.de

INHALT

EINLEITUNG

Sex ist die schönste Sache der Welt. Heißt es.

Die vollkommene Vereinigung zweier Menschen bis zu völligen Selbstaufgabe, ein unbeschreibliches Einswerden, gipfelnd in einem orgiastischen Sturm der Leidenschaft.

Nun ja. Das ist schön, keine Frage. Aber ich finde das Strawberry-Cheesecake-Eis von Häagen-Dazs auch eine schönste Sache der Welt. Oder Schuhe von Manolo Blahnik.

Warum habe ich den Verdacht, dass es irgendwo dort draußen Erotikgeheimnisse geben muss, die Häagen-Dazs-Eis und Blahniks in den Schatten stellen? Größere Erotikgeheimnisse als, sagen wir, sich gegenseitig mit einem Strickschal ans Bettgestell zu fesseln?

Mit leichtem Unwillen denke ich an halbgare Sexexperimente zurück: das Sexgeflüster, das scharfe Worte in schale Peinlichkeiten verwandelte. Ein aufgestellter Spiegel, der wippende Problemzonen und den Labrador im Hintergrund zeigte. Ganz zu schweigen von dem Tipp, ein bisschen Abwechslung ins Schlafzimmer zu bringen, indem frau sich nackt in Klarsichtfolie hüllt. Ich kann immer noch nicht fassen, dass ich das gemacht habe. Und den Gesichtsausdruck meines Freundes werde ich auch nie vergessen. Das kann doch nicht der Gipfel der Lust gewesen sein. Oder?

Warum bekommt man Sex eigentlich nicht beigebracht? Praxisnah und bunt gefächert? Die schönste Sache der Welt (neben Strawberry-Cheesecake-Eis) und man muss alles im Selbstversuch herausfinden. Das ist doch ein Witz! Da lernt man in der Schule alles über Hoden, Nebenhoden und Beckenböden, aber was man damit anfangen soll, das lernt man nicht. Ein herzliches »Toi, toi,toi!« und der Hinweis auf Aids und Empfängnisverhütung. Das war's.

Und das, obwohl Sex etwas ist, was wir alle haben können, jederzeit, überall. Es kostet (meistens) nichts und wir haben das nötige Equipment immer dabei! Ich fordere vorbeugende Kurse in Sachen sexuelles Krisenmanagement! Ich will Anleitungen mit Rollenspielen und Video-Feedback!

Vielleicht ist das ein traditionelles Weitergeben eines Traumas, von den Eltern an die Kinder, nach dem Motto: *Wir wussten auch nicht, wo oben und unten ist, wieso solltet ihr es da besser haben?*

Ich persönlich habe das jährliche Knecht-Ruprecht-Trauma an Sankt Nikolaus schon nicht gut verwunden. Da können Sie sich ungefähr vorstellen, in welcher Verfassung ich mich befand, als mir meine beste Freundin Beate erzählte, nachts wachse das Pipi der Väter auf doppelte Größe an (sie war damals fünf, sie hat das inzwischen relativiert), um sodann in der Mumu der Mama versenkt zu werden. Was denkt da eine vernünftige Fünfjährige?

So etwas Entsetzliches würden meine Eltern niiiiiie machen. Wobei – andererseits lassen sie auch jedes Jahr an Nikolaus diesen schrecklichen Mann mit der Rute und dem Sack für unartige Kinder ins Haus ...

Kinder haben es auch nicht leicht.

Die völlig absurde Vorstellung von Monsterpipis und Mama-Mumus wurde nur noch von dem eierlegenden Hasen an Ostern getoppt, wobei mir die Sache mit dem Hasen wesentlich plausibler erschien. Die Verwirrung war spätestens dann komplett, als das Wort *Eier* von den Erwachsenen mehrdeutig verwendet wurde.

Diverse Doktorspiele mit den Kindergartenkollegen brachten nicht die erhofften Erkenntnisse, höchstens die eine: Dass Bubenzipfel aussehen wie Schupfnudeln. Erst später wird daraus, wie Walter Moers schon so treffend menschliche Genitalien beschrieb, *radioaktiv verstrahltes Gemüse aus dem Weltall.*

Die Motivation für meinen Forscherdrang war, wie bei den meisten Kindern zwischen zwei und fünf Jahren, die Frage: Woher komme ich und wie kam ich auf diese Welt? Gott sei Dank wusste meine Freundin Beate auch über das *Wie* Bescheid: »Der Bauch explodiert.«

Zufrieden mit dieser Antwort, konnte ich mich den Rest meiner Kindheit wichtigeren Dingen widmen. Gummihüpfen zum Beispiel.

In diese Zeit fällt auch die erste Erinnerung an eine sexuelle Handlung. Natürlich mit Beate. Wir badeten des Öfteren abends vor dem Zubettgehen zusammen, wenn die eine bei der anderen schlief, weil es schier unvorstellbar war, sich erst am nächsten Morgen wiederzusehen. Während der Badezeremonie spielten wir dann manchmal das Engelchen-Teufelchen-Spiel: Das Engelchen legte sich dabei längs in die Wanne, das Teufelchen legte sich darauf und rutschte ein bisschen auf und ab. Danach explodierte in unserem Spiel der Bauch des Engelchens und es wurde ein imaginäres Baby aus der Wanne gehoben und dem Verantwortungsbereich des Badewannenvorlegers übergeben. Dann wurden die Rollen getauscht. Das Spiel provozierte ein kleines, süßes Ziehen in meinem Inneren, einen wunderbaren und geheimen Sog, der Großartiges versprach. »Bald«, flüsterte er, »noch nicht jetzt, aber bald.« Ein Appetizer.

Die doofen Jungs machten erst Jahre später auf sich aufmerksam durch Haareziehen, Rocklupfen und blöde Sprüche. Ein Wunder, dass wir sie damals nicht einfach erschlagen haben. Irgendwann, und von mir zunächst völlig unbemerkt, haben dann die Pubertätsgene KiSS1 und KiSSR beschlossen, es sei an der Zeit, mit der Arbeit zu beginnen. KiSS kommt von dem Peptidhormon Kisspeptin und hat nichts mit der bekannten Hardrock-Band zu tun. Die echte Geschichte ist noch besser: Das Gen KiSS1 wurde von Forschern in Hershey, Pennsylvania, USA, entdeckt, und sie benannten es nach dem berühmtesten Exportartikel ihrer Stadt: dem Schokobonbon Kiss der Hershey Foods Corporation. Das nenne ich Lokalpatriotismus. Was die Pubertät allerdings mit süßen Schokoladendrops zu tun hat, bleibt das Geheimnis der Wissenschaftler in Hershey. Entweder hatten die keine Kinder im relevanten Alter oder einen sehr, sehr trockenen Humor.

Es geht ja die Mär um, die Kinder kämen immer früher in die Pubertät. Jeder weiß von einem Kind von einem Bekannten eines Verwandten, das praktisch direkt nach der Geburt anfing zu pubertieren. Und wissen Sie was: Die Mär stimmt. Also nicht, dass Kinder schon nach der Geburt pubertieren, aber darauf könnte es hinauslaufen. Seit über 140 Jahren hält der Trend an, dass die Pubertät immer früher einsetzt. Und die Sexualwissenschaftler berichten, dass es noch nicht zu einem Stillstand gekommen ist.

Seit 1980, so eine Studie der Universität Landau, rückt die Geschlechtsreife jährlich um zwei Monate vor. Sehen Sie, was ich sehe? Wenn man das linear weiterführt, beginnen die Kinder im Jahr 2035

Jahr	Menstruation Mädchen	Samenerguss Jungs
1860	16,6	
1920	14,6	
1950	13,1	
1980	12,5	14,2
1994	12,2	12,6
2001	11,5	11,5–12
2010	10,3	10,5

(Das heißt nicht, dass Jungs vor dem Jahr 1980 keinen Samenerguss hatten, es waren nur keine entsprechenden Aufzeichnungen vorhanden. Herren, die diesbezüglich ein Mitteilungsbedürfnis verspüren, mögen sich direkt an den Verlag wenden.)

zu pubertieren, bevor sie eingeschult werden! Da bekommen die Mädchen Flügelbinden und Einführhilfen in die Schultüten!

Und wer ist schuld daran? Schuld an allem sind die dicken Kinder (von Landau). Je mehr Körperfett, desto früher geht's los. Wie Karl Lagerfeld im Zuge der Diskussion um magersüchtige Models schon so schön bemerkte:»Problematisch sind doch eher die dicken Leute.«

Hand in Hand mit diesem Trend geht eine Angleichung des Entwicklungsunterschieds. Die Entschuldigung zahlreicher Mütter von hummeldummen Jungs:»Die Mädchen sind den Buben ja um Jah-re voraus!«, stimmt nicht mehr. Mädchen sind im Durchschnitt den Jungs in ihrer Entwicklung nur noch wenige Monate voraus. Auch wenn das im Straßenbild ganz, ganz anders aussieht.[1]

Wenn ich mich recht erinnere, waren jedoch die körperlichen Veränderungen nicht das eigentliche Problem während der Adoleszenz.

---

1   Norbert Kluge (Universität Koblenz-Landau): *Beiträge zur Sexualwissenschaft und Sexualpädagogik*, Internetpublikation (zur Veröffentlichung vorgesehen).

Wikipedia meint zu diesem Thema:

»Die Heranwachsenden kommen während der Pubertät vermehrt in problembelastete Situationen, vor allem, wenn diese Situationen von Erwachsenen strukturiert werden. Durch die vermehrte Hormonausschüttung wird auf diese Situationen mit stärkeren Gefühlen reagiert.«

Meine Mutter hingegen meint, Pubertierende seien unzurechnungsfähige Idioten. Wie sie auf diese Idee kommt, ist mir allerdings völlig schleierhaft. Ich fand mich als Pubertierende hinreißend und empfand im Gegenzug eher meine Mutter als extrem problematisch.

Die süßen Gefühle mitsamt dem verführerischen Sog in meinem Inneren waren zu einer Art Tsunami geworden, der mich überrollte, sobald ich so etwas fantastisch Sexuelles tat, wie zum Beispiel zu schwofen. Sie kennen das? Sie umarmten einen Tanzpartner und bewegten sich so gut wie nicht von der Stelle, während im Hintergrund Kuschelrock lief? Da kamen die Hormone in Wallung!

Meine erste Liebe hieß Aufi, abgeleitet von seinem Nachnamen Aufhauser (pfiffig, was?) und er erfuhr tragischerweise nie etwas von seinem Glück. Wie viele As ich gemalt habe, auf Federmäppchen, in den Schnee, auf die Schulbank und mit der Taschenlampe in den Nachthimmel (das müsste er doch sehen, oder?), habe ich nicht mitgezählt. Es waren viele. Ich habe sein Fahrrad gestreichelt, ihn heimlich beim Fußballtraining bewundert und nachts meinen größten Teddybären so drapiert, dass ich mir vorstellen konnte, ich läge in seinem Arm. Und als er plötzlich eine Freundin hatte, blieb die Welt stehen.

Wenn zum ersten Mal die Welt stehen bleibt, weiß man noch nicht, dass sie sich doch weiterdrehen wird. Diese Erfahrung fehlt, und deswegen ist es endgültig und das Schlimmste. (Das Verrückte ist, dass später im Leben das Wissen, dass sich die Welt doch immer weiterdreht und nicht stehen bleibt, ähnlich schmerzhaft ist.) Kurzum, völlig gegen meine Erwartungen blieb die Welt nicht im Pausenhof des Goethe-Gymnasiums stehen. Bald darauf, mit 13, verliebte ich mich nämlich schon in meinen ersten »richtigen« Freund. »Richtig« im Sinne von: »Wir gingen miteinander«, nicht im Sinne von: »Wir hatten zügellosen Sex.«

Er hieß Tobias Grabinski. Er war zwar zunächst nicht in mich, sondern in Gabi verliebt, ich konnte das aber Gott sei Dank ändern. Wer weiß, was noch ein Tiefschlag mit meinem weiteren Liebesleben angerichtet hätte. Er begleitete mich zur Reitstunde, ich schoss Fußbälle ins Tor, damit er üben konnte, Torwart zu werden, wir hielten Händchen. Meine Mutter fand ihn erst nicht so gut. Das legte sich aber schlagartig, als sie erfuhr, dass sein Spitzname Grabschi nur der Abkürzung seines Nachnamens geschuldet war.

Eines Tages lagen Grabschi und ich auf meinem Bett, rieben die Nasen aneinander und tauschten gehauchte Küsse aus. Und an diesem Nachmittag machten wir die Entdeckung des Jahres: den Zungenkuss. Es war – perfekt.

Von ihm bekam ich meinen ersten Liebesbrief. Er war mit Schreibmaschine auf lila Briefpapier geschrieben, hinter den ersten Zeilen ging der Mond im Meer unter. Er steckte in einem passenden lila Briefumschlag, den mir mein Liebster an einem Freitag nach der letzten Schulstunde in die Hand drückte:

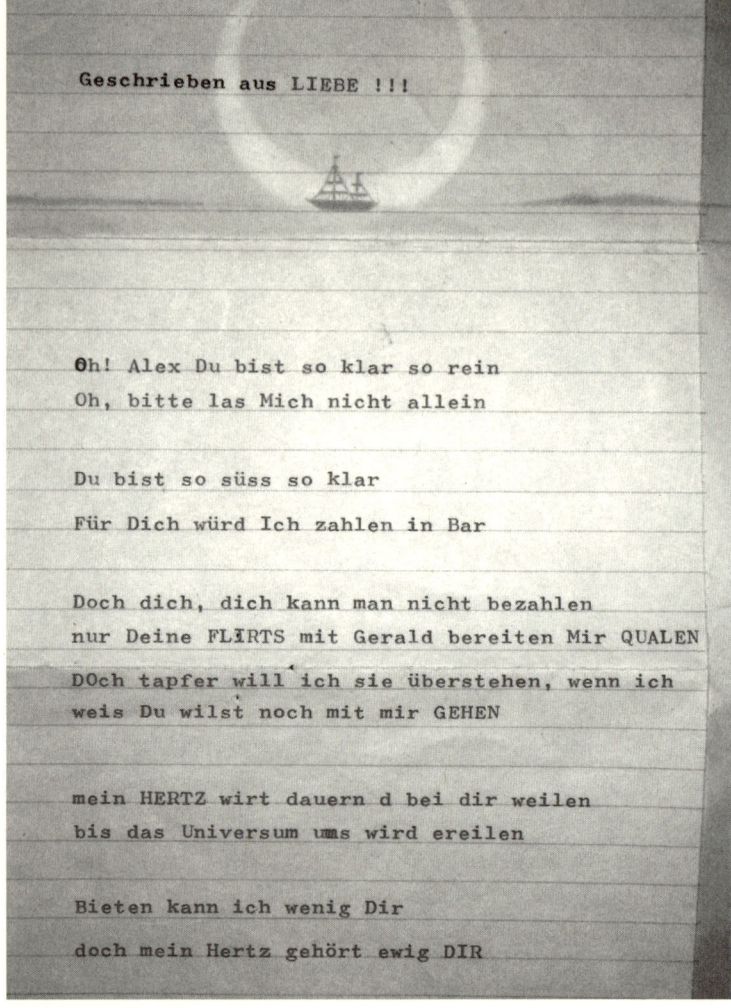

Geschrieben aus LIEBE !!!

Oh! Alex Du bist so klar so rein
Oh, bitte las Mich nicht allein

Du bist so süss so klar
Für Dich würd Ich zahlen in Bar

Doch dich, dich kann man nicht bezahlen
nur Deine FLIRTS mit Gerald bereiten Mir QUALEN
DOch tapfer will ich sie überstehen, wenn ich
weis Du wilst noch mit mir GEHEN

mein HERTZ wirt dauern d bei dir weilen
bis das Universum uns wird ereilen

Bieten kann ich wenig Dir
doch mein Hertz gehört ewig DIR

Mein nächster Freund hieß Gerald. Gemein, was?

Mit Gerald tappte ich in genau jene Falle, in die Frauen immer wieder mit traumwandlerischer Sicherheit und sehenden Auges hineintappen: Er war gut aussehend, älter, eisig cool und wahnsinnig – unnahbar. Dass seine Überlegenheit daher kam, dass er aufgrund eines Erbsenhirns bereits zweimal sitzen geblieben war, blendete ich aus. (Es ist erstaunlich, was man alles ausblenden kann. Meine Freundin Jana war einmal in einen Kerl verliebt, der unsozial, unattraktiv, humorlos, geizig und gleichzeitig dumm wie Brot war. Alles in einem. Und was sagte Jana damals? »Aber er hat so süße Grübchen!« Und da war sie Ende 20.)

Wäre Gerald ein paar Jahre älter gewesen, hätte er ein Motorrad und eine abgewetzte Lederjacke gehabt. Aus Geralden werden später die Männer, von denen Frauen denken, sie seien empfindsam und nachdenklich, nur weil sie nichts sagen. In Wahrheit haben sie einfach nur nichts zu sagen.

Geralde schreiben auch keine Liebesbriefe. Bei denen ist man schon froh, dass man überhaupt an ihrer Seite weilen darf. Ich glaube, im Leben jeder Frau gibt es mindestens einen Gerald. In meinem gab es fünf – manche brauchen eben länger.

Sex hatten Gerald und ich nicht, wir hatten aber eine ungefähre Ahnung, was theoretisch wohin gehört und drückten unter heftigem Geknutsche die zuständigen Körperpartien aneinander. In diese Zeit fiel auch der Aufklärungsunterricht im Rahmen der Biologiestunde bei Frau Rammel. Ja, Rammel. Keine andere Lehrerin ist so oft mit ihrem Namen angesprochen worden. Frau Rammel kam Jahre zu spät. Dass in der gängigen Geburtspraxis die Babys in der Regel nicht auf die Welt kommen, indem der Bauch platzt, sondern, und diese Vorstellung war noch viel schrecklicher, die Babys irgendwie dort unten rausgepresst werden mussten, das hatte sich vorher schon geklärt. Abgesehen von den Themen Schwangerschaft und Geburt gab es im Aufklärungsunterricht jede Menge kopierte Arbeitsblätter, auf denen abstrahierte männliche und weibliche Geschlechtsorgane in Vorder- und Seitenansicht zu sehen waren. Den verschieden bunt schraffierten Flächen musste man dann Begriffe zuordnen wie:

- Scheidenöffnung mit Jungfernhäutchen

- Harnröhrenöffnung

- Vorsteherdrüse

- Nebenhoden

- Glied

Jetzt mal ehrlich – was soll das? Frau Rammel versteckte sich hinter dem Overhead-Projektor und sprach keine einzige der wirklich relevanten Fragen an:

- Wie kann man den Penismuskel trainieren? (Jungs)

- Wie groß muss mein Busen mindestens werden, in Zentimetern, und wann sind sie endlich gleich groß? (Mädchen)

Wir erfuhren auch nichts darüber, dass Sex mitunter nicht vollkommen ist, Geräusche macht und dass der Beckenboden und die Prostata außer schraffiert auch sexuell interessant sein könnten. Stellungen, G-Punkt, homo, bi, anal und Fetisch, das wurde uns alles verschwiegen. Von Frau Rammel. Das musste dann alles Dr. Sommer richten oder in meinem Fall Beate. Was wäre ich ohne sie gewesen.

Irgendwann zwischen dem 14. und dem 16. Lebensjahr, sagt die Statistik, erleben die meisten Jugendlichen ihr erstes Mal. Mädchen im Durchschnitt mit 15,5 Jahren und Jungs mit 16,4 Jahren.

Da war ich dann dabei. Entgegen meiner Vorstellung war es überhaupt nicht romantisch, gar nicht erhebend und es waren auch keine Glocken zu hören. Nur die A-Seite einer Tanita-Tikaram-Platte.[2] Ich habe an den Akt an sich keine genauen Erinnerungen, aber ich weiß noch genau, was ich dabei dachte:

Und darum machen alle so ein Theater? Und: *Ach schau, das dauert genau so lange wie eine Seite einer Langspielplatte.*

Mein erster Orgasmus kam mit etwas Verspätung, ungefähr 1,5 Jahre danach, als ich allein in meinem Bett lag und nicht einschlafen konnte. Davor hatte ich mich hin und wieder gefragt, ob ich nicht vielleicht schon längst einen Orgasmus gehabt hatte. In DER Nacht war mir dann mit einem Schlag klar, dass dem nicht so gewesen war. Ich hätte es gemerkt. Und es wurde mir auch klar, warum alle so ein Theater darum machten. Was für eine Entdeckung!

In den darauffolgenden Jahren war Sex vergleichbar mit einem großen Abenteuerspielplatz. Man musste alles mindestens einmal ausprobieren, auch die große Rutsche, und auch wenn man sich dabei ein Knie aufschlug. Während der regelmäßigen Weiberabende wurden dann Erfahrungen ausgetauscht, es wurde zu viel getrunken und infolge gekichert und mit dem Kellner geflirtet, der die nächste Flasche Prosecco brachte. Erinnert sich noch

---

2   www.mv-spion.de hat eine Top-Ten-Liste von Musikstücken veröffentlicht, die schon so manchem Liebesspiel wegen Peinlichkeit oder Lachanfall den Garaus gemacht haben. Songs, die man keinesfalls beim Sex hören kann:
»Short dick man« – 20 Fingers feat. Gillette
»Push it« – Salt 'n' Pepa
»I still haven't found what I'm looking for« – U2
»Highway to Hell« – AC/DC
»All that she wants (is another Baby)« – Ace of Base
»U can't touch this« – MC Hammer
»Sex Machine« – James Brown
»Make luv (and listen to the music)« – Room 5
»The bad touch« – Bloodhound Gang
»Big girls (You are beautiful)« – Mika
Und natürlich außer Konkurrenz: »Das erste Mal tat's noch weh« von Stefan Waggershausen

jemand an diese blauen Flaschen? Mit dem Bindfaden um den Korken? Genau die.

Nach Ergebnissen der Sexstudie 2008 von Pro7 haben Frauen im Schnitt mit 6,7 Partnern Geschlechtsverkehr. Also jetzt nicht auf einmal, sondern im Laufe ihres Lebens. Männer geben an, mit 10,2 Partnerinnen im Bett gewesen zu sein. Lustig: Mathematisch ist das unmöglich. Die Macher der Studie erklärten dies anhand einer Neigung zur Übertreibung auf Männerseite, wiesen aber auch gleichzeitig auf einen gewissen Hang zum Understatement seitens der Frauen hin. 6,7 Männer, dass ich nicht lache. Ich hatte alleine schon fünf Geralde. Von Beate fange ich jetzt mal gar nicht an.

Und dann ist schleichend der Ernst des Lebens über uns gekommen. Ehe wir »Prösterchen« sagen konnten, waren wir mit Karrieren und Arbeitskollegen beschäftigt. Ich fing in einer kleinen Agentur als Grafikerin an und traf dort den Mann meines Lebens. Nebenbei wurden Mamas Fragen nach Enkelkindern abgeschmettert, die erste gemeinsame Wohnung sauber, man selbst strahlend gehalten und man kannte plötzlich jemanden, der eine Raumpflegerin engagierte. Kurz darauf sprach das erste Paar im Bekanntenkreis in Wir-Form. Es war beängstigend. Die Partys bestanden nicht mehr aus Nudelsalat, lauter Musik, Tanzen und Knutschen. Ich saß auf einmal mit meinem Liebsten in der Ikea-Küche eines befreundeten Paares bei einem »schönen Glas Rotwein«, wir unterhielten uns zivilisiert und kochten zusammen. Zum Rauchen wurde ich auf den Balkon geschickt. Und genau dort fragte ich mich, wann ich das letzte Mal Sex hatte. *War das letzte Woche? Oder ist das jetzt schon zwei Wochen her? Und warum erinnere ich mich nicht daran? Was ist aus dem Abenteuerspielplatz geworden?* Ich trank dann noch mehrere, ebenfalls sehr schöne Gläser Rotwein. An diesem Abend lernte ich, dass man andere Paare nie, nie, nie im Beisein ihres Partners fragen sollte:

1. Wie oft habt ihr Sex?

2. Ist er aufregend?

3. Wie viele Lover hattet ihr vorher?

4. Und wie aufregend war es mit denen?

Zumindest sollte man spätestens dann, wenn das Gegenüber die Antworten unverständlich in sich hineinbrummelt, nicht dreimal hintereinander: »Was? Ich kann dich gar nicht hören!«, fragen.

Laut der Studie *Sexual Wellbeing Survey* des weltweit größten Kondomherstellers Durex, bei der sich mehr als 26.000 Menschen aus 26 Nationen unter die Decke schauen ließen, haben die Deutschen 117 Mal Sex. Im Jahr. Eine andere Studie[3] spricht gar von 139 Mal im Jahr. Das macht 2,8 Mal in der Woche! Haben denn die Leute sonst nichts zu tun? Toll! Alle haben Sex, außer mir! Zum Kotzen ist das. Ich muss der Tatsache ins Gesicht sehen: Der Abenteuerspielplatz ist zu einem Sandkasten geworden.

Bei uns zu Hause hat sich das Liebesleben nach der ersten Verliebtheit (Mamma mia, was für eine Zeit) beruhigt und wir haben circa einmal die Woche Sex. Manchmal auch einen ganzen Monat lang nicht und dann wieder an mehreren Tagen hintereinander. Das geht phasenweise rauf und runter, wie eine Fieberkurve.

---

3 Wieder die Studie von Pro7, *Sexreport 2008.* Der wissenschaftliche Leiter der Studie, Prof. Dr. Jakob Pastötter, Präsident der Deutschen Gesellschaft für Sozialwissenschaftliche Sexualforschung (DGSS) bedauert, dass er nicht die Gelegenheit hatte, Fragen zum Sexualverhalten der unterschiedlichen Ethnien in Deutschland zu stellen. Trotz spannender Fakten wie dieser: »*Ein Phänomen war beispielsweise im Deutschland der Fünfzigerjahre das berühmte ›Neger-Schwänze-Schauen‹. Neugierige junge Frauen bezahlten in den Dörfern rund um amerikanische Armeestützpunkte farbige GIs fürs Entblößen der Geschlechtsteile. Dazu passt auch, dass gerade in Deutschland schwarz gefärbte Kondome immer noch sehr beliebt sind.*«

Meistens in der Löffelchenstellung. Erstens komme ich mir dabei sexy vor und zweitens hab ich eine Hand frei. Außerdem liegt man schön bequem. Die Missionarsstellung hingegen finde ich nicht immer unproblematisch: Das ist nur schön, wenn gerade absolute Friede-Freude-Eierkuchen-Stimmung herrscht. Denn: So ein Gesichtsausdruck beim Sex ist mitunter ziemlich lächerlich, wie beim Niesen oder Sich-einen-Mückenstich-Aufkratzen, man verdreht die Augen und guckt wie ein Depp. Das findet man nur hinreißend, wenn nichts als Wohlwollen, Liebe und/oder Lust vorherrschen. Und wenn man frisch verliebt ist. Ich habe festgestellt: Je länger die Beziehung, desto Augen zu. Lieber mehr spüren als gucken. So kann man auch leichter von diesem wahnsinnig gut aussehenden Kabarettisten fantasieren. Das macht man nicht, wenn der Mann noch frisch ist. Die Zeit macht den Sex unaufgeregter, dafür zuverlässiger, man ist aufeinander eingespielt, das ist schön und vertraut. Und etwas langweilig.

Zu meiner Genugtuung waren die Umfrage-Nymphomanen auch nicht zufrieden mit ihrem Sexleben. Gott sei Dank. Zu wenig (!), zu schnell, zu langweilig, zu höhepunktlos usw. Problem Nummer eins scheint die mangelnde Kommunikation zu sein. Eine Studie in meinem Freundeskreis ergab, dass es 100 Prozent der Deutschen leichter fallen würde, zwei richtig scharfe Chilis zu essen, als mit ihrem Partner über ihre geheimsten Sexwünsche zu reden. Also die richtig geheimen. Ich überlege, wann L. und ich das letzte Mal über verborgene Fantasien gesprochen haben. Das muss Jahre her sein. Ich sag es ja, zum Kotzen, wenn man drüber nachdenkt. Das kann so nicht weitergehen. Am nächsten Abend, während der Zubereitung meiner himmlischen Gamba-Lasagne, frage ich L., ob er findet, dass ich gut im Bett bin. Er sagt: »Ja.«

Ich bin mir nicht sicher, ob das nicht ein Was-immer-du-willst-aber-lass-mich-in-Ruhe-Ja ist. Außerdem kann er sich wahrscheinlich ungefähr vorstellen, was los gewesen wäre, hätte er Nein gesagt. L. wendet sich wieder seiner Sonntagszeitung zu und tätschelt den Kopf von unserem Hund Lila, der zu seinen Füßen vor dem Sofa liegt.

Das ist der Moment, in dem ich L. insgeheim schwöre, dass ich ihn so weit bringen werde, dass er allein bei der Erwähnung des Wortes *Bett* wimmert und/oder wie ein Tier über mich herfällt – eins von beidem auf jeden Fall, ich bin mir da noch nicht sicher.

Im Ernst. Ich will, dass ihm Schauer über den Rücken laufen, wenn er an unsere letzte Nacht denkt. Dass ich ihm eine Lust bereite, die er so noch nie verspürt hat und nach der er süchtig wird. Und ich auch. Dass er vom Büro nach Hause kommt und sich auf dem Weg ins Schlafzimmer die Klamotten vom Leib reißt, weil ich ihn mit einem Anruf so heiß gemacht habe, dass er seit der Mittagspause nicht mehr klar denken kann. Gut, vielleicht nicht jeden Tag. Aber manchmal.

Haben Sie auch *9 ½ Wochen* gesehen, vor gefühlten hundert Jahren? Die hatten doch ein paar gute Ideen. Wobei ich das gegenseitige Einschmieren mit Lebensmitteln, um sie sich gegenseitig vom Körper zu lecken, WIRKLICH nicht zur Nachahmung empfehle. Was habe ich mir damals die Beine geschrubbt, bis der Honigpapp wieder abging. Nein, da muss es andere Möglichkeiten geben, um zur Sexgöttin zu werden. Ich glaube auch, dass ein Mann, dessen Freundin eine Cruise Missile im Bett ist, den Reizen von anderen Frauen indifferenter gegenübersteht. Nicht, dass ich da größere Befürchtungen hätte, aber als Nebenwirkung ist mir das durchaus willkommen. Der Entschluss ist gefasst, ich werde der Sache jetzt auf den Grund gehen. Ich werde die beste Liebhaberin der Welt werden.

Als Allererstes konsultiere ich, wie jede Frau, meine beste Freundin: Jana. Sie ist 32 und seit zwei Jahren Single. Ihre italienische Urgroßmutter hat ihr die schwarzen Locken, die dunklen Augen und ein leicht aufbrausendes Temperament vererbt. Neben Jana komme ich mir immer vor wie ein blutleerer Stangensellerie, mit meinem mittelbraunen Schnittlauchhaar und meiner blassen Haut. Janas Vorliebe für Süßigkeiten ist verantwortlich für stetig wiederkehrende Diäten, die sie meist nach drei Tagen abbricht, und ein Dekolleté, von dem ich mit meinen 75B nur träumen kann.

Ihr Ex, der Arschkrapfen, wie sie ihn wenig liebevoll nennt, entdeckte relativ überraschend nach dreijähriger Beziehung sein Faible für blonde Mittzwanzigerinnen. Jana konnte dieses Interesse nicht teilen und trennte sich sowohl szenen- als auch tränenreich. Seitdem hat sie Flirts, Affären, Abenteuer und Katastrophen und soll mich nun mit ihrer Erfahrung unterstützen. Jana und ich haben weiß Gott schon oft über Sex geredet, gerne das eine oder auch das andere Glas dazu getrunken und viel und herzlich gelacht. Zum Beispiel über Janas Nacht mit einem Bernie, den sie nach einer Feier mit zu sich nach Hause genommen hatte. Nachdem beide diesen speziellen Punkt überschritten hatten, an dem klar ist, dass der andere ebenfalls nicht »nur noch ein Glas trinken« will, fielen sie recht hübsch übereinander her. Und während Jana auf der Couch kniete, an ihrem Fuß ihr Slip baumelte und sie sich über die Seitenlehne beugte, kniete ein schnaufender Bernie rhythmisch hinter ihr und kam mit seinem Bernie-Knie auf die Wiederwahltaste von Janas Handy. An diesem Tag hatte Janas Mutter Geburtstag, Jana hatte sie kurz vorher angerufen, um zu gratulieren ...

Auf jeder Familienfeier muss sich Jana seither die Geschichte anhören, wenn unter dem fröhlichen Gegacker der versammelten

Sippe Janas Mutter das Gehörte zum Besten gibt. »Das stärkt den Charakter«, meint Jana und amüsiert sich inzwischen selbst königlich über das Bernie-Erlebnis. An ihrer Stelle hätte ich, glaube ich, stangensellerieglich den Kopf in den Sand gesteckt. Für immer.

Aber heute geht es ans Eingemachte. Wir werden nicht über lustige Pannen und peinliche Expartner lachen, sondern ich will, dass Jana, im übertragenen Sinn, die Hosen runterlässt. Ich kenne Jana jetzt seit zehn Jahren, wir haben immer alles zusammen gemacht, ich kenne ihre Träume, ihre Tränen und die Geheimzahlen ihrer Konten – aber es ist trotzdem komisch, sie zu fragen, wie genau sie fickt und tickt, und warum.

Vorausschauend habe ich eine Kiste Cava besorgt und gleich alle sechs Flaschen kalt gestellt. Man kann nie wissen. Jana kommt nach der Arbeit zu mir. Wir sitzen an dem Bistrotisch in der Küche. Es dauert 1,5 Flaschen. Dann ist Jana bereit für unser Gespräch.

»Und du erzählst bitte niemandem Details aus meinem Schlafzimmer!«

»Selbstverständlich nicht!«

Es konnte losgehen.

»Alex, dir ist schon klar, dass jeder Mann unterschiedlich reagiert?«

Ich bejahe und schenke ihr ein neues Glas ein.

»Und dass das Flirten vor dem Sex eine Wissenschaft für sich darstellt?«

»Ich brauche jetzt aber Fakten, Fakten, Fakten.«

»Okay. Also als Erstes: Ich habe eine Frühchen-Möse.«

»Was?«

Jana hat also eine Frühchen-Möse. Ich habe das Wort vorher noch nie gehört und schaue prompt in ihren Schritt, sehe aber nur das Blümchenmuster ihres Sommerrocks. Jana ist vier Wochen zu früh auf die Welt gekommen. Zu diesem Zeitpunkt, erklärt sie mir, sind bei den Mädchen die äußeren Schamlippen noch nicht komplett entwickelt und schließen sich nicht um die Inneren. Dies kann im Laufe der Zeit noch geschehen oder, wie in Janas Fall, auch nicht. Im Gegensatz zu den meisten anderen Frauen schauen die inneren Schamlippen nicht ein bisschen oder gar nicht hervor, sondern Möse und Klitoris liegen offen, wie eine geplatzte Frucht.

Interessant. Das muss ich sehen.

»Interessant. Das muss ich sehen.« Jana schlägt die Hände über dem Kopf zusammen.

»Oh Alex, dafür habe ich nicht genug getrunken.«

Kein Problem, ich schenke nach. Dann hole ich den Laptop und wir schauen auf www.the-clitoris.com Bilder aus der *Vulva Gallery* an. Nach dem Betrachten von hundert Mösen ist man da nicht mehr so zimperlich. Jana auch nicht. Sie hebt ihren Rock und zieht den Slip runter. Und es stimmt! Statt einem schmalen Spalt sehe ich eine leicht geöffnete rosa Vulva – sie sieht ein bisschen so aus, als wenn eine normal entwickelte Frau ein wenig die Beine spreizt.

»Und da fahren die Männer drauf ab?«

»Und wie.«

Da ich im Nachhinein nichts an meiner Geburt bzw. deren Zeitpunkt ändern kann, habe ich mir ein einzigartiges Programm
zusammengestellt:

Dirty Talk
Ich werde endlich lernen, wie man hübsch schmutzig spricht.
Das ins Kissen genuschelte »Fick mich« gehört von nun an der
Vergangenheit an. Ich kam mir dabei sowieso immer blöd vor,
und seien wir ehrlich, Blödvorkommen ist keine ideale Vorraus-
setzung für hemmungslosen Sex. Umfragen zufolge steht jeder
zweite Mann auf das Sexgeflüster. Außer, und jetzt die Läffl uff-
schbärrn: die Sachsen. Wer hätte das gedacht. (Nischds för un-
jut.) Ich werde also meinen Mut zusammennehmen und mich
auf den Weg zu verbalen Höhepunkten machen.

Der Beckenboden und ich
Ich werde meinen Beckenboden ausbauen. Mit Übungen des
amerikanischen Urologen Dr. Arnold Kegel finde ich heraus, was
und wo mein Beckenboden ist und wie ich zum Muskelprotz werde. Die alte, orientalische Kunst um den Muskel ist legendär – ich
werde herausfinden, was ich tatsächlich damit anstellen kann und
ob sich der Aufwand wirklich lohnt.

Wie ich auszog, den G-Punkt zu finden
»Hast du ihn schon gefunden?« Nein. Hab ich nicht. Ich kenne
auch niemanden, der ihn gefunden hat. Ich habe aber auch nicht
gerade intensiv danach gesucht. Das wird geändert. Ich mache
mich auf die Suche. Egal, wie lange es dauert und was für eine
Ausrüstung ich dafür brauche, das Ding muss geortet werden.

Das kann doch nicht wahr sein: Da gibt es so etwas wie einen Orgasmusknopf und ich kann ihn nicht betätigen, nur weil ich nicht ordentlich nachgesehen habe. L. soll ja etwas Vergleichbares haben: die Prostata. Noch eine Suche:

Die Sache mit der Prostata
Die Prostata ist der G-Punkt des Mannes. Heißt es. *Verstörend intensive Orgasmen* soll er dem Mann bescheren. *Ungeahnte Höhepunkte*, multipel und lang andauernd noch dazu. Das klingt doch − verlockend? Leicht zu finden ist die Prostata auch, theoretisch steht dem Urknall nichts mehr im Wege. Aber die Theorie ist der leichtere Teil: Wie überzeuge ich mein Praxismodell zu Hause?

Diana, das Callgirl
Ich werde mich mit Diana treffen, einem der teuersten Callgirls Deutschlands. In einem Forum im Internet können Kunden von VIP-Callgirls die Leistungen der Damen beurteilen. Sie können Aussehen und Performance bewerten, auf einer Skala von eins bis zehn. Zehn Punkte bedeutet dabei: *One in a lifetime.* Eine Frau, wie man sie nur einmal im Leben trifft. Diana ist die Doppelzehn. Die Königin. Um eine Nacht mit Diana verbringen zu dürfen, zahlen Männer mehrere Tausend Euro. Was ist das für eine Frau, für die so viel Geld gezahlt wird? Wie sieht eine Nacht mit Diana aus? Und wie sieht Diana aus? Und vor allem: Was kann ich von ihr lernen?

Sex an ungewöhnlichen Orten
Ich habe eine Liste, und ich werde sie benutzen: *101 Plätze, an denen Sie Sex haben sollten, bevor Sie sterben.* Von A wie Autobahnbrücke bis Z wie Zugabteil. Es ist DER Trick schlechthin für die ganz große Aufregung. Bei S wie Sprungbrett werde ich stutzig. Na, das wird ein Spaß. Mit dabei ist ein ungewöhnliches Hotel:

Das Hotel Q
Rot ist die Farbe der Liebe und rot ist es in diesem Hotel überall.
Hier mieteten sich schon Jodie Foster, Drew Barrymore, Quentin Tarantino, Brad Pitt und Angelina Jolie ein, Barbara Becker feierte hier Hochzeit und die Ochsenknechtjungs Geburtstag. Es ist das Hotel mit dem heißesten erotischen Übernachtungsspecial und ich bin schon grässlich neugierig.

Strip, Strip, Hurra!
Es ist doch so: Man begibt sich zu zweit ins Schlafzimmer, die Stimmung ist großartig, heiße Küsse werden ausgetauscht und dann – dann strumpelt man sich aus der Jeans, hüpft auf einem Bein und steht in Socken da. Damit ist jetzt Schluss. Ich werde einen Stripkurs bei der Strip Academy belegen. Der Strip-Europameister wird mir zeigen, wie ich mit ein paar Tanzschritten und den richtigen Bewegungen einen ästhetischen Strip zu Hause hinbekomme – auch wenn sich in meinem Schlafzimmer keine Strip-Stange und kein überdimensionales Martini-Glas befinden.

Aphrodisiaka – *Nicht lang schnacken, Kopf in' Nacken*
Ich werde mich durch die bunte Welt der aphrodisierenden Drogen wühlen. Was wird wohl das Richtige für mich sein: Liebes-

tropfen? Hormone? Die Barbiedroge oder doch lieber psychoaktive Pflanzen? Eine Wirkung haben sie alle gemeinsam: erhöhtes
sexuelles Verlangen und Erektion. Ich bin gespannt.

http://de.wikipedia.org/w/index.php?title=Datei:Melanotan.png&filetimesta
mp=20080527121542

Toy, toy, toy: Spielzeuge
Ich werde die interessantesten Sexspielzeuge testen, die der
Markt hergibt. Ich besorge uns das *Vibro-Ei Boditalk Escort*. Das
kleine Vibrationsei wird am Körper getragen (von mir) und legt
los, sobald mich jemand auf dem Handy anruft. Es hört erst auf
zu vibrieren, wenn man auflegt. Ich bin gespannt wie diese Ge-
spräche aussehen und wo ich dann gerade bin.

Ausprobiert wird auch der *We-Vibe*, der erste Vibrator für Paare.
Er schmiegt sich von innen und außen an und stimuliert durch
sanftes Vibrieren beide Partner. Der c-förmige *We-Vibe* wurde als
Most Innovative Product mit dem Erotic Line Award 2008 ausgezeichnet und wird als Meilenstein auf dem Markt der Sextoys
bezeichnet. Sieben Jahre dauerte die Entwicklung, jetzt soll er
uns um den Verstand bringen.

Der Liebeszauber

Ich werde die Geheimnisse der weißen Magie zu Hilfe nehmen. Ein alter, überlieferter Liebeszauber soll uns ein erfülltes Liebes- und Sexualleben schenken. Ich beauftrage die Magierin und Hexe Madeleine. Eine ehemalige Kundin bezeichnet sie als »die beste Weißmagierin Europas«. An einer alten romanischen Kult- stätte im Tessin führt sie den Liebeszauber durch. Das urzeitliche Wasserbecken im Felsen, das vermutlich schon von Druiden für Rituale verwendet wurde, nutzt die Magierin, um mit ihren Gott- heiten in Kontakt zu treten. Sie stellt dort eine Verbindung zum Übernatürlichen her und nutzt die kosmische Energie für das Ri- tual. Außerdem lasse ich ein erotisches Horoskop erstellen und lerne einen Liebeszauber zum Selbermachen kennen.

Eros CTD

Ich bestelle den Eros CTD. Der Eros ist ein medizinisches Gerät, das der Verbesserung der weiblichen Sexualität dient und in den USA nur auf Rezept zu haben ist. Angeblich wird man mit dem Ding zum Monster-Masturbator. Er ist sauteuer, sieht aus wie ein Taschenstaubsauger und verspricht unter anderem eine verbes- serte Orgasmusfähigkeit von über 55 Prozent! Und eine Verbes- serung der Empfindlichkeit von über 90 Prozent! Ich werde an die Decke gehen, wenn L. mich nur schräg von der Seite ansieht! Das klingt doch gut, das nehm ich!

Tantra

Ich werde in die erotische Welt des Tantra eintauchen. Ich buche eine Tantramassage de luxe, um zu wissen, was ich hier genau ler- nen kann. Unter *Lingam-Talk* kann sich doch kein Mensch etwas vorstellen. Eine erfahrene Tantra-Masseurin soll mir zeigen, was diese alte, indische Liebestechnik für uns bereithält. Ich werde die Lingam-Massage lernen und den *Big Draw*. Was mag wohl ein *Big Draw* sein? Ich hab das im Online-Übersetzungsprogramm LEO nachgeschlagen. *Große Ausformschräge*, sagt LEO, *ein Begriff aus dem Modellbau*. Das wird noch richtig spannend, das spüre ich.

Amora

Ich werde das Lifestyle-Experiment Amora besuchen, die interaktive Sexakademie. Im Themenpark für schamlose Erwachsene will ich alles über das Vorspiel und Hormone erfahren, Fetische kosten, einen Orgasmus von innen erleben, mir einen virtuellen Traummann bauen und am Plastikmodell die Prostata suchen. Ich werde das Wissen der umfassendsten Sexausstellung mit nach Hause nehmen und für mich nutzen.

Die Liebesschaukel

Eine Liebesschaukel soll ja Stellungen ermöglichen, dass man nur so mit den Ohren schlackert. Jeder will sie mal ausprobieren, und tun tut es dann doch keiner. Liebesschaukelgeschäfte gehören zu den Orten, die man nur aus dem Fernsehen kennt. Wie man dort einkauft, ohne rot zu werden, wo man sie befestigt, was man damit anstellen kann, was dabei passieren kann, ob sich die Anschaffung lohnt und wie man das Ding als hängenden Wäschekorb tarnt ...

Eine Bestandsaufnahme

Ich heiße Alexandra, ich bin 30 Jahre alt und ich will die beste Liebhaberin der Welt werden. Ich habe zwei Katzen, einen Hund und L., meinen Freund, der nicht ausschließlich begeistert von meinem Vorhaben ist:

»Ich lass mir aber nicht den Finger in den Hintern stecken!«

»Keine Sorge, mach ich nicht.«

Zumindest nicht, solange mir niemand ausdrücklich dazu rät.

»Und du erzählst bitte keine Details aus unserem Schlafzimmer!«

»Selbstverständlich nicht!«

Es gibt viel zu tun.

Kommen Sie mit, wenn ich losziehe, die beste Liebhaberin der Welt zu werden.

Wir fangen an mit Dirty Talk.

DIRTY TALK

Mein erster Dirty Talk war ein komplettes Missverständnis. Ich war damals zum ersten Mal mit L. auf Reisen. Frisch verliebt zuckelten wir mit dem Auto durch Spanien und landeten in Malaga. Wir verbrachten den Abend in einem wunderschönen kleinen Restaurant am Hafen, zusammen mit gegrillten Fischen und eiskaltem Weißwein. Leise klatschten die Wellen an die Hafenmauer und die Steine der Terrasse strahlten noch die Wärme des Sommertages ab. Höchst romantisiert machten wir uns Arm in Arm auf den Weg in das schnuckelige Hotel, wo wir ein Zimmer mit Blick aufs Meer gemietet hatten.

Wir legten uns nackt auf die weiße, glatt gestrichene Tagesdecke des Betts und durch die Ritzen der hölzernen Fensterläden fielen Streifen aus Mondlicht auf unsere Körper, was wahnsinnig gut aussah. Mein wunderbarer Mann strich mit seinen Fingern zart das Licht auf meiner Haut nach. Ein paar zärtliche Küsse später schmiegten wir uns aneinander, er lag hinter mir und ich drückte mich an ihn. Er streichelte mir über den Hals hinab bis zu meiner Hüfte, dann haute er sich (!) kräftig auf den Po und rief:

»Ficken, Drecksau!«

Kennen Sie so Momente, in denen man salzsäulenartig erstarrt, um noch einmal nachzuspüren, ob das eben Erlebte oder Gesagte tatsächlich passiert ist? Wenn der Partner einen, zum Beispiel, gerade mit dem Namen der Exfreundin angesprochen hat?

Oder wenn das Gegenüber während eines Small-Talks in einen riesigen Fettnapf getreten ist? Oder wenn Ihr Liebster während eines zärtlichen Vorspiels plötzlich: »Ficken, Drecksau!«, ruft? Dem folgt eine ganz spezielle Stille.

Zu meiner großen Erleichterung war es nicht die Absicht von L., die romantische Situation durch ein bisschen Dirty Talk aufzupeppen, sondern es hatte ihn eine Fliege gepiesackt, die sich immer wieder auf seinem Hinterteil niederließ. Die extravagante Wortwahl *Ficken, Drecksau* ging auf eine dumme Angewohnheit meines Liebsten und seines besten Freundes zurück, die sich zu dieser Zeit intensiv mit dem Humorpotenzial des Tourette-Syndroms beschäftigten. Wenn etwas danebenging, schleuderten sie statt »Mist« oder »Verdammt« Salven von unangebrachten und obszönen Wörtern heraus. Ein Systemabsturz des Computers konnte L. damals durchaus ein »Ficken, Drecksau, Arschloch, Pillermann, Sau, Sau, Sau« entlocken. Ich bin sehr froh, dass diese Angewohnheit überwunden ist, und erinnere mich immer wieder gerne an unsere romantische Nacht in Malaga. Zum Beispiel, wenn in den Nachrichten Meldungen über verheerende Waldbrände in Malaga kommen. Was denke ich da? *Ficken, Drecksau.* Und habe ein schlechtes Gewissen dem Waldbrand gegenüber.

Aber nun zum richtigen, echten, schmutzigen Dirty Talk.

Wissen Sie, was die am häufigsten verwendeten Wörter beim Dirty Talk sind? Obacht:

1. *Ihn*

2. *Es*

3. *Sie*

Meist wird davor ein Verb im Imperativ Singular gesetzt, wie etwa *nimm, steck, schieb, leck* und danach folgt im besten Fall eine Ortsangabe. Das könnte daher kommen, dass es den meisten Leuten einfach rasend unangenehm ist, plötzlich Wörter auszusprechen, bei denen man das Gefühl hat, man müsste sich danach den Mund waschen. Und wenn noch hundert Sexbücher auf den Markt kommen, in denen es heißt, wir müssten uns nur endlich trauen, *Lass mich deinen Fickstab lutschen* zu sagen – ich glaube, die Einzigen, die das ohne Stottern hinbekommen, gehören der *Generation lol* an. Mein Praxismodell zu Hause würde mit Sicherheit in eine Art platonische Katatonie fallen, wenn ich ihm das ins Ohr flüstern würde. Da könnte ich auch gleich *Ficken, Drecksau* sagen.

Unser Dirty-Talk-Projekt sollte ganz natürlich beginnen, ohne Ratschläge oder Einflüsse von außen. Erst einmal selbst probieren, dann könnte ich immer noch mithilfe der Expertinnen verbal durchdrehen.

Also vereinbare ich mit L.: Erste Dirty-Talk-Sitzung am Samstag um 13 Uhr bei uns im Bett. Nach einem ausgedehnten Frühstück und einem herrlich vergammelten Samstagvormittag treffen wir uns im Schlafzimmer wieder. Wir schlüpfen aus den Bademänteln und unter die Decken. Jede unter seine. Wir liegen uns gegenüber, haben beide die Decke bis unter die Nase gezogen und schauen uns in die Augen. Eine Minute lang passiert gar nichts, dann fängt L. als Erster an und sagt leise:

»Sau.«

Damit ist natürlich jede Ernsthaftigkeit beim Teufel. »Selber«, kontere ich, und L. stöhnt theatralisch auf. So würde das nichts werden.

Wir liegen dann noch schön zusammengeschmockt im Bett und überlegen, welche Wörter wir auf keinen Fall im Bett hören wollen. Frei nach den *Sieben schmutzigen Wörtern*. Dabei handelt es sich um sieben Wörter, die im US-amerikanischen Rundfunk und Fernsehen nicht ausgesprochen werden dürfen. Kommen die Wörter in einem Film öfter als einmal vor, wird er in der Regel für Zuschauer ab mindestens 13 Jahre eingestuft.[4] Die sieben höllischen Wörter sind:

1. *tits* (Titten)

2. *shit* (Scheiße)

3. *fuck* (ficken)

4. *piss* (Pisse)

5. *cunt* oder *pussy* (Fotze)

6. *motherfucker* (Mutterficker, gerne auch als Arschloch übersetzt)

7. *cocksucker* (Schwanzlutscher)

---

4   Wikipedia weiß dazu: Bei den Dreharbeiten des Films *Vier Hochzeiten und ein Todesfall* (Original engl.: *Four Weddings And A Funeral*), der 1993 in Großbritannien produziert wurde, musste jede Szene, in der das Wort *fuck* auftauchte, für den US-amerikanischen Markt ein zweites Mal gedreht werden. Dabei musste im Drehbuchtext *fuck* durch die harmloseren Wörter *blimey* oder *crumbs* (deutsch etwa »Mist« oder »herrje«) ersetzt werden. Eine Synchronisation des Tons hätte nicht ausgereicht, da man an den Lippen des Schauspielers Hugh Grant noch immer deutlich *fuck* hätte ablesen können. Der Drehbuchautor Richard Curtis und der Regisseur Mike Newell schrieben später in ihrem Drehtagebuch, sie hätten aufgrund der Verpflichtung, diese Regel einzuhalten, noch nie so viel geflucht und *fuck* verwendet wie während der Dreharbeiten zu diesem Film. Weil so viele Szenen ein zweites Mal gedreht werden mussten, nur um die *Seven dirty words* zu umgehen, erhöhten sich die Kosten des Films um etwa 20 Prozent. Die Dreharbeiten selbst dauerten fast sechs Monate, da auch drehtechnisch komplizierte und aufwendig aufgebaute Szenen, in denen *fuck* vorkam, ein zweites Mal gedreht werden mussten.

Derart inspiriert, machen wir unsere eigenen Listen. L.s sieben verbotene Wörter sind: *Fotze* sowie *Doppel-* als auch *Arschfotze*, *durchficken, bumsen, Riemen* und *Hengst.* Ich entscheide mich für *Titten* oder *Tittis, stopfen, Nutte, nageln* und jedwede erotische Satzkonstellation, die ein *richtig* oder ein *mal ordentlich* beinhalten. *Schwanz, Möse* und *ficken* sind Wackelkandidaten. So weit, so gut.

Auf der Suche nach Hilfe schmökere ich mich durch die Fachliteratur. Da wird unter anderem zu Fremdsprachen geraten. Oder vilaischt zu aine klaine accent, um le cherie ein Prickeln in die Bauchnabbel zu machen. Das wird nicht gehen, das weiß ich jetzt schon. Da können wir uns auch gleich Clownsnasen aufsetzen. Mit Fremdsprachen und Sex ist das eh so eine Sache. Da kann es zu den lustigsten Missverständnissen kommen. Meine Freundin Beate wollte während ihrer Affäre mit einem US-Amerikaner durch korrektes, amerikanisches Stöhnen beeindrucken und rief während eines besonders schönen Moments: »Oh, boy!« Woraufhin der Mann zu kichern anfing und die Stimmung ruiniert war. Wir gucken im Wörterbuch nach:

Boy, oh boy! {interj} [coll.] hat die Bedeutungen:

1. »Junge, Junge!«

2. »Au weia!«

3. »Au Backe!«

4. »Mannometer!«

Kein Wunder, dass dem Herrn die Contenance abhanden kam.

Meine Freundin Sabine hingegen hatte Verständigungsprobleme mit einem Argentinier, dem sie zu sagen versuchte, dass sie ihn gerne hinter sich knien hätte, in der Hündchenstellung. Durch eine Verwechslung der spanischen Präpositionen *por* und *de* teilte sie ihm jedoch mit, sie hätte gerne Analverkehr.[5] Also, wir lassen das mit den Fremdsprachen.

Das Wichtigste ist doch, als ersten Schritt die Genierlichkeit zu überwinden. Woher kommt die überhaupt? Eine Umfrage in meinem Freundeskreis hat ergeben, dass 90 Prozent der Deutschen sich nicht trauen, mit ihrem Partner über Sexfantasien zu reden. Die restlichen 10 Prozent sind, wie Sie wahrscheinlich schon vermutet haben, Beate. Alle finden es jedoch total normal, dass ein Mann bei der Geburt seines Kindes dabei ist und Einblicke in die Anatomie seiner Frau bekommt, die nicht einmal sie selbst hat. Intimer geht's nicht. Aber dass er ihr oder sie ihm eine Sauerei ins Ohr flüstert, ist aus Scham nicht möglich. Das ergibt doch keinen Sinn.

Ich erinnere mich, als wir noch nicht zusammenwohnten, führten L. und ich ein paar wirklich heiße Telefongespräche. Das war irgendwie »sicher«, weil man den anderen nicht sehen konnte und vor allem, weil der andere mich nicht sehen konnte. Das mit dem Nicht-sehen-Können ist wahrscheinlich ein guter Anfang für die Verlegenen. Damit wir nicht wieder auseinanderziehen müssen, habe ich mir überlegt, das Schlafzimmer abzudunkeln. So sieht man sich schon mal nicht.

Also, zweite Dirty-Talk-Sitzung am Sonntag um 14 Uhr bei uns im Bett.

Am Sonntagvormittag spazieren wir mit dem Hund um den See, lassen Steine ins Wasser flitschen (Rekord: 5 Mal aufditschen) und

---

5 Für alle Spanien-Urlauber: *Por detras* heißt anal, *de detras* dagegen vaginal von hinten.

essen im Seerestaurant. Kurz vor 14 Uhr kommen wir nach Hause, streifen uns die Schuhe von den Füßen und ich lasse die Jalousien im Schlafzimmer runter. Es ist stockdunkel, als wir uns ins Bett fallen lassen. L. liegt ganz ruhig da und sagt nichts, es ist wohl an mir, den Anfang zu machen. Ich überlege ein paar Minuten, dann stütze ich mich auf, streiche ihm langsam den Oberschenkel entlang und flüstere ihm ins Ohr: »Leg dich auf den Rücken, damit ich dich anfassen kann.« Gut, das war noch nicht umwerfend sexy, aber hey, ich bin Anfänger. L. sagt nichts und dreht sich auch nicht auf den Rücken. Vor meinem inneren Auge sehe ich ihn mit einer Faust im Mund und zusammengekniffenen Augen sich das Lachen verbeißen. Mistkerl. Das würde er mir büßen. Ich mache das Licht auf dem Nachttisch an und bevor ich ihn anschreien kann, sehe ich ihn völlig entspannt auf der Seite liegen. Er schläft tief und fest. So würde das nie etwas werden.

L.s Tiefschlaf bringt mich allerdings auf eine Idee.

Wo, wenn nicht in der magischen Zwischenwelt des Halbschlafs, könnte man, wie scheinbar noch von Sinnen, Worte und Schmeicheleien flüstern? Wie in einem Traum könnte man sich an den anderen schmiegen, ihn berühren und in der Sicherheit der warmen Dunkelheit heiße Sätze ins Ohr träufeln? In der diffusen Zeit, in der wir vom Schlaf in den Wachzustand gleiten, würde ich L. abfangen und sehen, wie er reagieren würde, wenn das Unterbewusstsein die Macht über ihn noch nicht ganz aus den Händen gegeben hätte. Sollte er aufwachen und so etwas sagen wie: »Spinnst du?«, könnte ich immer noch schlaftrunken behaupten, ich hätte gerade einen erotischen Traum gehabt. Guter Plan. Das einzige Problem ist: Was sollte ich flüstern? Ich habe eine Sammlung von sich steigernden Sätzen zusammengestellt, die ich in der Fachliteratur gefunden habe, da wird doch was dabei sein:

- *Hmm, du riechst so gut ... du fühlst dich so gut an ...*

- *Oh Gott, ich bin so geil auf dich!*

- *Ich werde ganz feucht, wenn ich nur neben dir liege und dich ansehe.*

- *Wenn ich mir vorstelle, dass du mir jetzt gleich die Beine spreizt ...*

- *Ich stell mir vor, du steckst ihn ganz tief rein ...*

- *Lass mich deinen Schwanz in den Mund nehmen!*

- *Oh bitte, ich halte es gleich nicht mehr aus!*

- *Mmh, ja, mach weiter so ...*

Es wird außerdem geraten, die Sätze vorher zu üben. Flüstern soll ich, raunen, leise und laut sprechen und schreien. Puh. Ich stellte mich mit meiner Liste vor den Badezimmerspiegel und nuschelte die Sätze einmal runter. Geschafft. Ich wusste gar nicht, dass man sich so vor sich selbst genieren kann. Es klingt ungefähr so erotisch wie die Zeitansage: »*Beim nächsten Ton bin ich so geil auf dich*«, aber das würde mit der Übung schon besser werden. Ich steigere mich von Mal zu Mal, ich möchte fast sagen, es wird etwas theatralisch. Ich kann die Sätze recht bald auswendig, was mir hilft, mich auch auf die richtige Mimik zu konzentrieren. Wie sieht es aus, wenn ich die Augen halb schließe oder den Kopf senke und so leicht von unten nach oben schaue? Na, da werden die Tränensäcke zu sehr betont. L. würde mich ohnehin nicht sehen, der würde noch zur Hälfte im Traumland sein, wenn ihn mein süßes Locken erreichte. Ich warte das nächste Wochenende ab. Freitagabend begleite ich L. zu einer Ausstellungseröffnung, über die er schreiben soll. Die Kunstwerke sehen alle aus wie abstrakte Pimmel in unterschiedlichen Größen. *Das passt doch irgendwie*, denke ich mir und stürze mehrere Gläser Sekt hinunter. Als wir uns schließlich ins Bett kuscheln, gehe ich in Gedanken noch einmal meine Sätze durch und hoffe, morgen früh vor L. aufzuwachen. Ich hoffe, den Mut zu haben, meinen Plan in die Tat umzusetzen, und dass der Plan funktionieren wird. Ich hoffe, meine emotionale Blöße wird nicht in einer Verletzung enden. Ich hoffe, L. wird nicht lachen.

Ich wache vor L. auf. Draußen dämmert es schon und wir haben uns beide schon ein paarmal umgedreht. Vorsichtig robbe ich unter L.s Decke und schmiege mich an ihn. Er liegt auf dem Rücken und atmet langsam und gleichmäßig. In Gedanken gehe ich meine Sätze durch, ich finde sie alle blöd. Mit einem langen Seufzer strecke ich mich und lege meine Hand auf seine Hüfte. Die schwitzt vor Aufregung. Also die Hand, nicht L.s Hüfte. (Das ist ein bisschen wie früher, als man endlich mit seinem Schwarm im gleichen Bett übernachtete und dann scheinbar zufällige Berührungen austauschte, um zu sehen, ob der andere auch interessiert war.) Ich räkle mich wie im Schlaf, drücke mich an ihn und, als hätte ich einen schönen Traum, stöhne ich ihm leise ins Ohr. Es tut sich gar nichts.

Also stöhne ich ein bisschen lauter. L. bewegt sich. Dann flüstere ich verschlafen: »*Oh bitte, mach weiter*«, begleitet von einigen *Mhs*, *Ohs* und *Ahs*.

»Hä?«, nuschelt L. und dreht sich zu mir. Er blinzelt und reibt sich die Augen. »Was'n los?« Mist, Mist, Mist. Das ging doch schon wieder in die Hose. Ich reibe mir ausführlich die Augen und rede mich heraus: »Oh, ich glaube, ich hatte gerade einen echt heißen Traum.«

L.s Augenschlitze werden etwas größer. »So? Und was hast du so geträumt?« Knifflig. Ich habe mir zwar profimäßig vorher eine Ausrede überlegt, aber nicht einen Schritt weiter gedacht. Jetzt heißt es improvisieren. Und so erfinde ich in Ermangelung von Alternativen eine erotische Fantasie. Und es fällt mir gar nicht schwer, wer kann schon was für seine Träume? Ich berichte schließlich nur, was es letzte Nacht in meinem Alex-Kino zu sehen gab. Mit mir hat das praktisch nichts zu tun.

Ich erzähle ihm leise, ich hätte geträumt, dass wir wieder auf der Ausstellungseröffnung seien und er mich hinter sich her in den Lagerraum gezogen habe. Ich verwende ALLE unsere Wackelkandidatenwörter und mir ist klar, dass es physisch fast unmöglich ist, was wir in meinem Traum dort im Lagerraum treiben, aber – es funktioniert. Während ich erzähle, steigert sich die Aufmerksamkeit meines Zuhörers und auch sonst steigt einiges. Noch weit bevor wir in meinem »Traum« erschöpft zusammenbrechen, haben wir den heißesten Sex seit Langem. Danach nimmt L. meinen Kopf in seine Hände, sieht mir tief in die Augen und fragt: »Und was habe ich in deinem Traum dann mit dir gemacht?«, und ich antworte: »Dann hast du mich lange und zärtlich geküsst.« Und L. lächelt und küsst mich lange und zärtlich.

Dirty Talk ist grandios. Es kommt nur darauf an, das Richtige für sich herauszufinden. Während die einen bei einer detaillierten Beschreibung der primären Geschlechtsmerkmale scharf werden: *Dein Schwanz ist so hart*, stehen andere auf abfällige Bezeichnungen aus dem Rotlicht-Milieu oder Tiernamen: *Du kleine Schlampe* und *Zeig's mir, du Hengst*. Wieder andere mögen die Zwei-Wort-Sätze im Imperativ, wie *Bück dich* oder *Fick mich* oder *Leck uns*. Oder Flehendes mit *Oh bitte* oder eine Androhung: *Na dir werd ich …*

Und wieder andere stehen auf Bilder im Kopf. Die wieder anderen sind in dem Fall L. und ich. Wir haben an der Zauberformel *Ich hatte einen Traum* festgehalten. Ich weiß, dass L. weiß, dass die Geschichten keine Träume sind, und er weiß, dass ich weiß, dass er es weiß.

Der Umweg über den Traum dient auch als Einladung, *Hast du was Schönes geträumt?*, auf die der andere eingehen kann, aber nicht muss. Es ist leichter, gesagt zu bekommen, dass der andere nichts geträumt hat, als zu hören, er hat keinen Bock. Eine Freundin von mir nimmt als Einstieg die Erlebnisberichte einer erfundenen Freundin. Sie erzählt ihrem Freund sozusagen brühwarm, was *Sandra* ihr gebeichtet hat. Ich persönlich habe die Befürchtung, dass ihr Freund irgendwann auf *Sandra* scharf sein wird, aber gut. Jeder findet seinen eigenen Weg, die Schamhaftigkeit zu überwinden.

Das Kopfkino anzukurbeln, ist ganz leicht. Schließen Sie die Augen und stellen Sie sich eine Ausgangssituation vor. Dann spielen Sie einfach Zuschauer und lassen die Akteure loslegen. Beschreiben Sie, was Sie sehen, wer was tut, wo sich alles abspielt, als müssten Sie einem Blinden einen Film in Echtzeit erzählen. Je detaillierter Sie das Bild im Kopf des anderen entstehen lassen, desto schöner. Ich habe Ihnen hier die Top Six der Kopfkinofilme zusammengestellt, vielleicht ist das Richtige für Sie dabei:

1. Ein Klassiker: Schneller Sex an einem Ort, an dem man erwischt werden könnte. Vielleicht ist Ihre Ausgangssituation ein Picknick im Grünen, ein Fahrstuhl oder eine Ausstellungseröffnung (da ist sie wieder). Oder Sie besuchen Ihren Mann im Büro, sind im Auto unterwegs, machen eine Pause auf einem Rastplatz, sind auf einer Party und haben ein Nebenzimmer entdeckt oder stehen einfach nur in der Küche und

kochen. Was könnte Fantastisches in diesen Situationen passieren? Haben Sie bei Ihrem Picknick eine Decke dabei? Gibt
es einen Hochsitz? Und wenn ja, steigen Sie zuerst die Leiter
hinauf? Sie haben doch nicht zufällig gerade einen Rock an?
Wenn ja, was sieht er? Ziehen Sie Ihren Freund in den Lagerraum der Ausstellung? Sperren Sie vielleicht das Büro Ihres
Mannes von innen ab, beugen sich über seinen Schreibtisch
und ziehen den Rock ein wenig nach oben? Und dann? Auf
dem Rastplatz, setzen Sie sich da auf die Haube Ihres Autos
und ziehen Sie die Beine etwas an? So, dass er knapp unter
den Rock gucken kann? Haben Sie keine Angst, erwischt zu
werden, es ist schließlich Ihr Traum. Es passiert nur das, was
Sie wollen.

2. Hervorragend: Sex zu dritt
Ich weiß nicht, wie es Ihrem Mann geht, aber L. fand die
Idee mit zwei Frauen we-sent-lich ansprechender als die Vorstellung, noch einen Mann dabei zu haben. Aber vielleicht
fährt Ihrer ja darauf ab, Sie beim Sex mit einem anderen zu
beobachten, zumindest in der Fantasiewelt. Die Ausgangssituation könnte ein Abendessen mit einer Freundin sein, die Sie
eingeladen haben. Als er von der Toilette kommt, tauschen
Sie schon heiße Zungenküsse mit Ihrer Spielgefährtin. Was
passiert dann? Sieht er erst nur zu? Finden Sie den Esstisch
einladend für weitere Spiele? Was haben Sie an und wie wird
es ausgezogen? Wer streichelt wen und wo? Stöhnt schon wer?
Und kommt Ihr Partner dazu? Was darf er tun, wer wird verwöhnt oder wechselt sich das ab? Und wenn er darauf abfährt,
Sie mit einem anderen zu beobachten: Tut er das heimlich?
Vom Nebenzimmer aus, während Sie sich im Schlafzimmer
vergnügen? Sehen Sie ihn währenddessen? Und blicken Sie
ihm in die Augen, während Sie Spaß haben? Verführen Sie
doch gemeinsam die Babysitterin, die Sekretärin oder die

Grundschullehrerin während der Elternsprechstunde. Es gibt viele Möglichkeiten. Damit man nicht aus Versehen in die Eifersuchtsküche gerät, ziehe ich es vor, Personen zu erfinden oder Leute auszusuchen, die nicht dem engeren Umfeld angehören. Aber Sie sind ja Ihre eigene Regisseurin.

Und bei Ringelpietz zu dritt muss noch lange nicht Schluss sein:

3. Die Orgie
Sie haben sich zu zweit in den weitläufigen Räumen eines ausschweifenden Festes verirrt? Und in einem versteckten Raum wälzen sich nackte Körper über den Boden, auf den Tischen, lehnen an der Wand? Oder sind Sie aus Versehen in einem Darkroom gelandet? Überlassen Sie sich den schmeichelnden Händen und lockenden Zungen? Was passiert Ihnen? Was passiert ihm? Oder Sie sehen sich in einem Pärchen-Club: Was passiert auf der Spielwiese? Was wäre, wenn Sie bei imaginären Bekannten eingeladen wären, zu viert deren neuen Whirlpool auszuprobieren? Das Schönste daran ist: Es ist Ihr Traum, alle Akteure werden so jung, so schön, so freundlich und so appetitlich sein, wie Sie sich das wünschen, und niemand wird weiße Socken tragen oder Haare an den falschen Stellen haben.

4. Aufregend: Andere beim Sex beobachten
Die kanadischen Forscher B. J. Rye und Glenn J. Meaney haben mittels einer Studie herausgefunden, dass 70 Prozent der Männer zu Voyeuren werden, wenn sich die Gelegenheit ergibt. Die Gefahr, erwischt zu werden, ist den Männern relativ schnuppe, immerhin 60 Prozent würden da ein gewisses Risiko eingehen. Der Anteil von Frauen, die gerne zusehen, liegt hingegen nur bei 40 Prozent, ein Risiko würden nur 35 Pro-

zent eingehen. Der Paar- und Sexualtherapeut Prof. Dr. Ulrich Clement begründet diesen Unterschied durch die größere Empathie bei Frauen für die Beobachteten: Frauen versetzen sich eher in die Lage derer, die ungefragt beim Sex beobachtet werden. Aber wir machen ja nur Spaß, und da können dann auch die empathischen Frauen die Sau rauslassen. Sie können sogar behaupten, sie hätten die Geschichte wirklich erlebt. Gestern, als Sie über den Balkon geguckt haben und die Nachbarn dort – ja, was? Hat der Nachbar die Nachbarin über das Geländer gebeugt und stand hinter ihr? Wie sah das aus und wo waren seine Hände dabei? Oder haben Sie beim Spazierengehen ein Pärchen im Wald entdeckt? Im Auto? Erzählen Sie doch von damals, als Sie in der WG wohnten und Ihre Mitbewohnerin Beate ihre Zimmertür immer einen Spalt offen ließ. Im Urlaub am Meer, da war dieses Paar in den Dünen und auf der Damentoilette im Büro, haben Sie da die Kollegin mit dem Chef erwischt? Das alles können Sie ihm erzählen.

5. Fesselspielchen
    Und dann hab ich mir vorgestellt, du beugst mich über den Tisch, fesselst mir die Handgelenke an die Tischbeine und schiebst mir den Rock hoch ... oder was immer dann passieren soll. Sie können ihm auch den Gefallen tun und ihn fesseln. Vielleicht sitzt er auf einem Stuhl und seine Arme sind hinter ihm fest verschnürt? Was fällt Ihnen alles ein, um ihn wahnsinnig zu machen? Und wie erlösen Sie ihn dann?

6. Benützen und benutzt werden
    Ach ja. Eins von beiden gefällt einem meist besser. Experimentieren Sie mit beiden Fantasien, es wird sich schnell herausstellen, auf welche er mehr abfährt. Würde er gerne einmal machomäßig bedient werden, befehlen und sich nehmen,

was ihm zusteht? Sie könnten sich ihm in Ihrem Traum als Dienstmagd präsentieren, die ihrem Herrn gefügig ist. Oder sich zieren, so lange, bis er »erbarmungslos« durchgreift. Lassen Sie ihn befehlen und der Macker sein, der ihr beim Oralsex bestimmend die Hand in den Nacken legt. Vorausgesetzt natürlich, Sie gefallen sich in Ihrer Rolle.

Wenn er gerne benutzt werden möchte, wird ihm vielleicht die Vorstellung gefallen, dass Sie sich auf sein Gesicht setzen, um verwöhnt zu werden. Eventuell ist er an den Handgelenken ans Bett gefesselt oder knien Sie gar auf seinen Armen? Reiten Sie los, ganz nach Ihrem Geschmack. Nur Vorsicht mit dem Terminus, er müsse »alles« machen, was man wolle – oder dürfe alles machen, was er wolle. »Alles« allein lässt noch kein Bild im Kopf entstehen, da wollen wir dann schon im Detail wissen, was denn »alles« ist.

Das ist doch recht überschaubar, oder? Sie werden ganz leicht an seinen Reaktionen feststellen, worauf er besonders abfährt. Und was für Sie am schönsten ist. Ein angenehmer, aber deutlicher Nebeneffekt der Schweinkram-Unterhaltungen ist ein allgemeiner Anstieg der Frivolitäten im Alltag. Heute schreibe ich L. auch schon mal eine Mail mit einem wirklich tollen Traum, den ich gestern hatte, gewissermaßen als Vorspiel während der Arbeitszeit.[6] Oder flüstere ihm während einer Party ins Ohr, woran mich dieser Diwan der Gastgeber erinnert. Manchmal lächeln wir uns in einem Café an, weil einer von uns just diesen Ort unlängst als Schauplatz wählte. Das schafft eine ganz neue, alte Komplizenschaft, die wir fast vergessen hätten.

---

6 Wenn Sie sich inspiriert fühlen, das auch zu tun: Überzeugen Sie sich im Vorfeld, dass der Systemadministrator des Unternehmens die Mails Ihres Liebsten NICHT mitlesen kann.

DER BECKENBODEN UND ICH

Dass der Beckenboden nicht nur der Grund eines Schwimmbeckens ist, ist mir klar. Auch, dass *kegeln*[7] unter Umständen nicht unbedingt etwas mit dem Sport auf Kegelbahnen zu tun haben muss, habe ich schon mal gehört. Aber viel mehr auch nicht. Mein Bewusstsein, dass da *irgendwas mit dem Muskel ist*, ist ähnlich diffus verankert wie mein bruchstückhaftes Halbwissen über Verbrennungsmotoren. Und wie es aussieht, bin ich da nicht allein.

Wenn man den Begriff *Dachboden* in die Google-Suchmaschine eingibt, erhält man exakt 929 000 Ergebnisse. Sucht man hingegen nach dem *Beckenboden*, sind es nicht einmal ein Viertel soviel, nämlich 205 000 Ergebnisse. Wir sind eben doch viermal mehr Heimwerker als Liebhaber.

Die Beckenböden der Amerikanerinnen sind uns hier etwas voraus, denn *Kegeln* ist dort wesentlich weiter verbreitet als bei uns. Die Amis haben aber auch die reizende Annie Sprinkle auf ihrer Seite, die erste Pornodarstellerin mit Doktortitel, die schon vor Jahren Kurse in Beckenbodengymnastik gab. Und das nicht zum Genuss des Mannes: Angeblich kann frau mit ausreichend Übung allein durch die Muskelanstrengungen zum Orgasmus

---

7   *Kegeln* oder auch *Kegelübungen* nennt man die Übungen zur Stärkung der Muskulatur des Beckenbodens, die der amerikanische Gynäkologe Dr. Arnold Kegel in den Fünfzigerjahren inkontinenten Frauen verordnete. Diese berichteten, dass ihr Sexualleben durch die Übungen ebenfalls erheblichen Aufschwung erlebte.

kommen.[8] Freihändig, sozusagen. Auch in der Serie *Sex and the city* wurde der Beckenboden zum Thema:

Während Carrie, Miranda, Charlotte und Samantha im Café sitzen, blättern sie in einem Katalog mit Sexspielzeug, als ein Sex-Toy Mirandas Aufmerksamkeit weckt: »Schaut euch das an, der Kegel-Master!« Die prüde Charlotte fragt daraufhin: »Was ist denn ein Kegel-Muskel?«, und bekommt von dem Vamp Samantha zu hören: »Wenn du so fragst, hast du deine Übungen nicht gemacht.« Charlotte ahnungslos: »Was für Übungen?« Und Samantha antwortet: »Wenn alles dauerhaft straff sein soll, solltest du ihn jeden Tag zehn Minuten anspannen und wieder locker lassen. Eine Übung nach Doktor Kegel. Ich mache meine zum Beispiel jetzt.«

Also, was ist dieser Beckenboden eigentlich? Es handelt sich dabei um den muskulösen Bodenbelag, mit dem die Beckenhöhle zwischen Schambein und Steißbein ausgelegt ist. Dieses Geflecht legt sich um den Hinterausgang[9] und die Harnöffnung herum, bei Männern um den Samenleiter und bei Frauen um die Vagina. Zu spüren sind die Mumu-Muskeln, wenn man während dem Pinkeln kurz den Harn anhält. Oder wenn man einen Orgasmus hat, dann wechselt der Beckenboden nämlich automatisch zwischen Anspannung und Entspannung.[10] Dass man diesen Muskel trainieren kann, wissen alle Frauen, die schon einmal Rückbildungsgymnastik nach einer Geburt gemacht haben, weil eine Geburt den Beckenboden nämlich, unschönes Wort, ausleiern kann. Ist das der Fall, was durchaus auch alters-

---

8 Mary Roach berichtet in ihrem Buch *BONK* von einem Treffen mit einer Frau, die diese Technik innerhalb von zwei Jahren vervollkommnet hat und das Erlernte während eines Essens im Sushi-Restaurant eindrucksvoll demonstrierte. Zwei Minuten brauchte die Dame für ihren Orgasmus.

9 Dieser Teil des Beckenbodens nennt sich Levator ani – also Arschheber.

10 Frauen, die gekonnt einen Orgasmus vorspielen, ahmen durch Zuckungen mit dem Beckenboden diese automatischen Kontraktionen nach.

bedingt sein kann, ist die Inkontinenz nicht weit. Besonders in Situationen, in denen unser Beckenboden automatisch gegen einen Druck halten muss, zum Beispiel beim Niesen, Lachen oder wenn man etwas Schweres hebt. Ich kenne das von meiner Oma, die rannte immer aufs Klo, wenn etwas lustig wurde, und durch die geschlossene Klotüre konnte man sie dann laut lachen hören.

Außer Gebären und Altern gibt es noch eine Reihe von Ursachen für einen lausigen Beckenboden:

- Eine angeborene Bindegewebsschwäche,

- Das häufige Tragen von High Heels (Oha!),

- Heben und Tragen von Lasten,

- Viel Sitzen in schlaffer Haltung,

- Übergewicht,

- Haltungsschwäche (vor allem Hohlkreuz) und

- Sportarten, bei denen durch viel Gehüpfe großer Druck auf den Beckenboden ausgeübt wird (Tennis, Joggen, Squash).

Dass ein starker Beckenboden die Orgasmusfähigkeit erhöht, ist seit Langem bekannt. Dem österreichischen Sexualtherapeuten Karl Stifter zufolge hängt die Orgasmusfähigkeit einer Frau mit dem Druck auf die Vagina zusammen, den sie durch Anspannung der Mumu-Muskeln erzeugen kann. Kurzum: Von den

Frauen, die einen Druck von über 10 mmHg[11] erzeugen können, kommen 80 Prozent häufig zum Orgasmus. Diejenigen hingegen, die weniger als 10 mmHg erdrücken, haben wesentlich geringere Chance auf einen Höhepunkt: Da ist es nur jede Vierte. Interessant, oder? Glauben wir Herrn Stifter mal, auch wenn er gleichzeitig der Entwickler eines Drucktrainingsgeräts ist, das aussieht wie ein aufgeblasener Tampon und sich C.O.M.E. nennt (*come*, kommen, sehr scharfsinnig).

Dass ein muskelprotziger Frauenbeckenboden auch bei Männern wahnsinnig gut ankommt, wird immer nur nebenbei erwähnt. Aber in den verschiedenen Foren, da tauschen sich Männer über ihre Erfahrungen mit dem weiblichen Beckenboden aus. Dabei fallen häufig Wörter wie: *geil, umschließen, festhalten, wellenmäßig, geil, hammerartig, intensiv, geil, wahnsinnig, melken, eng* und *geil*. Klingt zwar einfallslos, aber vielversprechend.

Ich fasse das mal zusammen: Ein kräftiger Beckenboden lässt mich leichter abheben, bereitet L. höchste Freuden, ist gesund und kostet nichts. Wenn L. auch Beckenbodentraining machen würde, könnte er damit sogar den Höhepunkt hinauszögern und einer Inkontinenz vorbeugen. (Aber daraus wird nichts, in Italienisch für Anfänger auf der VHS ist er auch nie mitgegangen.)

Als Erstes mache ich einen Test zur Überprüfung des Ist-Zustands meines persönlichen Beckenbodens, entwickelt von Priska Buchner:

Der Test besteht aus drei Phasen. Getestet werden die **Kraft**, die **Ausdauer** und die **Wiederholung**.

---

11   mmHg = Millimeter-Quecksilbersäule, eine Einheit zur Angabe des Drucks von Körperflüssigkeiten.

Die Kraft, welche Sie mit dem Beckenboden erzeugen können, wird bewertet in:

Note	Wahrnehmung	Wertung
0	Keinerlei Muskelreaktion	-
1	Eine eben wahrnehmbare Muskelreaktion	Minimal
2	Ein schwaches Anspannen der Beckenbodenmuskeln	Schwach
3	Ein durchschnittlich starkes Anspannen der Beckenbodenmuskeln	Durchschnittlich
4	Eine gute Anspannung im Beckenboden	Gut
5	Eine starke und kräftige Anspannung im Beckenboden	Stark

Die Ausdauer wird in Zeit (Sekunden) gemessen, das heißt, es wird gemessen, wie lange die höchste Anspannung durchgehend gehalten werden kann. Bei dem Faktor Wiederholung handelt es sich schlicht um die Anzahl: Wie oft kann eine Kontraktion mit der gleichen Höchstkraft und gleicher Länge wiederholt werden? Zwischen den einzelnen Kontraktionen wird ein paar Sekunden pausiert.

Beispiel:
Bei der Kraftprobe notiert die Frau eine 2 für »Schwaches Anspannen.« Die Ausdauer notiert sie mit 3 Sekunden, die sie durchhält, die Anspannung aufrechtzuerhalten. Schließlich kann sie den Vorgang zweimal in der gleichen Art wiederholen, bei der dritten Anspannung lässt entweder die Kraft oder die Ausdauer nach. Das Testergebnis ist also 2/3/2.
Der Durchschnittswert ist: 2 + 3 + 2 = 7 geteilt durch die 3 Komponenten ergibt $7 \div 3 = 2{,}34$.

Die Wertung sieht wie folgt aus, wobei die Wertung nur einem selbst dient, um Fortschritte messen zu können:

Durchschnitt	Wertung
0	–
1	Minimal
2	Schwach
3	Durchschnittlich
4	Gut
5	Stark

Unsere Testperson schneidet also »schwach« ab.

So, so. Das wird mir nicht passieren. Es wird empfohlen, den Test immer in der gleichen Stellung zu machen, so bekommt man einen zuverlässigen Vergleichswert. Eine geeignete Stellung ist, so heißt es, sich mit angezogenen Beinen und einer Stoppuhr in der Hand auf den Rücken zu legen. Dann misst man mit dem eingeführten Finger die Kraft und die Wiederholungen. Mit der Uhr stoppt man die Ausdauer in Sekunden. Ein kleiner Tipp: Falls Sie sich zum Beispiel ins Bad begeben, um sich dort nackt mit angezogenen Beinen auf den Rücken zu legen, mit einer Stoppuhr in der einen Hand und dem Zeigefinger der anderen Hand in Ihnen – sperren Sie unbedingt die Badezimmertüre ab. Nur so aus Vorsicht, falls Ihr Freund auch früher von der Arbeit nach Hause kommt, so wie L., der jetzt oft ein anzügliches Grinsen im Gesicht hat, wenn ich ins Bad gehe. Ich bin übrigens eine glatte Drei. Durchschnitt. Das will man ja nicht wirklich hören, nicht einmal von seinem Beckenboden. Also geht es ihm jetzt an den – Kragen (haben Beckenböden Krägen? Oder Schlafittchen?). Ich habe zwei schöne Übungen nach Kegel gefunden, die angeblich äußerst effektiv sind und vor allem für meine Mitmenschen unsichtbar.

Übung 1: Ich soll mindestens dreimal täglich den Muskel so stark wie möglich anspannen und versuchen, die Spannung mindestens 6 Sekunden durchzuhalten. Diese Übung wird dann zehnmal wiederholt. Sobald ich das schaffe, ohne die Po- oder Bauchmuskeln gleichzeitig anzuspannen, soll ich die Anzahl der Wiederholungen langsam auf 40 (!) steigern. Tröstlich der Satz: Seien Sie nicht enttäuscht, wenn das einige Wochen dauert. Hm hm!

Übung 2: Wenn ich mit Übung 1 keine Probleme mehr habe, darf ich auf Level 2 aufsteigen: Man spannt die Muskeln 5 bis 10 Sekunden lang an und anschließend zieht man sie so stark wie möglich schnell drei- bis viermal zusammen. Als würde man mit den Kontraktionen die Öffnung abquetschen wollen.[12]

In ungefähr vier Wochen soll sich der Erfolg dann einstellen, ABER ES KANN AUCH LÄNGER DAUERN. Dann könne man auch den Test wiederholen, um zu sehen, um wie viel man sich verbessert habe. Super. Genau das Richtige für jemanden, der mit keinem einzigen Quäntchen Geduld gesegnet ist.

An meinem zweiten Tag des Beckenbodenmuskelaufbautrainings habe ich da einen Muskelkater, wo ich zuvor noch nie einen hatte. Ich trinke so wenig wie möglich, um die Toilettengänge auf ein Minimum zu beschränken, aber das ist nicht das Schlimmste. Das Schlimmste ist, dass es überhaupt gar nicht unsichtbar ist, wenn ich die Übungen mache. Als ich das erste Mal während des gemeinsamen Abendessens L. gegenübersitze und innerlich die 6 Sekunden abzähle, legt L. den Kopf schief und fragt mich: »Was machst du denn?« Ich erzähle L. von meinem neuen Trai-

---

12 Für die Herren der Schöpfung eignen sich die Übungen zur Verzögerung der Ejakulation. Kurz vorher einfach die Beckenbodenmuskeln an- und wieder entspannen, das nimmt den Druck weg. Geübte Beckenbodenvirtuosen machen das automatisch und so lange, bis sie selbst kommen wollen.

ningsplan und L. erzählt mir, mein Gesichtsausdruck habe ihn vermuten lassen, dass ich gerade quälende Verdauungsstörungen hätte. Na großartig. Ich versuche in den nächsten Tagen meine Mimik während der Übungen in den Griff zu bekommen und mich völlig zu entspannen, während ich innerlich die Höchstleistungssportlerin gebe. L. sieht jedoch immer noch, wenn ich trainiere: »Jetzt hast du so einen verklärten Blick wie jemand, der heimlich ins Schwimmbecken pinkelt.«

Aber ich werde besser. Ich absolviere meine Übungen in der Supermarktschlange, beim Fernsehen, beim Zähneputzen und beim Autofahren. Beim Autofahren mache ich eine interessante Entdeckung, als ich von einem unglaublich unfreundlichen Polizisten angehalten werde. Während eines längeren Vortrags über zulässige Höchstgeschwindigkeiten in geschlossenen Ortschaften absolviere ich heimlich meine Einheiten. Anspannen, 6 Sekunden halten, entspannen. Und wissen Sie was? Mir ist so belustigt zumute, als hätte ich ihm eins ausgewischt. Ich mache das seitdem öfter. Wenn mich jemand ärgert, zucke ich heimlich orgiastisch und freue mich, dass derjenige das nicht weiß. Ich kann mir einen ähnlichen Effekt in Situationen vorstellen, in denen man zu übertriebener Ehrfurcht neigt. Bei einem wichtigen Vorstellungsgespräch zum Beispiel. Während einer Papstaudienz. Oder wenn Sie Mister Universum in der Supermarktschlange treffen oder im Brautkleid vor dem Altar stehen und der Verlust der Contenance droht. Dann können die Übungen einen auf den Beckenboden der Tatsachen zurückholen. (Um Katastrophen zu vermeiden, tun Sie das erst, wenn Sie die Phase, in der man nach quälender Verdauung aussieht, hinter sich haben.) Mein Pokerface ist inzwischen perfekt. Der Einzige, der mich immer noch ab und zu erwischt, ist – natürlich – L. Manchmal sieht er mich so von der Seite an und stellt dann fest: »Du machst es doch gerade wieder!« Und hat damit auch immer recht.

Um *es* noch zu unterstützen, habe ich mir einen Satz Vaginalkonen verschreiben lassen. Vaginalkonen sind medizinische »Trainingsgeräte« zur Stärkung des Beckenbodens. Man bekommt sie in Apotheken und manchmal auch in Drogerien und sowieso im Internet. Sie kosten zwischen 40 und 80 Euro. Oder Sie bekommen sie auf Rezept. Ich musste für die Verschreibung eine unangenehme Befragung über mich ergehen lassen, aber gespart ist gespart, wie Oma immer sagte.

Als ich zu Hause meine Schachtel Vaginalkonen öffne, erwartet mich ein großes, weißes, liegendes Überraschungsei. Wenn man die obere Hälfte abnimmt, stecken da fünf tamponähnliche, weiße Konen und sehen einen herausfordernd an. (Es hätte auch eine Version mit bunten Konen gegeben, aber die sahen ein bisschen aus wie die Schwimmer, die an Angelruten hängen.) Die Konen sind verschieden schwer und haben unten eine Rückholschnur (wie eine Angelschnur). Der leichteste wiegt 20 Gramm, der schwerste 70 Gramm. Ich hab hier einen aufgezeichnet:

Ich verschließe mein Überraschungsei wieder und gehe shoppen. Man muss sich erst mental vorbereiten, bevor neue medizinische Geräte zum Einsatz kommen. Am nächsten Morgen vergrabe ich noch den Kopf zwischen den Kissen, als L. sich seinen Bademantel überstreift und in die Küche geht, um Frühstück zu machen. Ich höre ihn in der Küche klappern und es riecht schon nach Kaffee, als plötzlich sein Kopf in der Schlafzimmertüre auftaucht: »Alex, ich habe den schrägsten Eierkocher der Welt in unserer Küche gefunden.« Wenn man nicht immer alles gleich verräumt …

Noch am gleichen Tag soll mein Geräteturnen mit den Konen beginnen. Ich mache schon seit zwei Wochen meine Übungen und komme mir vor wie Sylvester Stallone, innerlich. Vermutlich aufgrund dieser fatalen Selbstüberschätzung greife ich prompt zum schwersten Konus. Ich setze mich auf den Badewannenrand und tue, wie mir die Anleitung empfiehlt, sodass schließlich nur noch eine spiralförmig gedrehte Schnur aus mir herausguckt. Ich komme mir vor wie ein Fahrradschloss.

Als ich aufstehe, macht es *plopp, klonk*. Wobei *Plopp* mehr ein gefühltes, körperliches Empfinden ist, vergleichbar mit einem 70 Gramm schweren Konus, der plötzlich aus einem herausrutscht. *Klonk* hingegen ist ein sehr reelles Geräusch, wie etwa von einem Stück 70 Gramm schweren Plastik, das aus einer Höhe von 80 Zentimetern auf einer Badezimmerfliese aufschlägt.

Ich lese die Anleitung, in der stand, man solle mit dem leichtesten Konus mehrmals täglich trainieren, bis man ihn 10 bis 15 Minuten halten könne, auch unter Belastung wie Husten, Lachen und Niesen. Die alten Klugscheißer. Also gut. Mit dem leichtesten Konus würde es ja keine allzu großen Schwierigkeiten geben. Gibt es auch nicht. Ich stehe auf und mache eineinhalb Schritte vor der Badewanne auf und ab. Bombig geht das, der wird mir nicht entkommen. Meine Vorstellung ist, das Ding den ganzen Tag mit mir herumzutragen. Praktisch nebenbei werde ich während des Einkaufens, Spazierengehens oder Zum-Bus-Laufens meine Muskeln trimmen. Mein Weg in die Arbeit wäre nicht mehr nur vergeudete Energie, sondern stählendes BeBo-Workout.[13] Unbeobachtet und vor allem zeitsparend könnten mich die Konen ins Kino begleiten, zu meinen Schwiegereltern zum Essen oder während einer Präsentation. Wie ein Bauch-weg-Gürtel, den man unsichtbar unter dem T-Shirt tragen kann.

---

13 *BeBo* sagen wir Insider zum Beckenboden. Das klingt auch viel besser. So wie *IT* statt Informationstechnik.

Frohen Mutes schlage ich die Haustür hinter mir zu und mache mich auf den Weg in die Stadt. Ich komme bis zur nächsten Kreuzung. Man muss wissen, dass diese Konen (warum eigentlich nicht Koni?) durch ihr Gewicht, ganz anders als Tampons zum Beispiel, sich überhaupt nicht bemüßigt fühlen, am gleichen Platz zu verweilen. Ich zwicke zwar zu wie der Teufel, aber das verlagerte Ding drückt derart unangenehm, dass ich wie ein schwankender John Wayne langsam den Rückzug antrete. So eine Pleite. Deprimiert lese ich mir noch einmal den Beipackzettel durch, diesmal bis zum Ende. In den ersten Tagen wird das Trainingsziel noch nicht erreicht werden. Der Konus muss deshalb immer wieder neu platziert werden.

Gut, das mit dem Neu-Platzieren will ich dann doch nicht beim Einkaufen, Spazierengehen oder Busfahren machen. Und schon gar nicht während einer Präsentation. Vielleicht ist es doch besser, die Dinger zu Hause zu tragen. Das erinnert mich ein bisschen an diese Masche mit den Cremes, die einem versprechen, nach nur zwei Wochen Anwendung hätte man cellulitefreie Oberschenkel. Und im klein gedruckten Beipackzettel steht dann, dass der Erfolg sich aber nur einstellt, wenn man die betroffenen Stellen mit der Creme täglich zwölf Stunden massiert. Sobald ich einen Konus 15 Minuten halten könne, hieß es, dürfe ich zum nächstschwereren übergehen. Da ist dann doch mein Ehrgeiz geweckt. Jeden Tag nach dem Abendessen probe ich mit meinem neuen Spielzeug. Ich stehe dazu in unserer offenen Küche am Tresen, der eignet sich hervorragend zum Festhalten. Mit einem Auge schiele ich auf die Küchenuhr, mit dem anderen in Richtung Wohnzimmer, in dem der Fernseher läuft. Mehr kann ich auch nicht tun. Es ist völlig utopisch zu glauben, man könnte sich auf irgendetwas anderes konzentrieren als auf den genauen Sitz dieses Stück Plastiks, das man – trägt? – enthält? Die letzten zwei Minuten haben es in sich, egal, bei welchem Gewicht. Ich schließe dann die Augen und stelle mir eine gefüllte Arena vor, alle Leute grölen, jubeln und winken, ein Moderator schreit völlig aufgekratzt ins Mikro:

»NUR NOCH 120 SEKUNDEN, DAS IST WAHNSINN, DAS IST UNGLAUBLICH, ALEX ZEIGT ES HEUTE ALLEN! NOCH 80 SEKUNDEN, WER MACHT DAS RENNEN, DER 50-GRAMM-KONUS ODER UNSERE UNGESCHLAGENE ›CHAMPIONIN‹, NOCH 50, NOCH 40 SEKUNDEN ...« Die letzten 10 Sekunden zählt dann die ganze Arena mit runter, wie an Silvester. Frenetischer Applaus, ich renne ins Bad, Übung vorbei.

L. findet meine abendlichen Kraftübungen auch bald viel spannender als irgendeinen Krimi im Fernsehen und leistet mir Gesellschaft. Er ist überhaupt sehr interessiert am Thema, aber ich habe mir vorgenommen, meinen neuen Freund BeBo frühestens nach Ablauf der fünf bestandenen Konen oder spätestens nach sechs Wochen Training mit ins Bett zu nehmen. Vorher halte ich mich zurück, wegen des Wow-Effekts.

L.s erste Frage, sobald ich ihm von meinem Training erzähle, ist die gleiche Frage, die mir jeder, jeder, jeder Mann aus meinem Freundeskreis stellt. »Kannst du dann mit, äh, also da unten auch rauchen?«[14] Ich weiß nicht, was es damit auf sich hat. Wahrscheinlich haben die alle während ihrer sexuellen Prägephase irgendeinen alten Emmanuelle-Film gesehen, in dem das vorkam. Natürlich könnte ich das. Wenn ich einen 70 Gramm schweren Plastik-Eumel eine Viertelstunde lang festhalten kann, dann kann ich selbstverständlich meine Muskeln um eine Zigarette schließen und sie mit einer Kontraktion aufglimmen lassen. Und natürlich

---

14 Einzig übertroffen von einem Trottel im Internet, der in einem Beckenbodenforum nicht nur die Frage stellte, ob man mit der Vagina rauchen könne, sondern auch wissen wollte, ob man den Rauch dann zum Mund rausblasen könnte.

kommt dann da Rauch raus. Ich mache es aber nicht, ich bin ja nicht bescheuert.

Auch wenn L. sich das noch mehr wünscht als ein Motorrad der Marke Triumph.

Ich erkläre die Trainingsphase nach knapp sechs Wochen für beendet, mit den Konen bin ich einmal durch und ich habe tatsächlich täglich meine Trockenübungen gemacht. Ein erneuter Test bringt mir ein Gut ein und ich komme mir vor, als könne ich eine Abrissbirne halten, wenn nötig. Es ist so weit. Jetzt will ich es wissen.

Der Versuch, meine neuen Fähigkeiten an den Mann zu bringen, scheitert fast im Bett an der Sturheit von L. Er will nicht akzeptieren, dass eine lückenlose Dokumentation der Geschehnisse für die Statistik notwendig ist: »Alex, leg bitte den Block und den Stift weg, ich kann so nicht.« Als wir uns schließlich geeinigt haben und wild knutschend in Fahrt kommen, lasse ich das erste Mal meine Muskeln spielen. Dann passiert etwas Interessantes mit L.s Gesicht. Eben noch hat er mich liebevoll, lustvoll und etwas verträumt angesehen und plötzlich weicht dieser Blick einem Ausdruck völliger Erstauntheit. Mit hochgezogenen Augenbrauen, weit geöffneten Augen, einem leichten O-Mund und angehaltenem Atem hält er ganz still. So, als wolle er genau »hinhorchen«. Irgendwann löst sich seine Schockstarre und er sagt: »Interessant.«

Es wird dann noch interessanter. Zum einen für L., der aufrichtig Gefallen an meiner neuen, stufenlos regulierbaren Spannkraft findet. Zum anderen, und das finde ich jetzt wiederum sehr interessant, stellt sich heraus, dass mit angezogenem Beckenboden tatsächlich die Orgasmusrate steigt. Zumindest im Hause Alex R. Diese erfreuliche Tatsache scheint, laut Dr. Christian Albring,

Präsident des Berufsverbandes der Frauenärzte, verschiedene
Gründe zu haben:

- Die meisten Lustnerven sitzen im Beckenboden und mitnich-
  ten in der Vagina.

- Das BeBo-Training erhöht die Durchblutung, was eine leichtere Erregbarkeit bedeutet.

- Die Kräftigung der Muskeln bewirkt, dass die Kontraktionen
  während des Orgasmus stärker sind und dieser damit intensiver ist.

Laut meiner Theorie bewegt sich auch einfach während des An-
spannens die Klitoris mehr in Richtung des Geschehens, was sie
sehr freut. Ich trinke aber auf jeden Fall ein Glas auf Dr. Albring,
der Mann hat vollkommen recht. Ein Hoch auf den Beckenboden, was für eine entgegenkommende und überaus sympathische
Muskelmatte. Obwohl ich es nicht geschafft habe, wie mancher-
lei Virtuosin, den Konus während meines Trainings auf und ab
wandern zu lassen oder gar umzudrehen, so bringt er doch jede
Menge Spaß. So viel Spaß, dass der gute L. letztens ein bisschen
übermütig wurde. Es wurde gerade mächtig romantisch unter
unserer Bettdecke, da hielt L. plötzlich inne. Es war ihm gerade
eine solch absurde Idee in den Kopf geschossen, dass er selbst
ganz überrascht war: Man könnte ja mit den Kontraktionen
Melodienerkennen spielen! Oder SOS zwicken! Ich weiß nicht,
ob es an dem gemeinsamen Lachen unter der Decke lag, an der
vertrauten Stimmung, oder an der Flasche Cava, die wir an dem
Abend geleert hatten, aber wissen Sie was? Ich hab's gemacht.

WIE ICH AUSZOG, DEN G-PUNKT ZU FINDEN ·

Es gibt Themen, da spaltet sich die öffentliche Meinung in zwei Lager, von denen ein jedes behauptet, das jeweilig andere hätte keine Ahnung. Zum Beispiel sind manche Leute von der Existenz außerirdischer Intelligenz und deren Besuchen auf der Erde überzeugt. Sagen wir, die sind das eine Lager. Diejenigen, die das nicht glauben, das andere. Da können die einen mathematische Wahrscheinlichkeiten vorrechnen, auf die Raumsonden Voyager 1 und 2 verweisen, die Daten für potenzielle Außerirdische an Bord haben[15], geheime NASA-Stützpunkte aufzählen und die *BILD*-Zeitung vorlegen, in der sogar FOTOS von Aliens abgebildet sind. Die anderen werden immer denken: Vollidioten.

---

15 Der Datenträger heißt Voyager Golden Record und ist eine Schallplatte. Das wirklich Ulkige daran ist, dass auf dem Cover unter anderem eine Anleitung zum Abspielen selbiger abgebildet ist, die kein Mensch versteht. Die Anleitung für den neuen, 20-türigen Schrank von Ikea ist ein Kinderspiel dagegen, sehen Sie selbst:

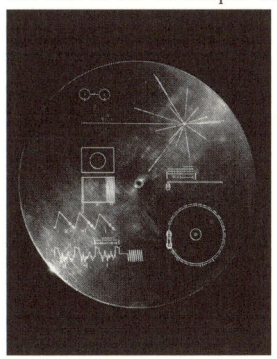

Die Ungläubigen hingegen können alle Indizien Verschwörungstheorien nennen, auf die Boulevardpresse schimpfen und auf die seriöse Wissenschaft verweisen, die keinen einzigen Hinweis auf außerirdisches Leben liefert. Die anderen werden immer denken: Ignoranten.

So ist das mit dem G-Punkt (kurz für: *Gräfenberg-Punkt* oder auch *Gräfenberg-Zone*). Man könnte sagen, der G-Punkt ist das Alien unter den erogenen Zonen. In unregelmäßigen Abständen gibt es immer wieder eine große Herausfindung, welche die Existenz oder die Nichtexistenz des Punkts beweist. Oder eine andere Eigenschaft der mystischen Zone.[16]

Unter den meisten Artikeln steht dann oft die Kritik von einem anderen Wissenschaftler, der das Gegenteil behauptet. Man kann zusammenfassend sagen: Die Wissenschaft hat zwar den genetischen Code geknackt, Digitaluhren und den Computertomografen erfunden, sie kann sogar das Alter unseres Universums schätzen, aber ob die weibliche Hälfte der menschlichen Bevölkerung einen Orgasmusknopf hat oder nicht, das ist der Wissenschaft zu hoch.

Wenn man nicht immer alles selbst macht. Fakt ist: Weder für die einen noch für die anderen gibt es derzeit anatomische Bewei-

---

16 Dr. Britta Bürger: »Die Gräfenberg-Zone scheint auch bei der Geburt eine wesentliche Rolle zu spielen. Sie soll einigen Wissenschaftlern zufolge einen schmerzlindernden Effekt während des Geburtsvorgangs haben. (…) Durch Druck auf den G-Punkt oder dessen Stimulation kommt es bei den Gebärenden zu einer Erhöhung der Schmerzschwelle. Das beruht darauf, dass die Reizung des G-Punktes zur Ausschüttung körpereigener Schmerzmittel – sogenannter Endorphine – führt. Weiters wird diese Beobachtung durch eine Studie unterstützt, in der Mexikanerinnen untersucht wurden, die während des Geburtsvorgangs besonders schmerzempfindlich waren. Dabei wurde festgestellt, dass durch deren extrem hohen Chilikonsum – und die dadurch erhöhte Aufnahme des Wirkstoffs Capsaicin – die Region des G-Punktes an Sensibilität verloren hatte und somit der schmerzlindernde Effekt nicht eintrat.« Quelle: http://www.netdoktor.at/sex_partnerschaft/fakta/g_punkt.shtml

se. Der Letzte, der mit dem ultimativen Beweis der Existenz des Knopfs auftrumpfen wollte, war ein Italiener (warum wundert mich das nicht?), der die unüberblickbare Anzahl von 20 Frauen untersuchte. Da ein Teil der Damen (30 Prozent) behauptete, schon vaginale Orgasmen[17] gehabt zu haben, wurde per Ultraschall nach anatomischer Andersartigkeit gegenüber den restlichen Damen gesucht. Gefunden wurde: eine Verdickung des Gewebes im vorderen Vaginalbereich[18] bei diesen 30 Prozent der Probandinnen. Das sind, ähm – sechs von 20 Frauen? Ich kann mich ja täuschen, aber ist 20 eine nicht eher – geringe Anzahl? Da hätten ja die Vaginalorgasmuslerinnen auch durch Zufall zum Beispiel alle blond sein können. Oder Brillenträgerinnen. Oder Latinas. Und da wäre erst was los gewesen.

Ein Oberarzt der Frauenklinik der Charité in Berlin, Matthias David, steht dem neuen Beweis auch skeptisch gegenüber. Matthias David ist ganz klar einer von den anderen: Schließlich könnten die beobachteten Veränderungen im Vaginalbereich verschiedene Ursachen haben, anatomische Schwankungen gebe es von Frau zu Frau. Er befindet Ultraschall außerdem für zu ungenau und hält eine Anzahl von 20 Probandinnen nicht für aussagekräftig. Er verweist auf zahlreiche Untersuchungen, in denen das Vaginalgewebe millimetergenau untersucht und keine spezielle Ansammlung von Nerven gefunden wurde. Er folgert daraus: Kein anatomischer Nachweis für einen G-Punkt.

---

17 »Einige Wissenschaftler gehen jedoch davon aus, dass in Wahrheit jeder weibliche Orgasmus von der Klitoris, dem bei der Frau nervenreichsten Zentrum sexueller Erregung, ausgeht: Nach neueren Erkenntnissen ist die Klitoris ein weitaus größeres Organ als allgemein angenommen und publiziert, tatsächlich beträgt ihre Länge circa 11 Zentimeter und ihre Nervenenden reichen bis in die Vagina und in die Schenkel hinein.« Quelle: http://de.wikipedia.org
18 Pikant, diese Suche. Ist doch so weit allgemein anerkannt, dass sich die Zone, wenn vorhanden, erst im Zustand sexueller Erregung durch Anschwellen erkennen lässt.

So sieht's aus. Dem gegenüber steht ein uralter Mythos, den der deutsche Arzt Ernst Gräfenberg 1950 wiederentdeckte und in einem Artikel beschrieb. Gestützt wird das Ganze durch Erfahrungsberichte zahlreicher Frauen und regelmäßige wissenschaftliche Beweise. Es gibt sogar einen genauen Lageplan! Das ist nicht so, wie wenn man sagen würde: »Das Monster von Loch Ness lebt im gleichnamigen See.« Das ist, als wenn man sagen würde: »Das Monster von Loch Ness lebt in dem gleichnamigen See, exakt 12 Meter unter der Wasseroberfläche, an der Nordost-Seite, direkt neben einem großen Stein, der wie ein Menhir aussieht. Sie können gerne einen von Wissenschaftlern angefertigten Lageplan ansehen.«

Es wird noch doller: Um das Schwellgewebe der Harnröhre herum liegen um die 40 Drüsengänge. Die können sich bei sexuellem Spaß mit Flüssigkeit füllen. Und entladen. Das geht dann durch die Harnröhre (ist jedoch allerhöchstwahrscheinlich kein Urin[19]) und kann herausspritzen oder fließen oder als extreme Nässe bemerkt werden. Dies kann durch Stimulation des G-Punkts oder auch eine andere Spielart passieren.

Die ejakulierende Frau ist auch so eine Geschichte, die von vielen in die Ecke der *Urban legends* geschoben wird, seit den Achzigerjahren von der Wissenschaft aber allgemein anerkannt ist. Das ging ja auch richtig schnell, zum ersten Mal wurde die weibliche Ejakulation nämlich vor Jahrtausenden erwähnt, sie beschäftigte schon Hippokrates und Konsorten.[20] Wie die Ejakulation genau abläuft, darüber herrscht allerdings noch Uneinigkeit. Natürlich.

---

19 Verschiedene Laborteams fanden unterschiedliche Zusammensetzungen. Teilweise ähnelt die Flüssigkeit dem Sekret, das die männliche Prostata produziert, in dem der Samen herumschwimmt. Vielleicht ein guter Grund, warum die G-Zone auch »weibliche Prostata« genannt wird.
20 http://www.emma.de/die_potente_frau_10_87.html

Feministinnen, Aktivistinnen und Fanatikerinnen lieferten sich eine heiße Schlacht darum, was der bessere Orgasmus sei. G-Zone gegen Kitzler, Spritzerinnen gegen Nichtspritzerinnen. Die Sexaktivistin Fanny Fatale behauptet in ihrem Video *How to (Female) Ejaculate* sogar, es sei ungesund, nicht zu ejakulieren. Die US-amerikanische Journalistin Liza Featherstone berichtet in ihrem Artikel *Going with the flow 21* von einem Essay in dem Magazin *Gear*:

Das Magazin *Gear* übertrumpfte sie (Anm.: Fanny Fatale) kürzlich mit einem hemmungslos chauvinistischen Essay einer unverbesserlichen Vorkämpferin der weiblichen Ejakulation: »Obacht: Frauen, die in der Lage sind zu ejakulieren, sind anders im Bett (und in der Küche, im Auto, im Film) als solche, die dies nicht können. Klitorale Frauen mögen es, einen Penis in sich zu spüren, doch sie wissen, dass der Schlüssel zum Glück woanders liegt … Ejakulierende Frauen sind eins mit sich und der Welt und ihrer Rolle als Lebensspenderin.«

Toll, werden sich da einige Frauen gedacht haben. Nicht genug mit dem Druck einen Orgasmus bekommen zu müssen, jetzt muss ich auch noch ejakulieren!

Nur nicht verkrampfen, denke ich mir und halte mein Wahlplakat hoch: Spaß, Spaß, Spaß.

Ich fasse zusammen: Es ist im Bereich des Möglichen, dass ich zu einem schwammigen Prozentteil von Frauen gehöre, die, wenn sie im richtigen Moment an der richtigen Stelle gedrückt werden, abgehen wie ein Zäpfchen. Oder das Bett unter Wasser setzen. Halleluja! Da muss man doch nachschauen gehen!

---

21   http://www.nerve.com/Dispatches/Featherstone/Flow

Aus mangelnder persönlicher Erfahrung mache ich eine repräsentative Umfrage, wie der italienische Wissenschaftler vor mir, auch mit 20 Frauen. Meine Mutter, meine Freundinnen, meine Lektorin, zwei Arbeitskolleginnen und ich werden befragt. Das Ergebnis der Studie ist niederschmetternd: 0 Prozent der deutschen Frauen haben den G-Punkt schon einmal gesehen (getroffen?), geschweige denn ejakuliert.

Im Internet hingegen treffe ich jede Menge Frauen, die, wie es scheint, permanent ihren G-Punkt drücken und so oft ejakulieren, bis das THW[22] anrückt. Es drängt sich mir die Frage auf, ob da nicht ein paar schummeln (und wenn ja, warum) − oder ob die realen Frauen, die mich umgeben, vielleicht sexuell nicht so experimentierfreudig sind wie ihre Geschlechtsgenossinnen im Web. Auf Nachfrage berichten zumindest zwei meiner Teilnehmerinnen, schon einmal nach der G-Zone gesucht zu haben, wenn auch erfolglos. Die restlichen acht teilen sich auf in:

- *Ich mach das noch* (1 Stimme)

- *Das ist doch alles Quatsch* (3 Stimmen)

- *Ich hab echt was anderes zu tun* (4 Stimmen, 2 davon Mütter von Kleinkindern)

Drei Erfahrungsberichte bekomme ich dann doch noch. Das Netzwerk *Freundinnen* mit seinem Partnernetzwerk *Freundin-einer-Freundin* ist ja eines der effektivsten Kompetenzsysteme weltweit. Die Lichtblicke am erogenen G-Himmel heißen Gisela, Rosa und Daniela. Hinsichtlich ihrer Begeisterung über den G-Punkt könnte man sie staffeln wie die Orgelpfeifen: Daniela kennt zwar

---

22   Technisches Hilfswerk, die Zivil- und Katastrophenschutzorganisation der Bundesrepublik Deutschland.

den Punkt, kann ihn auch selbst lokalisieren und merkt, wenn jemand anderes dies kann, findet aber die Berührung eher unangenehm. Gisela hingegen findet die Berührung hervorragend, kann ihn aber allein nicht gut finden. Die Welt ist nicht immer gerecht. Rosa setzt dem G-Punkt die Krone auf: Wenn er während dem Sex stimuliert wird, »dann verliere ich die Kontrolle über meinen Körper«. In meinem Kopf saust Rosa gerade durch das Zimmer, wie ein halb aufgeblasener Luftballon, den man aus Versehen losgelassen hat. Sie meint das aber ganz anders: Ihre Beine werden butterweich, ihr Becken zuckt und nichts kann in diesem Moment den heranrollenden Orgasmus aufhalten. Neidisch? Ich auch. Übereinstimmend sagen sie alle drei, man nehme dazu am besten die Finger des Partners. Die besten Stellungen dafür seien die Hündchenstellung, vorausgesetzt, es gehe hübsch langsam dabei zu, und die *Skifahrerstellung*, wie sie Daniela nennt. Wenn Sie auch nicht wissen, wie eine Skifahrerstellung aussehen soll, ich hab die hier mal nach Danielas Vorgaben aufgezeichnet. Die Frau ist dabei oben und ihre Beine fühlen sich danach an wie nach einer Stunde Skigymnastik:

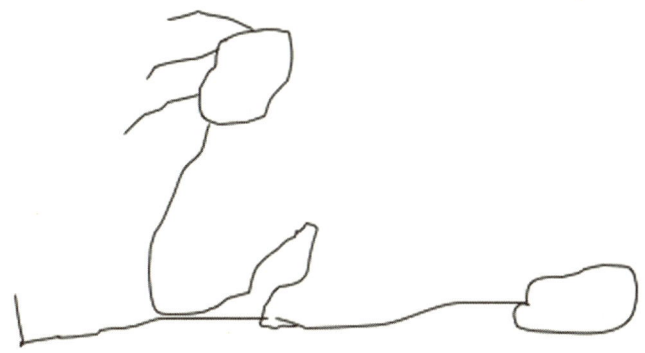

Der Grund, warum die einen mehr und die anderen weniger auf eine Reizung dieser Zone reagieren, liegt – natürlich – im Dunkeln. Um den anderen auf die Sprünge zu helfen, kann man sich den G-Punkt auch vergrößern lassen.[23] Dabei wird wahlweise Eigenfett oder Hyaluronsäure unterspritzt. Finden Sie komisch? Das ist noch gar nichts. Die machen Ihnen auch gleich noch ein Jungfernhäutchen dazu und eine Verengung der Vagina, *welche auf Wunsch auf die Gegebenheiten des Partners abgestimmt werden kann.* Das nenne ich komisch. Aber zurück zum Thema.

Ich glaube, es wird Zeit, selbst in Aktion zu treten. Da ich eines Nachmittags nichts Besseres zu tun habe, beschließe ich nachschauen zu gehen. Alleine. Bevor ich L. da wortwörtlich mit hineinziehe, will ich erst einmal selbst gucken. Im Internet sind jede Menge bebilderte Lagepläne zu finden. Auf diesen Zeichnungen sieht der Unterleib leider immer ein bisschen aus wie der Querschnitt durch eine Rinderhälfte. Für alle, die nicht Medizin studieren wollen, sind sie völlig unnötig, die rhetorische Beschreibung ist klar und unmissverständlich:

Stellen Sie sich vor, die Frau liegt auf dem Rücken, dann muss man, wenn man reinkommt, 5 Zentimeter geradeaus und dann nach oben. Das klingt, wie wenn man in einem Restaurant nach der Toilette fragt. *Gehen Sie einfach geradeaus durch, die erste Tür oben ist es schon!*

Viele Lagebeschreibungen verwenden den Begriff *Scheidenvorderwand*, was wiederum so klingt wie *Eiger Nordwand* und nur *oben* meint. Es sei denn, die Frau liegt mit dem Bauch nach unten, dann meint das *unten*. Es heißt auch, die Stelle sei etwa so groß wie eine 20-Cent-Münze und fühle sich im Gegensatz zu seiner Umgebung gerippt oder auch hart an.

Das klingt ja nicht so kompliziert.

---

23 Sensualmedics, Munich Medical Center, Salvatorstraße 3, 80333 München/ http://www.sensualmedics.com

Ich sag's gleich vorweg: Ich hab an diesem Nachmittag meinen G-Punkt nicht gefunden. Ich habe nur etwas *heraus*gefunden: Nämlich, dass es völlig unmöglich ist, nackt und in gekrümmter Haltung mit den Fingern einer Wegbeschreibung des G-Punkts zu folgen, ohne dass einem jegliche erotische Stimmung und die eigene Würde abhanden kommen. Völlig unmöglich. Zumindest in meiner Welt. Ich habe es sogar mit meiner Zauberwaffe, dem Orgasmus-Turbobeschleuniger versucht, einer Fantasie, in der verschiedene Schauspieler der US-amerikanischen Filmindustrie eine entscheidende Rolle spielen. Aber nichts. Nicht einmal ein g, geschweige denn ein G. Und ich hatte mir noch großspurig vorsichtshalber ein 100 × 180 Zentimeter großes Badehandtuch untergelegt!

Ich hoffe, das klappt besser, wenn ich mit L. zusammen suche. Ich schicke ihm eine Mail, ob er am nächsten Abend Zeit hat, mit mir diesen verfluchten G-Punkt zu suchen. Hat er. Ob ich ihm einen Lageplan schicken soll, frage ich, aber L. will keinen. Er hätte sich das »mal im Web angeschaut und gemerkt«. Dazu muss man sagen, dass L. ohne jeglichen Orientierungssinn auf die Welt gekommen ist. Wenn man ihn auf der Straße zweimal um sich selbst dreht, ist er komplett aufgeschmissen. Bis jetzt hat L. noch keine einzige Wanderung unternommen, bei der er nicht in der Dämmerung irgendwann zu Hause angerufen hätte, damit ich ihn mit dem Auto abholen kam. So viel zu »mal angeschaut und gemerkt«. Ich hoffe, ich muss ihn am nächsten Tag nicht von irgendwo mit dem Auto abholen ...

Wenn man mit einer Mission im Bett liegt, verkrampft man ja leicht. Das geht praktisch von selbst. Kaum fasst mich L. an, denke ich schon: »Ob er es jetzt probiert? Aber müssten seine Hände dann nicht – nein. Wohl nicht. Und jetzt?« Macht nicht so richtig rattenscharf. Ich bin fast erleichtert, als L. vorschlägt:

»Lass uns einfach normal Sex haben, hm? Wir können das mit dem Suchen auch wann anders machen.« Super. *Hervorragender Vorschlag*, denke ich und das ist dann auch erst einmal das Letzte, was ich denke. Dann wird es nämlich denkbar schön, bis − ja, bis L. dann doch forscht. Hat er mich einfach ausgetrickst. Leider finden wir nichts. Auch nicht weiter links oder weiter vorne, das Einzige, was ich merke: Ich muss dringend zur Toilette. Da ist also die Blase. Ein bisschen komme ich mir vor, als hätte ich versagt. »Hast du ja auch!«, versucht L. mich aufzuheitern, ich schlage ihn dafür gegen das Schienbein.

So leicht gebe ich mich aber nicht geschlagen, vielleicht hat L. das nur nicht richtig gemacht. Ein G-Punkt-Vibrator muss her. Ich habe ein gespaltenes Verhältnis zu Vibratoren. Mein erster und einziger Vibrator wurde mir im Alter von 13 Jahren von einem bekannten deutschen Erotikunternehmen zugeschickt, nachdem Beate und ich unbedingt wissen wollten, was in dem 10-DM-Überraschungspaket drin ist. Beziehungsweise Beate wollte es wissen und ließ das Paket an meine Adresse liefern. Wo es selbstverständlich meine Mutter öffnete. Zu meiner Verwunderung glaubte sie mir sofort, dass alles Beates Idee war, seufzte und verstaute den Inhalt im hintersten Fach des Schranks im Elternschlafzimmer, von wo wir ihn heimlich Stück für Stück herausholten. Außer einem Slip aus Lakritze, einem schnöden Pornoheftchen, etwas Gleitcreme und Kondomen mit Fruchtgeschmack war da ein Hartplastikvibrator in Weiß dabei. Slip, Heftchen, Gleitcreme und Kondome gingen an Beate und mir blieb der Vibrator. Nachdem ich ihn mir genau einmal, wie in den Versandkatalogen gesehen, an die Wange gehalten hatte, verschwand das Ding für Jahre in einer Schublade. Bis er mir mit 17 wieder in die Hände fiel. Diesmal hielt ich ihn nicht an die Wange, was eine wesentliche Verbesserung darstellte.

Ich behielt meinen stufenlos regulierbaren Hartplastikkumpel und er zog mit mir und meinem damaligen tatsächlichen Freund in die erste gemeinsame Wohnung. Ich hatte die beiden einander nicht vorgestellt, da sie nur zum Einsatz kamen, wenn der jeweils andere nicht da war. Eines schönen Nachmittags musste es natürlich passieren: Ich hatte frei und lag recht gemütlich mit meinem Vibratorfreund im Bett, als ich den Schlüssel in der Tür hörte.

Was nicht passierte: Mein tatsächlicher Freund kam ins Zimmer, sah mich nackt mit meinem Spielzeug im Bett liegen, lächelte und legte sich dazu.

Was passierte: Ich versteckte panisch den Plastikstab in dem Spalt zwischen den Matratzen, mein tatsächlicher Freund kam ins Zimmer, sah mich nackt im Bett liegen, lächelte und legte sich dazu.

Jetzt heißt ja *stufenlos regulierbar*, zumindest im Falle eines Vibrators, dass man nur minimal drehen muss, damit er vibriert. Weiteres Drehen verstärkt dann die Vibrationen. Und als wir so im Bett lagen und mir mein Freund verliebt in die Augen sah, hörte ich es. *Brrrrrrrrrwwwwwwhhhhh* ... Und das Blöde war: Mein Freund hörte es auch. »Hörst du das?«, fragte er mich. Ich schüttelte energisch den Kopf. »Nein, was?« Er setzte sich auf und die Matratze bewegte sich. ***Brrrrrrrrrwwwwwwhhhhh*** ... Ich tippte auf unseren Kühlschrank und die Waschmaschine der Nachbarn, aber es kam ganz klar aus unserem Bett. Ich war geliefert.

Das war ein entsetzlich peinlicher Moment. Nicht, weil ich einen Vibrator besaß und mich deswegen geschämt hätte, sondern wegen der Tatsache, dass ich ihn versteckt hatte. Dass ich jemand war, der einen Vibrator versteckte. Natürlich ging alles gut aus. Mein tatsächlicher Freund fand das alles *reizend*, die zwei verstanden sich gut und wir unternahmen dann öfter etwas zu dritt. Trotzdem habe ich immer noch ein leicht unangenehmes Gefühl, wenn es um Vibratoren geht. Unsere Liaison zu dritt war vorbei, als mein technisch ambitionierter Freund aus Energiespargründen dem armen Vibrator ein Kabel verpasste. Damit man nicht immer Batterien austauschen musste. Da war dann irgendwie die Luft raus. Vermutlich habe ich deswegen auch nie mehr einen gekauft, nachdem der alte Hartplastikstab aufgrund seines hohen Alters von mir ging.

Da heute die Wahrscheinlichkeit, dass meine Mutter das Paket entgegennimmt, verschwindend gering ist, bestelle ich mir einen G-Punkt-Vibrator nach Hause. Die Auswahl im Internet ist überwältigend. Für jemanden, der den Markt seit Jahren nicht verfolgt hat, ist es eine ziemliche Überraschung, wie die Dinger heute aussehen. Für schlappe 139 Euro gibt es den Vibrator *DeLight*, der aussieht wie ein Seepferdchen auf Ecstasy. Er hat eine *Einfühlfunktion* und ist selbstverständlich aufladbar. Die Hersteller nennen das lila Ding *ästhetische Skulptur* und tatsächlich, hinge es in einer Duschkabine, man würde meinen, es sei eins von diesen wasserdichten Radios oder eine Shampooflasche mit Designpreis. Das Modell, das mir preislich eher zusagt, sieht hingegen aus wie einer von diesen Strohhalmen mit knickbarem Hals, nur dicker, und kostet 8 Euro. Inklusive Batterien. Das ist für mich ein 131 Euro starkes Argument, aber ich will L. in die Wahl mit einbeziehen.

Für L. ist die Sache sonnenklar. »Wir nehmen das Seepferdchen.« Als er mein fragendes Gesicht sieht, schiebt er ein »Oder?« hinterher. Warum er das um 131 Euro teurere Modell wählt? Ganz einfach. Das durchgeknallte Seepferd hat nämlich:

• ein beleuchtetes Bedienelement,

• Seitenwangen aus glattem, glänzendem, körperverträglichem Kunststoff,

- eine Ladeschale: Verpackungshülle und Ladestation in einem,

- wurde **winner 2008** beim **red**dot **design award,**

- acht Vibrationsstufen und

- drei Rhythmusstufen!

Außerdem stehen in seiner Beschreibung Wörter wie: Funktionalität, Technik, Innovation und Qualität. Merken Sie was? Männer suchen Vibratoren aus wie Autos! Wenn Männer die Wahl zwischen zwei Produkten haben, nehmen sie immer das mit den meisten Knöpfen. Immer, immer, immer. Egal, um welches Produkt es sich handelt. Gäbe es einen Vibrator mit Cockpit, dann hätte L. bestimmt den ausgesucht.

Bei meinem 8-Euro-Modell steht lediglich: *Leicht geknickt, lila.* Da tut er mir fast leid. Wir haben dann das Seepferd bestellt. L. liegt auf jeden Fall mit seiner Wahl voll im Trend. Es gibt ja so Firmen, die sind Kult. Egal, wie gut andere Hersteller von Lkw-Planen-Taschen sind, da muss einfach Freitag draufstehen. Oder Reiseführer. Der einzig coole Reiseführer ist von Lonely Planet. Bescheuerter Name, aber smartes Konzept. Die Kultfirma im Sexy-hexy-Bereich heißt Fun Factory.[24] Die absoluten Revoluzzer im Sexartikelgeschäft und die Ersten, die auf farbenfrohes Design und das Material Silikon setzten. Der Apple unter den PC-Dildos.

Als das Seepferd ankommt, sitzt L. erst einmal den halben Abend davor und spielt damit herum. Tipptasten, Impulsvibrationen und Vibrationsstärken, L. kennt sich jetzt aus. Währenddessen füllte

---

24   http://www.funfactory.de. Falls jemand mal gucken möchte.

ich in der Küche ein Brathuhn mit Äpfeln und Zwiebeln. Es ist ein entferntes *Brrrrrrrrrrrrwwwwwwhhhhhh* ... zu hören. Das Geräusch kenne ich ja nur zu gut. Die Frage ist, wenn dies ein G-Punkt-Vibrator ist, dann muss man ihn ja − einführen. Ob es dann zu einem gedämpften *brrrrrrrrrrrwwwwwwhhhhhh* ... wird? Nachdenklich schiebe ich noch ein paar Frühlingszwiebeln in das Huhn.

Und würde das *Brrrrrrrrrrrwwwwwwhhhhhh* ... dann wieder lauter, wenn ich den Mund aufmachte? »L.? Kannst du das Ding mal herbringen?« Als L. mit dem Seepferd in der Hand neben mir steht und sich meine Überlegungen anhört, schaut er plötzlich zwischen mir und den geöffneten Schenkeln des Huhns hin und her: »Du willst das jetzt aber nicht ausprobieren, also nicht hier an dem Huhn, oder?« Schützend drückt er das Ding an seine Brust. »Alex, also manchmal ...« Dann dreht er sich um und lässt mich in der Küche stehen. Spielverderber.

Wir haben das Seepferdchen dann auch erst drei Tage später mit ins Bett genommen, denn L. bekam den Anblick des Hühnchens mit den gespreizten Schenkeln nicht aus seinem Kopf. An dem Abend ließen wir es vibrieren, bis ich dachte, mir würde es die Eizellen aus den Eierstöcken schütteln. Aber sonst tat sich nichts. Kein G-Punkt, kein Geschrei, irgendwann wurde es mir einfach zu bunt. L.s Begeisterung für das neue Spielzeug wurde dadurch aber nicht getrübt. Als wir danach nebeneinander im Dunkeln im Bett lagen, sagte er plötzlich ganz verliebt: »Sieh nur, wie schön das Bedienungselement leuchtet.«

Let's face it: Ich gehöre wohl einfach zu jenen 80 Prozent, deren G-Zone eine neutrale Zone ist. Wie gesagt, die Welt ist nicht immer gerecht.

PS: Es wird übrigens nicht lauter, wenn man den Mund aufmacht.

DIE SACHE MIT DER PROSTATA

Ich wusste, das Projekt Prostata würde schwierig werden. L. ist zwar ein aufgeschlossener Mensch, aber was seinen Hintereingang angeht, ist er regelrecht – verschlossen. Fast etwas verkrampft. Um die Prostata, auch »männlicher G-Punkt« genannt, zu finden, muss man ... Erinnern Sie sich an die Wegbeschreibung zur G-Zone der Frau?[25] Genau so. Nur eben »griechisch«. Also anal. Die Prostata sei leicht zu ertasten, heißt es, und in etwa kastaniengroß. Im Internet sind massenweise Anleitungen und Wegbeschreibungen zu finden. Das Unschöne an solchen Anleitungen sind Wörter wie *Mastdarmwand*, *Schließmuskel* und *Harnblase*, da sie zudem unnötig sind und ein *Wenn man reinkommt, circa 5 Zentimeter geradeaus und dann nach oben* völlig genügt.

L. sträubt sich sogar, zum Urologen zu gehen, um eine Prostatakrebs[26]-Vorsorgeuntersuchung machen zu lassen. Der Urologe geht nämlich den gleichen Weg. Und zwar ohne romantisches Dinner vorher. Warum ich da überhaupt hin will? Na, weil, wenn

---

25 Wenn man reinkommt, circa 5 Zentimeter geradeaus und dann nach oben. Falls der Mann vor Ihnen auf dem Rücken liegt.

26 Deutschland landete 2002 im Europavergleich auf Platz 5 der Liste »*Häufigkeit des Prostatakarzinoms*«. Und zwar nach Schweden, Finnland, Belgien und Österreich. Die niedrigsten Raten haben Griechenland, Polen und Lettland. Weiße US-Amerikaner erkranken übrigens etwa doppelt so häufig wie deutsche Männer, farbige US-Amerikaner fast viermal so häufig. Asiaten hingegen sehr viel seltener. Asiaten, die in die USA ausgewandert sind, weisen in der zweiten Generation die gleiche Häufigkeit auf wie weiße Amerikaner. (Quelle: Gesellschaft der epidemiologischen Krebsregister in Deutschland e. V. in Zusammenarbeit mit dem Robert-Koch-Institut: Krebs in Deutschland – Häufigkeiten und Trends.)

man die Prostata im Zuge eines Liebesspiels massiert, richtig die Post abgehen soll. Bei einer solchen Massage provoziert man drei Reaktionen des männlichen Orgasmus, man schiebt sozusagen von hinten an. Das führt zu:

- Kontraktionen der Beckenbodenmuskulatur,

- Kontraktionen der Prostata und einem

- Pulsieren des Harnleiters.

L. jedoch weigert sich standhaft und zwickt die Pobacken zusammen. Ich glaube, an L.s Trauma ist ein italienischer Grenzpolizist schuld. Als L. und ich vor Jahren mit dem Zug am Bahnhof von Genua ankamen und uns durch die Halle Richtung Ausgang bewegten, erregte unser Gepäck die Aufmerksamkeit von zwei eifrigen Drogenhunden. Am Ende ihrer Leinen befanden sich zwei ebenso eifrige Polizeibeamte, die uns mit strenger Miene in ein kleines Zimmer geleiteten. In einem haarsträubenden Italienisch erklärten wir ein paar Hundert Mal, dass die Hunde sicher nur die Salami gerochen hätten, die mit dem restlichen Proviant in der Reisetasche lag. Die Beamten nickten, während einer von ihnen L. in ein Zimmer hinter dem Zimmer führte, der andere blieb bei mir und untersuchte die Reisetasche und die Salami.

Als die Tür aufging, kam L. stocksauer heraus, hinter ihm der Polizist, der gerade einen Gummihandschuh schnalzend in den Mülleimer beförderte. »Ich will nicht darüber reden«, sagte L., und dabei blieb es. Bald darauf ging L. zum Friseur und trennte sich von seinen langen Haaren. Er bestreitet das, aber ich bin sicher, dass es etwas mit der Sache zu tun hatte. Mike hingegen, mein homosexueller Yogakollege, in dessen erotischen Fantasien häufig Männer in Uniformen mitspielen, packt seit dieser Zeit

IMMER eine Salami in sein Urlaubsgepäck. Er wurde aber noch nie ins Hinterzimmer gebeten, was ihn bald verzweifeln lässt.

Ich hoffe, L. hat die *razzia rekta* vergessen und wir können noch einmal über die Sache verhandeln: »Die Stimulation der Prostata soll einen bombastischen Orgasmus verursachen«, werfe ich beim Abendessen ins Gespräch.

»Unter gar keinen Umständen«, antwortet L. und löffelt dabei weiter seine Suppe.

Ich probiere es noch einmal: »Viel intensiver, geradezu überwältigend, heißt es.« Da lässt L. den Löffel sinken und sieht mich liebevoll an: »Welchen Teil von Unter-gar-keinen-Umständen hast du nicht verstanden, mein Herz?« Mist. Das wird wirklich schwierig.

Ich werde meinen alten Freund Markus konsultieren, der kennt sich aus mit Prostatas (Prostaten? Prostataten?[27]). Mit Markus war ich liiert, als ich 16 war. Vier Jahre dauerte unsere Jugendliebe. Eine wunderschöne Zeit. Wir waren noch nicht verkorkst von schlechten Erfahrungen, die Unbeschwertheit der Kindheit schwang noch mit und die Welt glich einem Überraschungsei, das geöffnet werden wollte. Markus und ich sind immer noch gut befreundet. Er ist mein Berater in Herrenfragen, mein Umzugs- und Auszugshelfer, mein Notfall-Alibifreund und meine starke Schulter, wenn mal wieder alles schiefläuft. Im Gegenzug helfe ich ihm, seine Freundin Sonja zu verstehen. Wir können über alles reden, auch über Sex, ohne dass es peinlich wird. Markus ist auch sofort bereit, sich für mein Projekt ausfragen zu lassen, aber nur:

---

27 Pros-ta-tae, danke wiktionary ...

»Aber nur, wenn du die Geschichte mit der Karotte nicht erzählst.«

»I wo!«

Die Geschichte mit der Karotte geht so:

Als Markus 15 war, in einem Alter, in dem Jungs anscheinend 120 Mal am Tag onanieren und bei dem Wort *Straßenverkehr* einen Ständer bekommen, schnappte er auf, dass der männliche Orgasmus bei zeitgleicher Stimulation der Prostata noch intensiver sein soll. Dazu muss etwas anal eingeführt werden, das diesen Punkt trifft. Markus wartete einen Sonntag ab, an dem seine Eltern wie immer Radfahren gingen, legte im Wohnzimmer seinen Lieblingsporno in den Videorekorder und nahm sich eine frisch gewaschene Karotte mit aufs Sofa.

Markus fand, was er suchte. Mit angezogenen Beinen, einer Hand am Gemächt und der Karotte im Hintern, hörte er mitten in seiner Freude über diese großartige Entdeckung den Schlüssel in der Wohnungstür. Die Zeit hätte nicht gereicht, um den Porno auszumachen *und* in seinem Zimmer zu verschwinden, also beschloss Markus, dass ein laufender Porno im Wohnzimmer für die Eltern leichter zu verkraften wäre als der Anblick ihres halbwüchsigen Sohnes mit einem Ständer und einer Karotte im Anus. *Wie ein schwuler Schneemann*, schoss es ihm durch den Kopf, und er strumpelte gebückt, nackt und leicht o-beinig den Gang entlang in sein Zimmer.

Wie viel Markus Eltern von dem schwulen Schneemann zu sehen bekamen, ist bis heute nicht geklärt. Der Porno war wie vom Erdboden verschluckt und es wurde nie über das Thema gesprochen. Immer noch spekuliert Markus, ob es Zufall war, dass es im elterlichen Haushalt nie mehr Karottengemüse gab. Da der Vorfall jetzt über 15 Jahre her ist, hat Markus sogar Gefallen daran gefunden, hin und wieder ganz lapidare Bemerkungen über Möhren fallen zu lassen, um zu sehen, ob in den Gesichtern seiner Eltern irgendein verräterischer Muskel zuckt. »Es ist ein bisschen, als spielte ich mit einem Feuer aus Wurzelgemüse«, erklärt er.

Wenn die Eltern beispielsweise beim gemeinsamen Sonntagsessen über die Situation im Iran sprechen, wirft Markus ein: »Da kommt ja auch die orientalische Karottensuppe her.« Er hat bis jetzt noch keine nennenswerten Reaktionen beobachten können, bleibt aber dran.

Als wir noch ein Paar waren, war Markus die Geschichte allerdings so entsetzlich unangenehm, dass er nicht daran erinnert werden wollte. Inzwischen hat er aber wieder jede Menge Spaß mit seiner Prostata. An einem lauen Sonntagnachmittag kommt Markus zu mir. Vorausschauend besorge ich eine Kiste Bier und stelle gleich alle 24 Flaschen kalt.

»Schön, dass du da bist, möchtest du ein Bier?«

Nickend grinst mich Markus an und wir gehen mit unseren eiskalten Bieren auf den kleinen Balkon, wo ich seit Jahren Kräuter vertrocknen lasse.

»Ich will alles über Prostatasex wissen.«

Markus braucht vier Bier. In dieser Zeit unterhalten wir uns über mein Vorhaben, die beste Liebhaberin der Welt zu werden. Dabei verblüfft er mich mit seiner Feststellung:

»In der Regel sind besonders hübsche Frauen ziemlich schlecht im Bett.« Das finde ich ja nun nahezu uncharmant – was bin ich denn da lieber, nicht besonders hübsch oder schlecht im Bett? »Soll ich denn nun ehrlich sein, oder nicht?«, fragt er mich vorwurfsvoll. Soll er.

»Wenn eine Frau wahnsinnig gut aussieht und von allen Seiten angegraben wird, ist es wie eine Gunst, wenn sie dich überhaupt auserwählt. So erkläre ich mir das zumindest. Sie liegt dann da und verschränkt die Arme hinter dem Kopf, als ob sie außer ihrem blendenden Aussehen nichts bieten müsste. Nicht, dass es nicht toll wäre, eine schöne Frau zu verwöhnen, aber auf Dauer ist ein bisschen mehr Einsatz gefragt.«

Hm. Klingt logisch. Ich versuche, das Gespräch unauffällig in Richtung Prostata zu lenken.

»Hast du gewusst, dass bei Zuchtbullen die Elektrostimulation der Prostata zur Samengewinnung eingesetzt wird?«

»Oh, Alex.«

Dabei ist das wirklich wahr! Es wird eine Sonde eingeführt, die vor Ort durch elektrische Impulse an der Prostata eine Ejakulation herbeiführt. In den Vierzigerjahren wurde, mit mäßigem Erfolg, querschnittsgelähmten Kriegsveteranen in den USA auf diese Weise Sperma entnommen, um ihren Frauen zu einer Schwangerschaft zu verhelfen.[28]

Markus plaudert dann doch noch aus dem hinteren Nähkästchen. »Total peinlich«, war es ihm, das erste Mal eine Freun-

---

28 Das Prinzip wurde weiterentwickelt und wird bei den Menschen mit Verletzungen im Rückenmark, die anders keinen Orgasmus bekommen können, als eine Möglichkeit der Samengewinnung immer noch angewandt. Im BDSM-Bereich (schick für Sado-Maso) wird die Elektrostimulanz als Sexualtechnik angewandt, findet aber auch Anhänger aus anderen Bereichen.

din zu fragen, ob sie nicht Lust hätte, ihn da anzufassen. »Die ist auch prompt gegangen und kam nie wieder.« Seitdem hat er aber Glück gehabt. Den Unterschied zu einem »normalen« Orgasmus beschreibt Markus so: »Normalerweise ist der Orgasmus vergleichbar mit einer Welle – du siehst ihn von Weitem kommen, dann ist er da und du wirst ein Stück mitgetragen, dann ist es vorbei. Bei einer Prostatamassage ist es wie ein Aufwallen von innen, ganz plötzlich und überwältigend. Der Orgasmus ist wie eine Explosion und mein ganzer Körper wird mitgerissen.«

Wow. Das klingt super! Ich erzähle es am nächsten Tag sofort L., als er von der Arbeit kommt. »Unter gar keinen Umständen«, sagt L.

Markus und Sonja benutzen für die Prostatamassage keine Karotten mehr, Sonja macht das ganz ohne weitere Hilfsmittel, nur Gleitgel ist dabei. Der Gebrauch von Hilfsmitteln ist aber nichts Ungewöhnliches. Ungewöhnlich wird es erst, wenn Fremdkörper, die nicht dafür gemacht sind, für den Analspaß benutzt werden. Der *SPIEGEL* hat in seinem Artikel *Sturz in die Kiste*[29] die Gegenstände aufgezählt, welche die Chirurgen des Hamburger Universitätsklinikums über die Jahre aus ihren Patienten befördert hatten: Zwei Sektflaschen, eine Colaflasche, drei Massagestäbe, eine Bocciakugel, drei Spraydosen, ein Staubsaugeransatzteil, zwei Hartgummistäbe, einen Tischtennisball, eine Kerze; des Weiteren einen Spatenstiel (19 Zentimeter), ein Stuhlbein (27 Zentimeter) und die zusammengerollte Ausgabe einer Wochenendzeitung *(Bild am Sonntag)*.

Ich schlage augenblicklich die Beine übereinander, als ich die Liste lese. Wahnsinn, oder? Und stellen Sie sich einmal vor, der Tischtennisball wäre NICHT operativ entfernt worden. Sondern der

---

29 *DER SPIEGEL* 41/1991 vom 07. 10. 1991, Seite 317–320.

arme Mann wäre auf der Toilette gesessen, um ihn loszuwerden. Und jetzt stellen Sie sich vor, das hätte geklappt! PONG-PONG-PONG-PONG, wie der in der Schüssel rumgeschossen wäre. Und L. macht sich in die Hosen wegen meiner zarten Finger.

Ich erinnere mich an L.s Begeisterung für mein G-Punkt-Seepferdchen und schaue sofort im Internet nach: Prostatavibratoren. Da sind sie. Während die quietschbunten Frauenprodukte an lustige Plastelintiere erinnern und Fantasienamen wie aus einem Disney-Film tragen, haben die Vibratoren für Männer Namen wie *Rude Boy* oder *Bad Boy* oder auch *Naughty Boy* und sehen aus wie die Hälfte eines Schlagrings. In Schwarz, natürlich. Wenn Sie sich auch fragen, wie das mit dem halben Schlagring funktionieren soll, ich hab das mal aufgezeichnet:

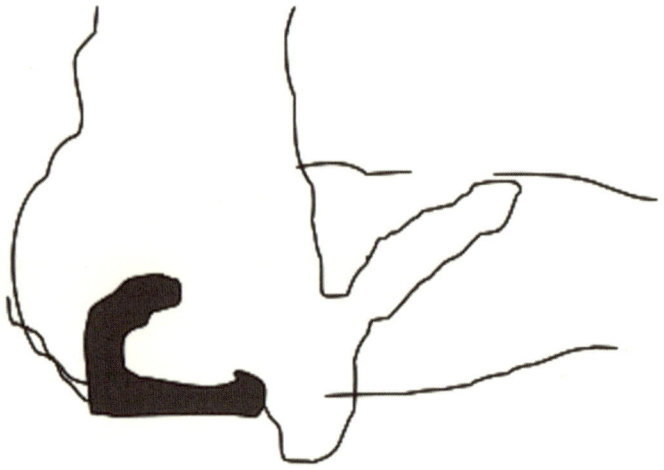

Der Schlagring ditscht praktisch unten am Hodensack an und das entgegengesetzte Ende steckt im Dunkeln. Was da nach rechts wegsteht, ist ein Bein.

Gut, sexy sieht das nicht aus. Als hätte er einen Henkel im Hintern. Nein, das wird nichts, da dreht mir L. ja vollkommen durch. Fehlt nur noch, dass *Super Big* and *extra fat Bad Gay boy* draufsteht.[30]

Ich versuche es mit Argumenten: »In der traditionellen chinesischen Medizin ist die Prostatamassage gang und gäbe, das soll total gesund sein.« »Mag sein«, meint L. »Aber die glauben auch, dass Tigerpenissuppe gegen Impotenz hilft.« Hat er auch wieder recht. Dank dem *Freundin-einer-Freundin-Netzwerk* kann ich L. spontan drei Männer aus unserem Bekanntenkreis aufzählen, die den männlichen G-Punkt in ihrem Liebesleben mitspielen lassen. Ich hoffe, das löst bei L. einen leichten Gruppendruck aus oder überzeugt ihn zumindest davon, dass das ganz normal ist. Wenn X, Y und Z[31] es auch machen, dann könnte er doch auch ... Hilft aber nicht. Im Gegenteil.

»Na toll«, meint L. »Ab jetzt muss ich immer, wenn ich einem von ihnen bei einem Glas Bier gegenüberstehe, denken: Du hattest einen Finger im Popo, mein Freund.«

Ich bin kurz davor, das Projekt Prostata hinzuschmeißen. Vielleicht sollte ich es einfach respektieren, dass mein Partner darauf partout keine Lust hat. »Schnickschnack«, reiße ich mich zusammen, »jetzt nur nicht aufgeben.«

Die nächste Möglichkeit, L. das Thema näherzubringen, steht in Form meines Yogakumpels Mike in unserer Stammkneipe. Nach einem anstrengenden Tag, an dem L. und ich für *Sex an ungewöhnlichen Orten* im Wald waren, brauchten wir dringend einen Drink. Mike ist ein feiner Kerl, er kennt sich hervorragend mit Autos

---

30 Ich habe eine lustige Entdeckung gemacht: Man kann auf die Melodie von diesem Abwehrkräftesaft *SANOSTOL* wunderbar *HOMOPHOB* singen.
31 Die Namen wurden geändert. In echt heißen die drei G, K und H.

aus, hat alle paar Wochen einen neuen Mann fürs Leben und ist vor allem wahnsinnig geschwätzig. Vorsichtig tastete ich mich an das Thema meines Interesses heran: »Kennst du dich eigentlich mit dem männlichen G-Punkt aus?«

Mikes Augen leuchten auf. »Also, ich ...«, und weiter kommt er nicht. »LALALALALA, lautleise, lautleise, lautleise«, macht es neben mir und da steht L. mit den Zeigefingern in den Ohren, während er singt: »Ich kann euch gar nicht hö-ren, LALALALA ...«

Am nächsten Abend liege ich mit L. auf der Couch und wir sehen fern. Es kommt ein blöder Krimi, in dem eine Frau von ihrem Ehemann zu sexuellen Spielen gezwungen wird. Der Mann auf der Leinwand flüstert seiner Frau ins Ohr: »Komm schon, nur einmal, andere machen das doch auch, sei doch nicht so ...« und mir rutscht das Herz in die Hose. Das waren meine Worte! Was bin ich denn eigentlich für ein Arschloch? Würde mir eine Freundin erzählen, dass ihr Liebster so penetrant versucht, sie zu Analverkehr zu überreden, wie ich das mit L. gemacht habe – mir würden glatt die Schimpfnamen ausgehen.

»Es tut mir leid«, ich setze mich auf und sehe L. an. »Ich war ein Vollidiot.« L. weiß sofort, was ich meine, und zieht mich an sich. »Schon gut«, sagt er. Ich schäme mich noch ein bisschen vor mich hin und schlafe an seiner Brust ein.

Damit wäre das Thema Prostata eigentlich erledigt gewesen. Es gibt noch so viel anderes zu tun, da konnte ich doch wohl den Hintern meines Freundes in Ruhe lassen. Während L. in der Küche das Abendessen vorbereitet, räume ich meinen Schreibtisch auf und beim Ausmisten stoße ich auf den Artikel, der die Prostataexpedition mit Fanfaren wiederauferstehen lässt:

Die externe Prostatamassage – eine Anleitung

Tataaaa! Wieso war mir die vorher nicht untergekommen? Da versuche ich seit Wochen mit allen Mitteln, die Hintertüre zu öffnen, und jetzt stellte sich heraus, dass ich nur ans Fenster zu klopfen brauche! *Die Prostata kann auch von außen stimuliert werden,* lese ich. »L.! Überraschung!«, brüllte ich aus meiner Büroecke zu Hause und vertiefte mich in die Anleitung. Aber was war das denn? Massieren Sie den Bereich zwischen Hodensack und After ...

Das ist doch eine ganz alte Nummer! Das ist ja ein Tipp, den ich vor ungefähr 150 Jahren in der *BRAVO* gelesen habe!

Das Dr.-Sommer-Team rät: Wenn ihr miteinander schlaft, kann es sehr schön sein, wenn du ihm dabei die Stelle zwischen Hodensack und After, den Damm, massierst.

»Was für eine Überraschung?«, L. streckt den Kopf um die Ecke.

»Wenn wir miteinander schlafen, kann es sehr schön sein, wenn ich dir dabei die Stelle zwischen Hodensack und After, den Damm, massiere.«

»Ja, das ist richtig«, antwortet L. und verschwindet summend in der Küche. Ich rufe ihm hinterher: »Aber das ist doch ein alter Hut! Hast du gewusst, dass das eine Prostatamassage ist?«, worauf L. wieder um die Ecke kommt und die Küchenschürze auszieht. »Nein, aber ich liebe alte Hüte«, sagt L. und nimmt mich an der Hand. Auf dem Weg ins Schlafzimmer blitzt kurz eine Erkenntnis auf, die etwas mit Projekten und Romantik zu tun hat, bis sie dort schnell wieder verblasst.

DIANA, DAS CALLGIRL

Es war ein langer, steiniger Weg zu Diana. Die Agentur, für die sie arbeitet, hütet sich vor der Öffentlichkeit wie L. vor meiner Prostatasuche. Wie alle exklusiven Agenturen vermeidet auch diese jedwede Form von Öffentlichkeit. Werbung ist nicht nötig und Presse gefährdet nur das oberste Gebot:

Du sollst Diskretion wahren!

Die Empfangsdame, die ich am Telefon über Wochen hinweg belästigte, wollte mich mit allen Mitteln loswerden und hätte es beinahe geschafft. Aber dann hatte ich doch diesen einen, entscheidenden Nerv mehr als sie. Der Tag, an dem sie nachgab und mir einen Termin mit dem Geschäftsführer gewährte, war ein guter Tag. Als ich auflegte, quietschte ich laut, hüpfte auf und ab, und unser Hund Lila sprang ängstlich an mir hoch, um zu sehen, ob ich noch alle Tassen im Schrank hatte. Ich hatte es geschafft. Ich war die Größte.

Wenn alles gut ginge, würde mir der Geschäftsführer einen Kontakt zu seiner Spitzenverdienerin vermitteln. Und dann, wenn es immer noch gut ginge, hätte diese nichts gegen ein Treffen mit mir einzuwenden. Ganz schön viele *Wenns* und *Gutgings* für ein Treffen.

Der geheimnisvolle Geschäftsführer, Herr O.[32], empfängt mich im Foyer eines Hotels.[33] Es ist eines dieser Hotels, in deren Lobby man sofort einen Minderwertigkeitskomplex bekommt. Automatisch zwicke ich ein paarmal meinen Beckenboden zusammen. Herr O. sitzt in einer Nische aus Leder, Samt und Brokat, die die Bezeichnung Separee wirklich verdient hat. Er blättert in einer Zeitung, und zwar in einer seriösen, hat eine Espressotasse und ein Glas Wasser vor sich[34] und sieht gut aus. Er erhebt sich, um mir die Hand zu schütteln und er ist – perfekt. Ich hatte mit vielem gerechnet, mit Solariumbräune, mit einem schlecht sitzenden Anzug, mit einem zu langen, feuchten Händedruck, und ich hatte auch das eine oder andere Augenzwinkern befürchtet, aber der hier ist nicht so. Der sieht eher nach einem attraktiven, leicht konservativen Seniorpartner einer Anwaltskanzlei aus. »Es ist mir eine Freude«, sagt O. und beordert mit einer gehauchten Bewegung einen älteren Herrn in Livree an unseren Tisch, der mich höflich nach meinen Wünschen fragt. Ich erkenne in ihm den gleichen Anzugaffen, der mir vor wenigen Minuten mit einer unwirschen Handbewegung den Weg zum Separee gewiesen hat. Wie machen die das nur? Der gesamte Dienstleistungssektor, vom Kellner bis zur Verkäuferin in der Nobelboutique, hat einen Extrasinn, der nur zur Kategorisierung ihrer Kundschaft da ist. Die scannen dich und können nach 10 Sekunden zuverlässige Aussagen über dein Einkommen, deinen sozialen Status und deine Kaufkraft treffen. Dementsprechend sind sie dann entweder wahnsinnig reizend oder setzen diesen Meine-Fürze-stinken-nicht-Blick auf. Und ich war definitiv durchgefallen. Das sollte er mir büßen. »Ich hätte gerne einen Caffè ristretto bitte, con

---

32 Der Name des Geschäftsführers ist nicht nur abgekürzt, sondern auch geändert. Ebenfalls muss es sich nicht unbedingt um einen Mann handeln.
33 Der Ort wurde ebenfalls geändert. Es könnte auch ein Bridgeclub, ein Schwimmbad oder ein Landgasthof sein. Oder etwas ganz anderes.
34 Das Getränk wurde ebenfalls geändert. Eventuell aber auch nur eins von beiden. Oder beide. Vielleicht trank er/sie aber auch gar nichts, aß einen Salat oder legte eine Patience.

panna, doppio, Sie machen den Rahm doch selbst hier? Nein? Dann eben eine Kaisermelange und einen Café fouetté.« (Also mit Rum beträufelt und mit Mandeln verziert). »Welche Mandeln verwenden Sie hier? Ach so, dann nehme ich lieber ein Glas Wasser. Ohne Zitrone.« Es zahlt sich eben aus, wenn man mal in einem Café gejobbt hat.

O. beobachtete mein Gezicke lächelnd und wartet ab. »Entschuldigung«, sage ich und werde ein bisschen rot. Der muss mich ja für einen Vollidioten halten. Ich setze mein professionellstes Gesicht auf und beginne, ihm den Grund meines großen Interesses an seiner Person und vor allem an seiner Spitzenverdienerin zu erklären. Natürlich weiß er schon, worum es geht, aber es ist immerhin ein Gesprächsanfang. »Und wie soll ihr Projekt heißen?«, ist seine erste Zwischenfrage. Wieder spanne ich meinen Beckenboden an. »Wie ich auszog, die beste Liebhaberin der Welt zu werden«, antworte ich und sehe ihm in die Augen dabei. Er zuckt mit keiner Wimper. »Ein großes Vorhaben«, ist alles, was er dazu sagt.

Als er anfängt, über die Damen zu sprechen, die für ihn arbeiten, bleibt er vollkommen sachlich und sagt kein einziges Mal »die/meine Mädels«, wie ich mir das vorgestellt habe. Er sagt *Models*. Zum einen, weil sie sich so selbst nennen, zum anderen ist es auch nicht gelogen: Die meisten der Frauen arbeiten als Fotomodell oder sind Ex-Playmates. Eine Art Qualitätssiegel. Einige wenige arbeiten in einem anderen Beruf, viele studieren noch. O. legt Wert darauf, dass keines der Models sein Geld ausschließlich in seiner Agentur verdient. Studentinnen bekommen höchstens zwei Jobs im Monat. »Das reicht dann auch, finanziell. Unsere Kunden wünschen keine Professionellen, die jeden Tag bezahlten Sex haben. Das hinterlässt Spuren, man sieht es den Frauen an.« Ich frage ihn nach den Honoraren, die ich nicht auf seiner Website gefunden habe. Daraufhin kreisen wir verbal ein paarmal um den heißen Brei und ich befürchte, er wird gar nicht antworten. Ich verspreche, die Rechnung für seinen Espresso und sein Wasser zu übernehmen[35], wenn er mir Auskunft gebe. Das entlockt ihm zumindest ein Lächeln und er beugt sich leicht nach vorn. »Sie sind sich im Klaren, dass Fakten, die auf unsere Agentur schließen lassen, eine Bedrohung für uns darstellen?« Ich nicke ununterbrochen, während ich leise »natürlich, natürlich« raune und ihm versicherte, ich würde alles so abändern, dass niemand Rückschlüsse ziehen könnte. Er sieht mich immer noch skeptisch an. »Also gut, Sie können das Kapitel vor dem Setzen gegenlesen.« Lächelnd lehnt er sich wieder zurück, legt ein Bein über das andere und bestellt uns Martini. Das war also der goldene Schlüssel. Ich hebe mein Glas. »Freunde?«, frage ich. »Freunde.«, antwortet Herr O.

Das mit den Honoraren verhält sich wie folgt:

- Eine zweistündige Abendbegleitung, bestehend aus einer Veranstaltung und einem Dinner, kostet zwischen 300 und 600 Euro.

- Eine Abendbegleitung plus anschließendem Ringelpietz mit Anfassen kostet zwischen 1500 Euro und 3000 Euro.

- Eine ganze Woche kostet zwischen 7000 und 20 000 Euro, zuzüglich Spesen und Geschenke, wobei Reisen für das gebuchte Model stets First Class bedeutet.

Was ist wohl der Unterschied zwischen der Nummer für 1500 Euro und der für 3000 Euro? »Ein attraktives Model oder eine Frau von Welt«, antwortet O. und steigert meine Neugier ins Unermessliche. 3000 Euro für einmal *Sie wissen schon*? Hm.

---

35 Falls er etwas trank und falls dies ein Espresso und ein Wasser waren.

Neben den gängigen Serviceangeboten, erzählt mir Herr O., gebe es außerdem einen bemerkenswerten Anteil von Sonderanfragen. Kunden, die eine außergewöhnliche Begleitung für eine mehrwöchige Fernreise suchen, oder ein Luxusdate in Nizza, inklusive der extra gecharterten Yacht. Ich frage nach edlen Orgien für Betriebsräte von Automobilherstellern. »Ja, auch. Aber eher selten.«

Als Herrn O.'s Handy vibriert, entschuldigt er sich höflich. Kein Problem. Er verschwindet um die Ecke und ich ziehe mein iBook heraus. Ich will sehen, ob ich auf O.s Website die 3000-Euro-Frau finde. Ich habe die Bilder alle schon mehrmals angesehen, schöne Frauenkörper, mal mehr, mal weniger bedeckt, alle mit gepixelten Gesichtern. Ich tippe auf eine dahingeräkelte Frau in einem knappen Businesskostüm. Ein Knopf ihrer Bluse ist zu weit offen und gibt den Blick auf ein Dekolleté frei, für das ich meine Großmutter verkaufen würde. Und eine Taille hat die blöde Kuh ... Hoffentlich ist sie wenigstens dumm wie Brot.

Als ich Herrn O. meine Wahl zeige, lächelt er wieder so niedlich verschmitzt. »Das ist Maja, sie hat gerade ihr Jurastudium beendet, eine reizende Person.«

Aber bestimmt stinken ihre Füße, hoffe ich innerlich und lächele zurück. Maja ist nicht die Königin. Die Königinnen sind gut versteckt, oder wie Herr O. es ausdrückt: »Die Damen, die Sie interessieren, sind nicht auf unserer offiziellen Homepage zu sehen. Ich schicke Ihnen den Zugangscode für unseren VIP-Bereich.« Wie aufregend, ich war in meinem Leben noch nie ein VIP.

Zu Hause probiere ich sofort den Zugangscode aus. Er ist der Schlüssel zu einer geheimen Welt, in der alle Frauen wunderschön, freundlich und sympathisch sind und wahrhaftig hinreißend aussehen. Alle mit Käsefüßen, vermutlich. Nach dem Auftritt von Herrn O. war mir klar, dass ich hier keine Reizwäsche in Lila, keine Tätowierungen im Steißbereich und auch keine meterlangen Perlenketten zwischen Megabrüsten finden würde. Aber es gibt doch von jeder dieser ungemein schönen, freundlichen, sympathischen und hinreißenden Frauen mit Käsefüßen zumindest ein Foto, das keine Fragen offen lässt. Es ist aber keine nackt. Ihre perfekten Körper sind in einen Hauch von dieser Wäsche gehüllt, die man in Schaufenstern bewundert und bei der man sich vorstellt, dass man sie tragen würde, wenn man einen perfekten Körper hätte. Und viel Geld.

Welche von ihnen die Euro-Königin ist, kann ich jedoch nicht erkennen. Ich verdächtige eine schwarze Schönheit, die aussieht wie Naomi Campbell, nur in sympathisch. Ich frage L. nach seiner Meinung, was sich als grober Fehler herausstellt. Er tippt alle drei Minuten auf eine andere Dame und verliert sich in Superlativen. Ich muss etwas dagegen unternehmen. »Aber die haben alle Käsefüße!«, kläre ich L. auf. »Wie kommst du denn darauf?«

»Das hat mir der Geschäftsführer, Herr O., höchstpersönlich verraten.«

Es nützt aber nichts. L. versucht den ganzen Abend, den Zugangscode herauszubekommen, möglichst unbemerkt. Das geht dann so: »Oh, jetzt ist mir die Seite abgestürzt, wie war der Code noch gleich?«, oder: »Ich glaube, der Code ist der Fibonacci-Folge nachempfunden – stimmt's?«

Am Tag darauf meldet sich Herr O. per Mail und lässt mich wissen, die Spitzenverdienerin des Betriebs, die Mitarbeiterin des Monats und aller Folgemonate, die Göttin und One-in-a-lifetime-

Frau heiße Diana[36] und sei bereit, mich zu treffen. Anfang der Woche sei sie in München, ab Mitte des Monats sei sie in Frankfurt. Diana! L. und ich sehen uns sofort die VIP-Seite an. Diana ist hübsch, brünett und von Beruf Immobilienmaklerin.[37]

Herr O. arrangiert unsere Verabredung, wie sollte es anders sein, in der Lobby eines Hotels.[38] Diese Leute haben eine Schwäche für Locations, in denen ein Mineralwasser so viel kostet wie andernorts eine Flasche Barolo.

Vor dem Treffen bin ich entsetzlich aufgeregt. Ungefähr so aufgeregt, als hätte ich ein Date. Was zieht man als Frau zu einer Sitzung mit einem Edel-Callgirl an? Würde ich total lächerlich aussehen neben ihr? Wie die hässliche Freundin mit Brille, die in der Schule als Schatten neben der Schulschönheit mitlief? Wie »Ugly Betty«, nur ohne Happy End? Ich sehe mir noch einmal ihr Profil an, da wird es mir schlagartig klar: Es ist vollkommen egal, was ich anziehe. Auf mich wird sowieso niemand achten. Ich könnte ebenso gut nackt gehen, ohne dass es jemandem auffällt.

Ich gehe dann aber nicht nackt, sondern im Hosenanzug. Diana sehe ich schon von Weitem. Als ich die Lobby betrete, wird mein Blick automatisch von ihr angezogen. Anscheinend geht es allen anderen Anwesenden genauso. Sie ist das Zentrum des Geschehens in diesem Raum, obwohl sie nichts tut, außer zu sitzen und aus dem Fenster zu blicken. Sie begrüßt mich, als sei ich eine lange vermisste Freundin aus Kindertagen. Diana hat grüne Augen und eine perfekte Haarfarbe zwischen blond und braun. Ihr Haar ist mit einer Sonnenbrille von Miu Miu lässig nach oben

---

36   Der Name ist natürlich geändert.
37   Der Beruf ist ebenfalls geändert.
38   Der Ort wurde ebenfalls geändert. Es könnte auch ein Bridgeclub, ein ...

gesteckt. Ihre Hände sind weich und gepflegt und sie trägt eine schmal geschnittene Stoffhose, dazu ein schlichtes, schwarzes Oberteil. Beides liegt eng an ihrem Körper an und betonte ihre unglaubliche Figur, ohne vulgär zu wirken. Es sieht vielmehr *unabsichtlich* sexy aus. Diana ist sehr hübsch, aber nicht so schön, dass es einen vom Stuhl haut. Es stimmt einfach alles an ihr: Da ist kein Fleck auf der Hose und kein Schlammspritzer am Schuh, alle Haarsträhnen fallen richtig und nirgends entdecke ich ein Katzenhaar, eine Lippenstiftspur, eine Schuppe oder einen weißen Fleck im Nagelbett. Sie sieht aus wie die Angehörige einer anderen Spezies. Ein bisschen wie diese Schönheiten aus *Herr der Ringe*, die Elben. So, als würde ihre Unterwäsche farblich zu ihrer dunkelblauen Marc-Jacobs-Handtasche passen, die neben ihr auf dem Boden steht. Ob das so ist? Warum traut man sich immer nicht, die wirklich interessanten Fragen zu stellen?

Während wir ein bisschen über das Wetter, Marc-Jacobs-Handtaschen und die Stadt München plaudern, fällt mir auf:

a. Ich möchte, dass sie mich mag.

b. Es gefällt mir, sie zum Lachen zu bringen.

c. Ich rede mir nicht mehr ein, dass ihre Füße stinken.

Ich weiß nicht, wann das genau passiert ist, aber ich finde sie hervorragend. Ihr Lachen ist umwerfend. Und ihr Lächeln erst. Wir reden über Männer. Die Männer, mit denen sich Diana trifft, sind meist zwischen 40 und 50 Jahre alt, verheiratet und entweder reich oder reich und mächtig. Vor unserem Treffen habe ich mir einen Haufen Fragen aufgeschrieben, von denen ich mich dann aber kaum eine zu stellen traue. Zum Beispiel, wie das ist, mit einem Mann ins Bett zu gehen, der zwischen 40 und 50 Jahre alt ist, verheiratet, reich, mächtig und außerdem vielleicht dick und unsympathisch. Wie soll man denn so etwas einen Menschen fragen, den man vor gerade einmal einem Mineralwasser kennengelernt hat?

»Trinken Sie einen Cosmopolitan mit?«, Ich versuche es mit der klassischen Schwipsmethode.

Diana arbeitet seit zwei Jahren für Herrn O. Und das kam so: Eines Abends bot ihr ein Unbekannter 1000 Euro, damit sie mit ihm die Nacht durchfeierte. Damals lehnte sie ab, »eher weil ich in Schreckstarre fiel als aus moralischen Bedenken«. Der Gedanke, dass Männer Geld zahlen könnten, um mit ihr Zeit zu verbringen, begann ihr zu gefallen. Bis sie sich schließlich bei Herrn O. bewarb. Herr O. behält die Hälfte ihrer Einnahmen, dafür vermittelt er die Dates, überprüft die Kunden, verhandelt die Preise, kassiert und macht den Papierkram.

»Das erste Mal war ich wahnsinnig aufgeregt«, erinnert sich Diana beim zweiten Cosmopolitan. »Er war ein italienischer Geschäftsmann und wir waren in einem Restaurant verabredet. Ich zog mich vorher bestimmt zehnmal um und überlegte, welche Speisen ich aus ästhetischen Gründen meiden sollte, Hummer, Langusten und Hühnerfüße. Aber als wir uns dann gegenübersaßen, war alle Aufregung plötzlich verschwunden.« Die Tatsache, dass diese Männer tief in die Tasche greifen, um den Abend mit ihr zu verbringen, verleiht ihr ein gewisses Machtgefühl. Anscheinend ist es recht gut gelaufen, der Italiener bucht sie heute noch. »Er gehört zu den Männern, denen es Spaß macht, eine Frau zu verwöhnen«, erzählt Diana und zeigt mir ein schlichtes Diamantarmband, das sich um ihr zierliches Handgelenk schmiegt. Wie kriegt sie das denn hin? Was muss man denn draufhaben, damit ein vermögender, gut gestellter Mann, kultiviert und im besten Alter, einen für ein Date bezahlt und noch dazu beschenkt? Ich kann mir nicht vorstellen, dass dieser Typ nicht auch ohne Bezahlung zum Zug käme. Was ist an ihr so besonders?

»Ich mache keine Probleme«, sagt Diana und lächelt mich an. »Ich verlange keine Scheidung, ich werde nicht schwanger und mache keine Szene, wenn ich nicht mehr gebucht werde. Ich werde dafür bezahlt, wieder zu verschwinden, das macht den großen Unterschied zu einer Geliebten aus.« Hm, das klingt logisch. Und was macht den Unterschied zwischen ihr und einer verhältnismäßig günstigeren Kollegin? Diana rattert ihr Profil herunter:

Sie spricht sieben Sprachen fließend, hat ein abgeschlossenes Studium der Kunstgeschichte hinter sich, ist selbstständige Immobilienmaklerin und sie ist es gewohnt, sich auf internationalem Parkett zu bewegen. Diana wird nie das falsche Besteck benutzen, ein unpassendes Kleid tragen, einen General falsch anreden oder sich beim Essen Soße auf die Bluse spritzen. Außerdem ist sie schön. Aber schön sind sie ja alle. Ich bohre weiter. Irgendetwas muss es doch geben, das diese Frau zur Königin macht. Das kann doch nicht nur daran liegen, dass sie auf sieben Sprachen *Du Hengst* sagen kann.

Ihre ganz persönliche Masche will ich wissen. Ich vermute einen wahnsinnig dreckigen Trick, ein sexuelles Manöver, das die Kundschaft um den Verstand bringt. Ich bestelle noch zwei Cosmopolitan. Sie berichtet von einem Kurs in psychologischer Gesprächsführung, der es ihr erleichtere, die verborgenen Wünsche eines Kunden herauszufinden, falls er diese nicht im Vorgespräch mit Herrn O. erläutert habe. Ob nun jemand eine bestimmte Fantasie ausleben will oder sich nur der Illusion eines perfekten Dates hingeben möchte, Diana bekommt es schnell heraus. Wir nippen an unserem neuen Drink und sie sieht mir in die Augen.

Und dann verrät sie es. Ihr Geheimnis, ihre ganz persönliche Methode, die perfekte Masche:

»Guter Sex beginnt im Kopf«, sagt sie, »je mehr man sich anstrengen muss, um ein Ziel zu erreichen, desto größer ist die Freude, dieses schließlich zu erreichen. Etwas, das man einfach haben kann, ist nichts wert. Was zählt, ist die Anstrengung den Gipfel zu erreichen. Und ich bin ein hoher, ein sehr hoher Berg.«

Dianas Trick ist ganz einfach. Sie versucht nicht, dem Kunden zu gefallen. Im Gegenteil. Sie lehnt sich zurück und gibt dem Mann das Gefühl, dass er sich lediglich die Chance erkauft hat, sie zu erobern. Falls er gut genug ist. »Männer sind Jäger, keine Sammler«, sagt sie. Der schnelle Genuss einer Frau für Geld ist nur Triebbefriedigung. Diana verkauft etwas anderes. Sie verkauft den perfekten Moment. Den Moment, in dem sich eine schöne Frau ergibt, weil er sie von sich überzeugt hat. Auch wenn es nur eine Illusion ist, für ihn ist sie wahr. Sein Ego ist in diesem Moment mit dem Ego eines Superstars zu vergleichen, dem ein Millionenpublikum zujubelt. Es gibt nichts Besseres.

Je schöner die Frau, je länger der Abend, je ungewisser der Moment, desto größer die Explosion im Kopf. Fast wie Verliebtsein. Der Rest ist Sex.

Wie sie mit dem Rest zurechtkommt, will ich wissen und male wiederum das Bild von dem Kunden, der zwischen 40 und 50 Jahre alt ist, verheiratet, reich – vor allem aber dick und unsympathisch. »Es gibt keine Verpflichtung, mit jemandem ins Bett zu gehen, den man abstoßend findet«, sagt sie und es klingt ein bisschen auswendig gelernt. Ob das schon einmal vorgekommen sei? »Nein«, sagt Diana. Und fügt hinzu: »Es hilft vermutlich, dass ich es anziehend finde, wenn jemand über Intelligenz, Weltgewandtheit oder Humor verfügt. Die wenigsten Kunden sind Unterwäschemodels von Calvin Klein, müssen Sie wissen.«

Wie sie mich meinem Ziel, die beste Liebhaberin der Welt zu werden, näherbringen könnte, ist mir leider ein komplettes Rätsel. Ich habe auf einen geheimen Kniff gehofft, eine Art Superstellung oder ein *und dann beißen Sie ihm nach fünf Minuten ins linke Ohr und summen gleichzeitig* »Für Elise«, *da wird er durchdrehen*. Nichts dergleichen.

Allein schon die Voreinstellungen stimmen nicht. Ich fasse zusammen:

- Ich spreche eine Sprache fließend, nämlich Deutsch. Und dann noch ziemlich gut schlecht Englisch.

- Ich habe ein abgebrochenes Biologiestudium sowie keine vollendete Ausbildung zur Grafikerin.

- Ich gebe auf nationalem und internationalem Parkett eine ziemlich schlechte Figur ab und rede vor Aufregung einen General bestimmt mit *Inspektor* an.

- Ich schütte oft Rotwein ins Weißweinglas, ich habe beim Austernaufbrechen meinen Tischnachbarn so verletzt, dass er mit drei Stichen genäht werden musste, und esse zuweilen die Tellerdekoration mit.

- Ich bin nicht *schön*. Also, es ist schon alles in Ordnung, ich habe Arme und Beine, es ist alles dran, aber es könnte auch hie und da etwas – weniger dran sein.

- Ich mache L. jede Menge Probleme, Szenen und Schwierigkeiten.

Allerdings sagt Diana auch: »Guter Sex beginnt im Kopf«, und nicht: »Guter Sex endet bei Größe 36.« Wie ich allerdings aus L. wieder einen Jäger machen soll, ist mir noch schleierhaft. Lassen Sie sich einmal jagen von jemandem, mit dem sie abends auf dem Sofa sitzen und *Tatort* gucken. Vielleicht würde mir da noch was einfallen.

Diana hat übrigens einen Freund. Er ahnt nichts vom Nebenjob seiner Freundin. Ein schlechtes Gewissen hat sie nicht. Zu Hause ist sie nicht Diana, sondern A. Was in mir die unangenehme Frage aufkeimen lässt, ob ich diesen Nachmittag auch etwas von A. zu sehen bekommen habe oder A. durchweg geschäftlich als Diana mit mir gesprochen hat.

Als sich unser Gespräch dem Ende nähert und ein stieläugiger Ober mit der Rechnung kommt, beugt sich Diana nach vorn und sieht mir in die Augen. Eine Haarsträhne löst sich und fällt ihr ins Gesicht. Der arme Ober kippt fast nach hinten um, als sie meine Hand nimmt, sie öffnet, ihre Karte hineinlegt und leise sagt: »Meine Kunden sind übrigens nicht ausschließlich Männer.«

Unsere Mäntel werden gebracht, Diana hilft mir in meinen. Als ich noch ganz benommen in den zweiten Ärmel schlüpfe und sie ganz nah hinter mir steht, hält sie kurz inne und ich spüre ihren Atem an meinem Hals. Ich schwöre: Ich war noch nie so nah dran, mich in eine Frau zu verlieben.

Als ich ihre dunkelblaue Marc-Jacobs-Tasche an ihrem Arm sehe, fällt mir meine Theorie über die gleichfarbige Unterwäsche wieder ein. Ich habe nichts zu verlieren, ich frage sie einfach. »Die Farbe meiner Unterwäsche?«, sie blickt mich erstaunt an. Sie überlegt kurz. »Dunkelblau, warum?« Ich erkläre es ihr und sie lacht laut und aus vollem Herzen, während sie sich unterhakt und wir nach draußen gehen. Und ich schwöre, es war A., die gelacht hat.

SEX AN UNGEWÖHNLICHEN ORTEN

Als ich L. frage, ob er schon mal Sex an ungewöhnlichen Orten hatte, sagt er: »So wie Würzburg?« Wir sind also beide recht unbeleckt, was das angeht. Ich persönlich finde ja, dass ein Bett der perfekte Ort für Sex ist. Dort ist es weich und in der Regel kommt niemand unerwartet um die Ecke. Und das Beste: Direkt nebenan befinden sich ein Kühlschrank und eine Dusche. Nicht mitgezählt als »ungewöhnliche Orte« werden die verzweifelten jugendlichen Aktionen im Auto, als das Bett noch im Jugendzimmer stand, gut bewacht von Bruce Willis im Körper von Mama. Wenn jederzeit die Tür aufgehen kann, können nur die Stärksten eine Erektion halten. Es heißt jedoch, der Sex außerhalb der eigenen vier Wände bringe das *Prickeln* zurück.[39] *Prickeln*, denke ich, das klingt nach Brennnesseln und süßem Sekt. Wenn ich so rumfrage, wo die Leute schon überall Sex hatten, klingt das, als würden sie in einem Restaurant die Rechnung verlangen: »Also, ich hatte eine Cola, zwei Hefeweizen und dann noch Espresso und Wasser.« Mit genau dem gleichen Blick, so leicht nach oben in die Ferne gerichtet, heißt es dann: »Also, einmal im Wald, zweimal im Auto und dann noch in der Umkleidekabine und am Baggersee.« Andererseits sagt die Fachprominenz, dass eine fremde Umgebung die Sinne schärfe, was sich sofort auf das erotische Empfinden auswirke. Berührungen würden intensiver wahrgenommen und die Erregungsschwelle sei niedriger. Schau, schau.

---

39 Einer Umfrage des Magazins *PRINZ* zufolge, deren Zielgruppe zwischen 20 und 35 Jahre alt ist, zählen 65,9 Prozent den Sex an ungewöhnlichen Orten zu ihrem Sex-Repertoire.

Ich besorge mir die ultimative Hitliste mit 101 Anregungen, wie unsere nächsten Wochen aussehen werden: Ein Buch von Charlotte Labouche: *101 Plätze, an denen Sie Sex haben sollten, bevor Sie sterben.* Der Titel sagt alles. Fangen wir bei A an. *Aufzug, Autobahn, Autokino, Achterbahn* – Moment mal. Achterbahn? Ist die irre? Ich nehme den Aufzug.

Aufzug

Bei Aufzügen denkt man doch automatisch schon an Sex. Das hat sich durch die Aufzug-Sexszenen im Fernsehen ins Hirn eingebrannt: Wenn zwei Menschen einen Aufzug besteigen, sieht man erst einen STOPP-Knopf, der gedrückt wird, und dann zwei ineinander verkeilte Leute: Sie lehnt an der Wand, legt ein Bein auf seine Hüfte, der Rock (sie hat *immer* einen Rock an) rutscht hoch, er vergräbt seinen Kopf an ihrem Hals und klemmt sich an sie dran. Gähn.[40] Der Aufzug in dem Bürohaus, in dem sich auch die Agentur befindet, für die ich arbeite, lässt einen nicht sofort an Sex denken. Eher an die Architektur des späten Sozialismus und an Frau Drösels Parfüm *Angel*, das sich über die Jahre in die halb blinden Spiegelwände gefressen hat. Statt STOPP steht auf unserem Notfallknopf HAUSMEISTER, was jetzt auch keinen direkten sexuellen Reiz darstellt, und von dem Bodenbelag möchte ich gar nicht erst anfangen. Für Anfänger in Sachen ungewöhnliche Orte soll ein Aufzug aber ideal sein, weil er, einmal gestoppt, einen Miniprivatbereich mitten im öffentlichen Leben darstelle. Er ist sozusagen die Generalprobe, das Amuse-Gueule für Feiglinge. Perfekt für L. und mich. Dachte ich. Als L. und ich (im Rock, ich habe heute noch eine Blasenentzündung) den Aufzug zur Agentur besteigen, drücken wir den Notfallknopf, um den Fahrstuhl anzuhalten. Der fährt aber weiter und es ertönt bald darauf die Stimme des Hausmeisters, Herrn Reibel. Mit

---

40   Aufzüge werden in Europa täglich 825 Millionen Mal benutzt, sagt der TÜV.

dem unterhalte ich mich dann kurz über die Gegensprechanlage. Man kennt sich ja schließlich. Mit Herrn Reibel in unserem Miniprivatbereich ist die Stimmung irgendwie dahin. Wir gehen dann lieber ein Eis essen und erfanden lustige andere Dinge, die man im Fahrstuhl machen kann:

• Wenn noch jemand im Fahrstuhl ist, kann man dem auf die Schulter tippen und dann so tun, als sei man es nicht gewesen.

• Wenn man in einen besetzten Aufzug einsteigt, kann man so tun, als bekäme man einen elektrischen Schlag, wenn man auf den Knopf drückt.

• Man könnte anderen Leuten anbieten, für sie zu drücken und dann die falschen Knöpfe drücken.

• Man ruft: »Gruppenumarmung!« Und fängt damit an.

Kornfeld

Ein Bett im Kornfeld ist ja angeblich noch frei, das habe ich diesen Samstag einmal nachgeprüft. Prinzipiell stimmt das auch, in Bayern, wo meine Stadt liegt, wurden laut Statistischem Bundesamt im Jahr 2009 sagenhafte 1,121 Millionen Hektar Getreide angebaut. Das sind 11 210 Quatratkilometer. Das ist ungefähr halb so groß wie Hessen. Da erscheint es relativ wahrscheinlich, dass noch ein Bett frei ist. L., die Decke und ich haben auch ein passendes Feld gefunden. Es war nicht ganz so leicht wie gedacht, schließlich hatte ich einige Ansprüche bezüglich der richtigen Wuchshöhe und der Ährenfarbe (Gold). L. wollte gerne etwas in leichter Hanglage, damit uns keiner von einer Anhöhe aus sehen könnte. Seinen Wunsch nach einem Ökogetreidefeld (wegen der Pestizide auf unserer Haut) habe ich abgeschmettert, das wäre zu aufwendig geworden. Außerdem stiefeln Ökobauern doch ständig auf den Feldern herum. »Unser« Feld war ein Weizenfeld, der Klassiker des Ackerbaus. »Ein Päckchen Cornflakes« statt »Ein Bett im Kornfeld« singt L. fröhlich und breitet unsere Decke in der Mitte des Feldes aus. Die Decke ist gelb und riesig. 250 × 250 Zentimeter. Mit der kann man am Badesee die Nachbarn auf Distanz halten. Oder im Kornfeld, aber hier ist ja niemand außer uns. Wir schlüpfen aus den Kleidern, lassen die Haut von der Sonne wärmen und liegen uns recht hübsch knutschend im Arm. Trotz geschlossener Augen merke ich, dass L.s Aufmerksamkeit nicht mehr ausschließlich mir gehört. Kennen Sie das? Wenn jemand plötzlich beim Küssen in so eine Starre verfällt, womöglich noch während sich seine Zunge in Ihrem Mund befindet? Ich blinzle und sehe, dass L. seinen Blick auf einen Punkt hinter mir gerichtet hat. Der sich zu bewegen scheint, denn er verfolgt ihn mit den Augen. Ich drehe mich um und da sehe ich sie: eine Ameise. Kein Problem, ich wische sie mit der Hand von der Decke und wende mich wieder L. zu. Ein kleiner Blick hinter L.: »Da ist auch eine.« Während ich mich über ihn beuge, um sie wegzuschnipsen, entdeckt er eine weitere hinter meinem Rücken. Nach einer eingehenden Säuberung der Decke liegen wir wieder einander zugewandt in den Armen und knutschen. Das ist schön, aber es wird nicht so richtig leidenschaftlich, wenn man nebenbei ständig mit einem Auge blinzelt und die dottergelbe Decke nach schwarzen Punkten überprüft. Oder unvermutet ausholt und einen davon erschlägt.

Die Flugzeugtoilette

... darf natürlich unter gar keinen Umständen fehlen. Ein Muss für jeden Sexprofi. Bei unserem nächsten Flug soll es so weit sein, wir werden dem »Mile High Club« beitreten. Der »Mile High Club«, auch kurz MHC genannt, ist ein Club, der so nicht existiert. Er beschreibt lediglich die Gemeinschaft all jener Menschen, die schon einmal während eines Flugs Sex hatten. Voraussetzungen: Man ist zu zweit, nicht allein, und das Flugzeug hat eine Flughöhe von einer

Meile[41] erreicht. Auch wenn man jetzt als Erstes an Passagiere denkt, die sich diskret hintereinander zur Bordtoilette schleichen – erfunden haben den Aerospaß die Piloten. Selbstverständlich gab es auch schon einen tödlichen Absturz deswegen: Am 23. Dezember 1991 stürzten der Pilot und der einzige Passgier mit einem Sportflugzeug ab.[42] Auf der Website www.milehighclub.com kann man die Erlebnisberichte von Mitgliedern lesen und sich Tipps holen. Eine junge Frau namens Mrs. Sally Mc Cormick, die dem Club während eines Flugs von Honolulu nach Toronto zeitgleich mit ihrem Freund beitrat, hatte eine gute Idee für die Ausrede danach: Der Mann sollte zuerst die Toilette verlassen und etwaigen Wartenden oder dem Luftpersonal erklären, dass es seiner Liebsten nicht gut gehe. Mit Vomitus und allem, was dazugehört. Dann muss sie sich nur noch das Grinsen aus dem Gesicht wischen. Mr. Dirk C., der seine Mitgliedschaft während des Flugs A 631 von Las Vegas nach Seattle bekam, schwört auf die Plätze in den hinteren Reihen, weil man da unbemerkter zu den Toiletten kommt. Er und seine Freundin flogen mit einem befreundeten Pärchen nach einem Urlaub in der Spielerstadt zurück nach Hause. Nach dem erfolgreichen Beitritt zum Club übergab Dirks Freundin dem befreundeten Paar, das in den vorderen Reihen saß, einen Notizzettel mit folgender Nachricht:

• Hand of blackjack: 10 dollars

• Drinks at the blackjack table: 80 dollars

• Seats at the back of the plane to qualify for the MHC: priceless

---

41 Eine Meile meint hier eine nautische Meile, eine gebräuchliche Einheit in der See- und Luftfahrt. Eine nautische Meile sind 1852 Meter.

42 Der Pilot bekam dafür den Darwin Award, einen Preis, der an Leute vergeben wird, die sich auf besonders dämliche Art und Weise selbst aus dem Leben katapultieren oder unfruchtbar machen und somit aus dem Genpool ausscheiden. (Ein anderer Preisträger wurde zum Beispiel von der hauseigenen Python aufgefressen, also Dinge in der Art.)

Allgemein wird empfohlen, einen »Red-eye-flight« zu nehmen, das sind Nachtflüge, auf denen die Passagiere in der Regel versuchen zu schlafen, es nicht schaffen und dann mit roten Augen das Flugzeug verlassen. Gut geeignet sind Überseeflüge, da lässt einem das Zeitfenster einen gewissen Freiraum. L. und ich reisen sehr selten nach Afrika oder in die Antarktis, daher muss unser nächster Flug von München über Zürich nach Barcelona herhalten. Der von München nach Zürich, das geht nicht. Da kann man schon kaum den Kaffee runterkippen, so schnell ist man angekommen. Ich glaube, die fahren da noch nicht einmal das Fahrwerk ein. Also von Zürich nach Barcelona. Flug LH 4476. Wir reservieren online die hinteren Plätze. Wenn man erst einmal mit so einem Vorhaben im Flugzeug sitzt, fällt einem auf, wie wenig Toiletten es für so viele Leute gibt. Als alle Passagiere mit Tomatensaft versorgt sind, öffne ich meinen Gurt und verschwinde um die Ecke in der Bordtoilette. Drei Minuten werden ganz schön lang, wenn man da so rumsteht und wartet. Dann klopft es zweimal, ich öffne die Tür und lasse L. herein. Da stehen wir uns nun gegenüber, auf einer Fläche so groß wie ein Geodreieck. Kennen Sie das, wenn man so nahe beieinandersteht, dass man schielen muss, wenn man sich ansieht? So nah.[43] Ich versuche, mich auf das Hartplastikgehäuse mit integriertem Waschbecken zu setzen, da könnte ich den Rock hochziehen (gerade, wo die Blasenentzündung am Abklingen ist). Leider würde L. dann aber mit den Knien gegen die Vorderwand pumpern und weiter nach hinten rücken kann er nicht. Ich rutsche wieder runter und drehe mich mit L. um 90 Grad, so kann ich mich vielleicht über die Schüssel beugen und wir könnten der Empfehlung folgen, von hinten sei es am einfachsten. Das geht aber nicht, weil L. dann mit seinem

---

43 Einer Umfrage von British Airways zufolge haben 7 Prozent der Schweden schon mal das Gleiche versucht wie L. und ich. Gefolgt von Norwegern und Holländern mit je 5 Prozent und an letzter Stelle steht Deutschland mit 3 Prozent. Aber L. und ich bringen das ja jetzt in Ordnung.

Hintern gegen die Türe dutzen würde. Die Idee, L. könnte sich auf die Toilette setzen und ich mich dann auf ihn, scheitert an der Wand links und dem Waschbeckengehäuse rechts. Ich müsste mich dazwischen einspreizen, ein Bein an die Wand pressen und das andere über Kopfhöhe auf das Waschbecken legen. Das geht mir dann doch zu weit. Gefrustet verlasse ich die Toilette, wobei ich beim Öffnen der Tür L. noch versehentlich meinen Ellbogen in den Bauch ramme. An die andere Möglichkeit, Sex im Flugzeug zu haben, nämlich eine Decke zu verlangen und darunter zur Sache zu kommen, mag ich gar nicht denken. Besonders nicht, wenn in der Reihe nebenan eine Mutter mit Kind sitzt und deren Balg sich gerade in der Terroristenphase befindet. Da liegen Sex und Gewalt recht nahe beisammen.

Am Strand

Für unser nächstes Abenteuer suche ich etwas mit viel Platz aus. Strand ist doch schön! Wo wir schon einmal in Barcelona sind. Am Abend machen wir uns auf den Weg zum Stadtstrand, um ein Plätzchen auszusuchen. Wenn Sie schon einmal nachts am Stadtstrand von Barcelona waren, wissen Sie vermutlich, was L. und ich zu diesem Zeitpunkt nicht wussten: Da ist ungefähr so viel los wie auf dem Nürnberger Christkindlmarkt kurz vor Weihnachten. »Wie fändest du den Platz da drüben zwischen den pakistanischen Bierverkäufern?«, fragt mich L. mit tiefer Stimme. »Hmmm, oder hinter der Gruppe Britinnen, die anlässlich eines Junggesellinnenabschieds alle rosa Riesenpimmel auf dem Kopf tragen.« Wie gut, dass wir ein Auto gemietet haben, um die Costa Brava hochzufahren. Die Pimmel-Britinnen sind sehr nett und wünschen uns viel Glück für unser Vorhaben. Eine von ihnen warnt uns vor dem beliebten Badeort *Tossa de Mar*, in dem Sex am Strand strafbar ist.[44] Die rosa Riesenpimmel wackeln mun-

---

44 Die Polizei kontrolliert hier nachts die Strände und verhängt gegebenenfalls Geld-
    strafen zwischen 400 und 1800 Euro.

ter, als die anderen Damen zustimmend mit dem Kopf nicken. Wir fahren am nächsten Tag früh los, immer am Meer entlang, und finden einen sehr schönen Platz. Nördlich von *Sant Martí d Empuries*[45] erstreckt sich ein langer Sandstrand, mitten im Naturschutzgebiet. Die traumhaft geschwungene Dünenlandschaft lädt geradezu ein, es sich dort gemütlich zu machen. Noch bevor wir überhaupt aus allen Kleidern raus sind, stellen wir etwas Seltsames fest: Sobald man hinter einer Düne sitzt, dauert es keine zehn Minuten und der erste Typ kommt vorbeigeschlendert. Und das geht dann im Zehn-Minuten-Takt so weiter. Die tun gar nichts, die wollen nur spielen. Also, sie laufen langsam vorbei und gucken. Und sie sehen alle gleich aus: alle braun gebrannt, alle nackig und alle in dem Alter, in dem das nicht mehr so gut aussieht. Ich will jetzt nicht allen unterstellen, dass sie nur zum Spannen da sind, bestimmt sind die unterwegs auf der Suche nach einem Blümchen für ihre liebe Frau, die derweil das Handtuch warm hält. Aber selbst dann ist es einfach unangenehm, wenn alle zehn Minuten auf Augenhöhe ein wippender Schniedel vorbeikommt.

Bis jetzt ist die Idee mit den ungewöhnlichen Orten ein ganz schöner Reinfall. Und es werden noch mehr:

Im Wald
... bekomme ich Angst vor Zeckenbissen, daraufhin disponieren wir um und suchen einen Hochsitz. Auf der Leiter zieht sich L. einen Spreißel ein und wir finden ewig unser Auto nicht mehr. Dann gibt es einen Mordsstreit, wer daran schuld war. (L.)

In der Sauna
Das mit der Sauna habe ich mir super vorgestellt. Die Hitze,

---

45   Circa 140 Kilometer nördlich von Barcelona.

107

und der ganze Schweiß, der einem wie Glitschi-Gel den Körper runterläuft. Die Tropfen auf der Haut, das hat schon was. Zu unserem Glück haben die Eltern von Beate eine Sauna im Keller. Da bekommt L. während des Knutschens einen Kreislaufzusammenbruch. Gott sei Dank sind Beates Eltern gerade nicht zu Hause, als ich einen japsenden L. mit einer halben Erektion in die Küche hieve.

Im Büro
... sperre ich die Tür zu, räume theatralisch den Schreibtisch mit einer Armbewegung leer und schmeiße dabei die alte Glaskugel von meinem Opa auf den Boden, die leider zerbricht. Dann setze ich mich auf den Tisch, ziehe L. an mich und fange dann an zu heulen, wegen der Glaskugel.

Am offenen Feuer
... während eines wahnsinnig romantischen Wochenendausfluges in einer Hütte in Österreich klappt es beinahe, aber dann wird L.s Hintern von einem glühenden Stück Pinienzapfen attackiert, weswegen er sich weigert, jemals wieder in bloßer Anwesenheit einer brennenden Kerze die Hosen runterzulassen. Seitdem haben wir in der Reiseapotheke auch immer ein Kühlpad dabei.

Im Riesenrad
... auf dem Prater in Wien, wo wir extra zu diesem Zweck Freunde besuchen, entdeckt L. überraschend, dass er unter Höhenangst leidet.

Im Zug
... geht es gar nicht. Es gibt ja fast keine Abteile mit Vorhang mehr! Wie soll das klappen? Auf dem Tresen vom Bordrestaurant? Oder in der geräumigen Behindertentoilette? Da ist nämlich ein Paar auf der Strecke Magdeburg–Braunschweig entdeckt

worden. Weil der Herr mit seinem Rücken aus Versehen den Notfallknopf gedrückt hat. Woraufhin der Schaffner die Tür öffnete und die beiden etwas derangiert, aber gesund vorfand.

Im Badesee
... sind wir ziemlich nah dran, bis wir den Bengel bemerkten, der mit seinem Schnorchel immer ganz in unserer Nähe bleibt.

Auf der Wiese
... kreist eine Schule Gleitflieger über uns, während eine Population von Mücken L. als ihre Lieblingsnahrungsquelle erwählt.

Auf der Waschmaschine
... sitze ich und mache mir Gedanken um die ganze Dreckwäsche, die daneben zum Waschen liegt. Und dass die dann auch noch gebügelt werden will. Und plötzlich habe ich keine Lust mehr.

Auf der Badeplattform
... welche auch gleichzeitig die einzige Badeplattform ist, die der See zu bieten hat, liegt von Anfang Mai bis Ende September eine Gruppe von halbstarken Teenagern und macht, was Teenager so machen. Wir sind einmal nachts da. Die auch.

In der Skigondel
.. siehe Riesenrad.

Im Park
Erstaunlicherweise treffen wir abends im Park exakt die gleichen Knallköpfe wie in den Dünen der Costa Brava. Nur angezogen. Einer von ihnen sucht das Gespräch und versichert uns, dass er die Sache mit dem *angezogen* im Handumdrehen ändern könne.

Auf einem Sprungbrett

Unser Vorteil: Beates Eltern haben in ihrem Keller einen großen Pool, inklusive Sprungbrett. Es ist kein Turm, aber zumindest ein Brett. Es ist nicht höher als ein Startblock und man
kann locker den Fuß ins Wasser hängen lassen, wenn man
drauf sitzt. Beate und ich haben dort die Winter unserer Kindheit verbracht, ihre Eltern hingegen benutzen den Pool nie.
Genauso wie die Sauna.[46] Als Beate das nächste Mal Haus und
Hund hütet, weil die Eltern mal wieder nach Kitzbühel, Mo-
naco oder sonst wo hin fahren, überlässt sie uns das Keller-
geschoss. Nachts nackt in einem beleuchteten Privatpool, mit
einer Flasche Cava und leiser Musik, das hat schon was. *Ein
Glück, dass ich mir die Beine rasiert habe*, denke ich und schlinge
ebendiese um L., der auf den Stufen im warmen Wasser liegt.
»Warum Beates Eltern wohl ein Sprungbrett haben?«, überlegt L. und spielt an meinem Bauchnabel herum. »Vielleicht
deswegen«, sage ich so verführerisch, wie ich es irgend hinbekomme, stehe auf und gehe zu dem Brett. Ich lege mich rücklings drauf, den Kopf ganz am Ende. Wenn ich ihn nach hinten überstrecke, kann ich L. sehen, der zu mir geschwommen
kommt. Ich lasse ein Bein ins Wasser hängen. »So fangen sau-
dumme Erotikfilme an«, denke ich, während L. sich am Brett
aus dem Wasser zieht, was wahnsinnig sexy aussieht. Einzelne
Tropfen perlen ihm von der Nase und treffen mein Gesicht, als
er über mir liegt. Wir kommen richtig in Fahrt und alles läuft
super, bis auf eins: Ich merke, wie wir uns ganz langsam weiter
nach oben bewegen. Als L. es auch merkt und mich fest um die
Taille fasst und nach unten zieht, wird mir klar, warum man
auf Sprungbrettern nicht ausrutscht: Die haben einen rutsch-

---

46 Es gibt da ein Naturgesetz, das besagt, dass in dem Moment, in dem sich Menschen
einen Pool oder eine Sauna kaufen, sich ihr Interesse daran faktisch in Luft auflöst.
Man kann davon ausgehen, dass es sich um eine Weiterentwicklung der Kind-Haus-
tier-Regel handelt. Diese wiederum besagt, dass sich das Interesse eines Kindes am
lange ersehnten Haustier direkt nach dem Erhalt gegen null bewegt.

festen Belag. Wenn man jetzt, einen Rücken zum Beispiel, darauf bewegt, ist das so, als wenn jemand mit grobem Sandpapier drübergeht. Ich schreie und reiße die Arme hoch, schon verlieren wir das Gleichgewicht auf dem schmalen Ding und plumpsen ins Wasser. Von einer Sekunde zur anderen sind wir nicht mehr im Erotikfilm, sondern im Slapstick. L. zieht mich wie ein Rettungsschwimmer aus dem Wasser, obwohl ich das gar nicht will und immer noch mit den Armen herumfuchtle. Nützt aber nichts. Ich jammere herum und L. untersucht meinen Rücken. »Nicht schlimm«, sagt er und streichelt mir über die Wange. Wir versuchen noch einmal romantisch zu werden, aber ich bin fertig mit dem Pool. »Lass uns in die Sauna gehen«, schlage ich vor. »Gut«, sagt L. und bekommt dann da fast einen Kreislaufzusammenbruch.

Dass es dann doch noch klappt mit unserem ungewöhnlichen Ort, haben wir Frau Drösel zu verdanken, der Kollegin mit dem *Angel*-Parfüm. Die Drösel hat nämlich versehentlich mit einem einzigen Mausklick meine Arbeit der letzten zwei Tage vernichtet. Klick und weg, aus die Maus, hasta la vista und adios amore. Nach einer Stunde ausführlicher Selbstvorwürfe, warum ich just diesmal keine Sicherheitskopie gemacht habe, rufe ich L. an, um ihm zu sagen, dass ich länger in der Agentur bleiben werde. So ungefähr die nächsten 48 Stunden. Meine Kollegen verabschieden sich einer nach dem anderen mit mitleidigen Blicken, nur die Drösel nicht, die muss sich auf allen vieren rausgeschlichen haben. Der Abend bricht herein, es ist dunkel. Nur meine Schreibtischlampe brennt noch, als es plötzlich klingelt. Vor der Tür steht L. mit einer Flasche Weißwein, zwei Gläsern und einer riesigen Sushiplatte von meinem Lieblingsjapaner. »Du hast doch bestimmt Hunger.« Habe ich schon mal erwähnt, dass ich mit L. einen echten Glückstreffer gelandet habe?

Wir fahren mit dem Aufzug ganz nach oben und steigen über die kleine Treppe aufs Dach. Von hier aus hat man einen phänomenalen Blick über die Lichter der Stadt. Wir setzen uns an den Rand, essen Sushi und genießen die Aussicht.

»Habe ich schon einmal erwähnt, dass ich mit dir einen echten Glückstreffer gelandet habe?«, frage ich L. und der erhebt sein Glas: »Ein Prosit! Sie hat's gemerkt!« Die Gläser klirren und wir küssen uns über der Sojasoße und unter den Sternen. Das Leben kann so schön sein.

Auf dem Weg zurück entdecken wir ein kleines Gewächshaus aus Plastikplanen. Das hat wohl einer der Hausbewohner auf das Dach gestellt. Innen kann man kaum aufrecht stehen und es ist höchstens 5 Meter lang. Es ist fast leer, nur ein paar Töpfe mit Orchideen stehen herum, pinkfarbene und zartrosa Blüten, die einen süßen Geruch verströmen. Eine geheime Oase auf dem Dach. L. legt seine Jacke auf den Boden, damit wir uns draufsetzen können, und schenkt uns noch ein Glas Wein ein. »Was für ein komischer Ort«, findet L. »Was für ein ungewöhnlicher Ort«, sage ich und wir sehen uns in die Augen, während ich über L.s Rücken streichle.

Als wir aufwachen, geht gerade die Sonne auf. Die Welt hinter der beschlagenen Folie ist orangerot und innen an der Plane perlen Wassertropfen hinunter. Es ist warm und auf L.s Bauch sind kleine Schweißtröpfchen. Ich male mit dem Zeigefinger ein Wort darauf. »Glück«, sagt L. lächelnd und dreht seinen Kopf zu mir. »Stimmt«, antworte ich.

DAS HOTEL Q

Vielleicht denken Sie, ein Hotel sei kein ungewöhnlicher Ort, um Sex zu haben. Das ist per se schon richtig, aber ich sage Ihnen: Sie haben *dieses* Hotel noch nicht gesehen.

Ich habe das falsch angefangen. Ich hätte es so sagen sollen: Stellen Sie sich vor, Sie genießen im angesagtesten Hotel der Hauptstadt ein exklusives Candle-Light-Dinner. Danach nehmen Sie Ihren Liebsten an der Hand und gehen mit ihm in den Spa-Bereich.[47] Sie schließen die Türe hinter sich und sperren ab. Von jetzt an kommt hier niemand mehr hinein. Sie können sich in der Sauna, im Dampfbad, im Massageraum und in etwas, das sich *Japanese Washing Zone* nennt, vergnügen. Außerdem wartet eine gekühlte Flasche Champagner im *Sandraum* auf Sie. Dort können Sie sich bei indirekter Beleuchtung auf beheiztem Sand wälzen und via Beamer prickelnde DVDs gucken. Klingt das bitte heiß?

Dieses Special heißt *Sex on the beach*. Ein anderes heißt *Like Lovers do* und verspricht eine heiße Überraschung auf dem Hotelzimmer. Vermutlich wegen Specials wie diesem wurde das Q zu *one of the hottest hotels* weltweit[48] gekürt.

---

47 Die Zeitschriften *Vogue* und *Vanity Fair* haben den Spa-Bereich des Hotel Q zu einem der fünf besten europaweit gekürt. Die Zeitschrift *GQ* zählt es sogar zu den Top Ten weltweit.
48 Condé Nast Traveller

Hot, hot, denke ich, als ich die Internetseite des Hotels Q besuche.[49] Da erscheinen nämlich zunächst einmal zwei Damen in sehr erotischer Position.

Das ist mir ja vollkommen neu, dass ein Hotel auf sexy macht und trotzdem in der ersten Liga der Seriösen und Designten mitspielt. Allein die ganzen Auszeichnungen für das Design sind der Hammer. Das Hotel Q zählt derzeit zu den 50 coolsten Hotels der Welt. Es ist in Berlin, in einer Seitenstraße des Kurfürstendamms, und hat weder ein Schild noch sonst irgendetwas am Haus hängen, was auf ein Hotel hinweist. Understatement total. Wäre es mein Hotel, ich hätte alle Lorbeeren in Goldbuchstaben an die Fassade gepappt:

• Winner of the Interior Honour Award

• Winner of the World Hotel Award (best stylish hotel)

• Winner of Travel & Leisure's Design Award (best design hotel worldwide)

Vermutlich hätte ich mit den goldenen Lettern gleich: *Gewinner von allem* außen drangeschrieben. Schuld daran ist GRAFT. GRAFT ist ein Architekturbüro, gegründet von drei deutschen Architekten, die innerhalb kurzer Zeit zu den kreativen Superstars der internationalen Architektenszene aufgestiegen sind und die Lieblingsarchitekten von Brad Pitt wurden. Seine Häuser und die vieler anderer Hollywoodstars tragen ihre Handschrift. Das Herzstück des Hotels ist die Hotelbar. Und die ist nur Gästen des Hotels und ausgesuchten Mitgliedern vorbehalten. Damit die vielen Promis, die hier ihren Feierabend-Cocktail trinken, nicht

---

49   www.loock-hotels.com

gestört werden. Das klingt schon ziemlich gut – obwohl ich mir in wahnsinnig schickem Ambiente schnell einmal wie Aschenbrödel vorkomme … Je cleaner und perfekter die Umgebung, desto mehr wird mir bewusst, wie unglaublich schlecht ich in den Rahmen passe. Es sei denn, ich hieße Angelina Jolie oder käme deren Grad an Perfektion nahe. Mir fällt in solchen Situationen immer auf, dass mein Haar splisst, dass ich einen bis dato unsichtbaren Fleck auf dem Kleid habe oder mein kleiner Fingernagel eingerissen war, ich den Nagel daraufhin abgebissen habe und er jetzt aussieht wie eine Miniatur-Skyline der Alpen. Den legt man doch nicht guten Gewissens auf den Tresen vom *best stylish hotel*. Träfe ich Brad Pitt an der Hotelbar, mir würde als Erstes durch den Kopf schießen: *Oh Gott, und ich hab eine Kartoffel in der Strumpfhose.*

Aber diesmal wird alles anders. L. und ich werden allein nackend im Spa herumspringen und es wird perfekt sein. Das Paket [50] ist zwar nicht billig, aber einmal im Leben möchte ich uns etwas richtig Luxuriöses gönnen. Ein Bonbon für L. und mich. Ich habe gebucht.

»Ich habe gebucht.« L. blickt leicht verdattert auf die Buchungsbestätigung, die ich ihm hinhalte. »Das klingt toll«, sagt L. und sieht sich das Special genauer an. »Was ist denn eine Japanese Washing Zone?« Tja. Keine Ahnung. Wahrscheinlich irgendetwas wahnsinnig Schickes, aber wir werden es ja bald erfahren.

Fast wären wir nicht mehr im Hotel angekommen, denn der Weg dorthin führt über den Ku'Damm und die Geschäfte sind noch offen! L. befürchtet, ich könnte das Hotelzimmer stornieren, um dafür bei Chanel einzukehren, und zieht mich weiter. In meinen Träumen laufe ich über einen roten Teppich auf die Ho-

---

50 Beinhaltet: Zwei Übernachtungen, Starlight-breakfast, ein Candle-Light-Dinner, den Spa für eine Nacht von 23 Uhr bis 6 Uhr und eine Flasche Champagner.

teltüre zu, links und rechts halten Absperrbänder die Presse in Zaum. Ich setze kurz meine Audrey-Hepburn-Sonnenbrille ab, um den Fotografen genügend Zeit zu geben, ein hinreißendes Foto zu knipsen, das am nächsten Tag auf dem Cover der *People* erscheint, mit der Unterschrift:

Who is this mysterious and amazingly good looking woman entering Hotel Q?

Ein junger Mann in Uniform würde mir mit einer tiefen Verbeugung die Tür aufhalten und ich würde seine Hand nehmen und ihm großzügig lächelnd bedeuten, dass er sich vor mir nicht verbeugen müsste.

In der sogenannten Realität hält mir L. die Tür auf. Ich bedeute ihm, dass er sich nicht vor mir verbeugen muss, was ihn kurzzeitig etwas verwirrt. Hinter uns drängt sich ein Typ vorbei und L. in seiner Lieblichkeit fragt ihn: »*Entschuldige, habe ich dich angerempelt?*«

»Dit hätt ich dir denn schon jesagt«, tönt es zurück. Er ist ungefähr zwei Meter groß und hat eine platte Nase. Auf der Straße steht mit laufendem Motor sein knallblauer Porsche, den habe ich beim Hineingehen registriert. »Wo is'n hier die Tiefjarasche?«, ranzt er die Rezeptionistin an. Als die ihm erklärt, es gebe keine, er müsse um die Ecke in ein Parkhaus, verdreht er die Augen und verschwindet fluchend.

»Boxer«, sagt L. »Arschloch«, sage ich, »Zimmer 609«, sagt die Rezeptionistin.

Sie bringt uns hin. Im Fahrstuhl und auf den Gängen liegt dunkelroter Flauschteppich, die Beleuchtung der Zimmernummern leuchtet rot.

Rot, rot, rot sind alle meine Farben, rot, rot, rot, ist alles was ich hab,

daruhum lieb ich, alles was so rot ist, weil mein Schatz ein Hotelmanager ist.

Die Nummer 609. Ob sie uns wohl die Nummer 69 geben wollten, falls sie eine hätten? Eine Art Anspielung? Um die Zimmertür zu öffnen, muss man erst auf dem Türschloss einen Knopf drücken und dieses anschließend mit einem Plastikstift andippen. Diese Luxushotels immer, die können es sich nicht verkneifen, ihre Gäste vor stets neue Herausforderungen zu stellen. Ich kann mich noch erinnern, wie ich an Rezeptionen stand, um mich zu beschweren, dass das Licht nicht ginge. Da wurde es nämlich gerade modern, diese Plastikkarten als Generalschlüssel für Tür und Licht zu verwenden. Dann kamen die Wasserhähne, die man nicht aufdrehen konnte. Die mit den gut versteckten Bewegungssensoren. Oder diese Türen in Hotellobbys, die so perfekt in die Wandverkleidung eingelassen sind, dass man weder die Toilette noch den Aufzug findet.

Die Rezeptionistin erklärt uns ein paar weitere Raffinessen des Zimmers, wofür ich ihr wirklich dankbar bin. Normalerweise braucht man ja schon einen halben Tag, bis man die folgenden Geheimnisse seines Hotelzimmers gelüftet hat:

- Welche Zahl muss ich drücken, um rauszutelefonieren?

- Wo ist der Fön?

- Wie funktioniert der Umschaltmechanismus vom Badewannenwasserhahn auf die Duschfunktion?

- Warum ist die Dusche entweder brühend heiß oder arschkalt?

- Wo ist der Hauptschalter fürs Licht?

- Wo ist der Schalter für das Licht, das immer an bleibt, auch wenn man den Hauptschalter ausgemacht hat?

- Wie war noch einmal die Geheimnummer vom Zimmersafe?

- Wie stellt man die Belüftung im Bad wieder ab?

Ich bin dem Hotel auch wirklich dankbar, dass es einige Dinge NICHT hat. Eine Hotelbildschirmbegrüßung, zum Beispiel. Ich will nicht von meinem Fernseher im Hotelzimmer begrüßt werden. Ich pflege gerne ein sehr unpersönliches, fast anonymes Verhältnis mit meinen Fernsehern. Das Hotel verzichtet auch auf einen Senioren am Piano, der in der Lobby Richard-Clayderman-Lieder spielt. Auch dafür bin ich dankbar.

Als wir im Zimmer stehen, staune ich nicht schlecht: Mitten in der Mitte thront die Badewanne und geht direkt in unser Bett über. Ein Badbettmöbel. Ich könnte baden und mich anschließend ins Bett kullern lassen. Ich hab das hier einmal aufgezeichnet:

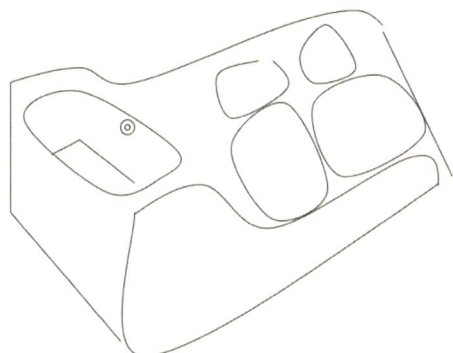

Toll, was?

Ich habe jedoch für solchen Schnickschnack keine Zeit, sondern ziehe mich sofort um und tusche mir die Wimpern. Ich will an die Bar, bevor das Abendessen losgeht. Vielleicht wartet die Prominenz schon.

In der Bar ist fast nichts los, dafür flackert ein hübsches Feuerchen im edlen Glasfeuerkamin. Wir setzen uns an das nächste freie Tischchen, die Sitzbank ist mit der Wand verschmolzen und das sieht ungefähr so aus:

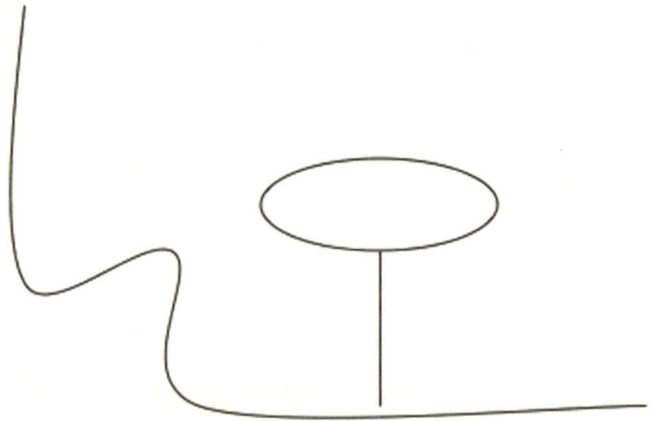

Das ist zwar sehr hübsch, man sitzt nur leider wie ein Vollidiot, zumindest ich. Wären meine Beine einen halben Meter länger, könnte ich sie elegant gekreuzt abstellen, aber meine Durchschnittsbeine sorgen dafür, dass meine Füße kaum den Boden berühren. Das letzte Mal, als mir das passiert ist, war ich ungefähr sieben.

Gott sei Dank ist Brad Pitt nicht da, denke ich und sehe mich um. Nur zwei Blondinen, die sich, scheinbar in ein Gespräch vertieft, auch umsehen. Die Bedienungen und die Empfangsdame tragen alle elegantes Schwarz, sind alle hübsch, brünett, schlank und ausufernd freundlich. Die haben alle keine Kartoffel im Strumpf, so viel ist klar. Ich zwicke ein paarmal mit der Muskulatur meines Beckenbodens. Gott sei Dank rutscht kurz danach die Empfangsdame aus und landet auf ihrem Hinterteil. Da fühle ich mich gleich viel wohler.

Wir haben ein Menü vorbestellt und lassen uns überraschen. Solange keine Aale kommen, bin ich für alles offen. Das Restaurant geht da aber kein Risiko ein und liefert, wie alle modernen Läden, eine Asia-Fusion-Küche oder wie man das beschreiben mag. Es gibt eine ausgezeichnete Tom-Yam-Suppe mit ausreichend Garnelen, als einziges Problem entpuppen sich die Glasnudeln. Mit einem Löffel Glasnudeln zu essen, ist ja schon eine Herausforderung, aber dabei elegant auszusehen, ist eine Kunst. Die ich nicht beherrsche. Zack, da ist er, der Fleck auf dem Kleid. Im Hintergrund ertönt Massive Attack und wir machen uns über den Lachshauptgang auf Wokgemüse her. Am Tisch nebenan sitzt ein junges Pärchen, die sind höchstens Anfang 20. *Wie die sich das leisten können*, denke ich und spitze die Öhrchen. »*Mein Papa*«, höre ich den Knirps da auch schon tönen und im folgenden Monolog noch die Wörter *Golf*, *Tennis* und *Dividendenrendite*. Alles klar.

Diejenigen Lesefrösche, die, ebenso wie ich, Süßes und Nachspeisen für eine der größten Errungenschaften der Menschheit halten, haben die verdammte Pflicht, die Schoko-Chili-Brûlée im Q zu probieren. Die hat mir ein derartiges Stöhnen entlockt, dass gleich die Bedienung kam. Ob alles in Ordnung sei. Den Espresso nehmen wir wieder in der Bar, ein Plätzchen am Kamin ist frei. Direkt neben uns, an einem Tischchen mit Polsterliegewiese, fläzt: der Boxer. In seinem Arm eine sehr, sehr junge Frau. Wenn Sie sich jemals gefragt haben sollten, wer, außer vielleicht Victoria Beckham und einem

Fötus, all diese Size-Zero-Sachen tragen kann: die Freundin des Boxers. Die schmiegt sich an ihn und beide schauen abwechselnd in das jeweilige iPhone. Was die Mädels immer an diesen Vollpfosten finden – ich meine, die muss sich ja mal gedacht haben: »Hey, dieser tumbe Typ mit der platten Nase und dem aggressiven Blick, der ist aber süß.« Na ja, ich muss hupen mit meinen fünf Geralden.

Ich sehe mich in der inzwischen gut gefüllten Bar um: Die Frauen tragen hier alle Size Zero. Nur ich nicht. Und alle gucken alle paar Minuten auf ihr Handy. Sobald ein neues Gesicht an der Bar erscheint, drehen sie die Köpfe, um zu sehen, ob es vielleicht jemand ist, den man kennt. Ich nehme zumindest an, dass dies der Grund ist, bei mir ist es so. Neu ist allerdings, dass man selbst gescannt wird. Könnte ich von vorne beginnen, würde ich die Bar mit einem großen Hut und einer Riesensonnenbrille betreten und dann zuschauen, wie alle raten, wer sich da versteckt. Vielleicht würde ich hin und wieder meinen Handrücken an meine Stirn halten und die Bedienung *Darling* nennen.

Im Moment kann ich mir überhaupt nicht vorstellen, leichtfüßig in einem Spa rumzuhüpfen, ich gehe wahrscheinlich unter. Ich bin pappsatt und werde müde. Davor warnte doch schon immer der Bademeister, oder? Wie daraus eine erotische Stimmung werden soll, ist mir schleierhaft.

Während L. sich noch ein Bier bestellt, weil ihm die würzigen Nüsse, die dazu gereicht werden, so gut schmecken, höre ich den beiden Blondinen am Nachbartisch zu. Die eine hat sich nämlich eine Kette bestellt. Von einem Typen, der »das alles ganz in Handarbeit macht«. Aber, oh weh: Sie hatte Silber und Grün bestellt und jetzt ist das Grün »so ein Pistaziengrün«. Während die andere Blondine sich die Hand vor den Mund schlägt und »Nein!« ruft, denke ich gerade an die Pension Bärenfels in einer kleinen Ortschaft in Österreich. Da war ich als Kind oft und es gab drei Gästezimmer, außerdem eine Stube, die Küche und die letzte Tür im Gang war die Stalltür. Gut, die Asia-Fusion-Küche gab es dort nicht, aber man konnte mitsamt einer Kartoffel im Strumpf recht entspannt vor dem Kachelofen sitzen. »Los, gehen wir«, ich ziehe L. am Ärmel mit, der sich wehmütig von den Nüsschen verabschiedet.

Die Rezeptionistin begleitet uns auch in den Spa-Bereich. Ob das Special oft gebucht wird, will ich wissen. »So jedes zweite Wochenende«, erzählt sie bereitwillig, »meistens junge Paare, aber auch mal ältere. Letztens zwei Freundinnen, die haben das als Mädelsabend gebucht.« Das ist natürlich eine geniale Idee. Ich freue mich zwar wirklich auf das Spa-Erlebnis mit L., aber mit Jana hätte ich hier auch richtig viel Spaß. Wahrscheinlich würden wir Haarkuren in der Sauna einwirken lassen und mit Gurkenmaske vor dem Beamer liegen – auch schön, halt anders.

»Sind schon einmal welche einfach nicht rausgekommen? Wurde einmal was verwüstet? Hat jemand den Sandraum als Riesenaschenbecher benutzt?« Die Rezeptionistin überlegt. »Nein, eigentlich nichts in der Art.« Als sie meine Enttäuschung sieht, fällt ihr aber eine andere Geschichte ein: Am Wochenende zuvor waren nämlich ein paar Hotelgäste sehr intensiv am Feiern und einer von den Jungs musste wohl einmal dringend und schaffte es anscheinend nicht mehr rechtzeitig in sein Zimmer. Auf dem Gang, mitten im roten Wuschelteppich, thronte sodann ein stattlicher Scheißhaufen. Anscheinend war das dem Herrn aber zumindest so peinlich, dass er einen 100-Euro-Schein danebengelegt hat. »Das macht es natürlich nicht besser«, kichert sie, »aber zumindest hat er den Schein nicht zusammengerollt und oben reingesteckt!«

Im Spa ist es sehr, sehr warm. Der Boden ist aus Schieferplatten, wahrscheinlich kann man sich da rücklings drauflegen und hat sofort eine Heiße-Stein-Massage.[51] Auf einer Bank, zwischen Strelizienblüten und Buddhas, steht unser Kübel mit Champagner und zwei Gläser. Bevor die Concierge uns einschließt, zeigt sie uns noch die Tür, durch die wir nachher ungesehen hinauskommen.

Da stehen wir jetzt. Noch etwas schüchtern gehen wir jeder in seine Umkleide und wickeln die noch scheuen Körper in weiße, flauschige Handtücher. Hand in Hand stapfen wir los und sehen uns alles an. Da ist eine Sauna, direkt daneben das Dampfbad, eine Schwallbrause mit eiskaltem Wasser, eine Schiebetür, dahinter ist der Massageraum, daneben die Duschen. Und um die Ecke – ja, was ist das? »Das muss die Japanese Washing Zone sein«, meint L. Ein bisschen ratlos sehen wir auf eine niedrige, lange Bank, auf der, unter hübschen Wasserhähnen, große Salatschüsseln ohne Abfluss stehen. Daneben Waschlappen und Seifen und davor kleine Hocker. »Im Boden ist ein Abfluss, wahrscheinlich schüttet man die Schüsseln da aus«, vermute ich. »Ja. Aber wieso? Ich meine, wozu?«, überlegt L. »Machen Japaner lieber Katzenwäsche? Aber warum soll das Wasser aus den Schüsseln nicht abfließen? Ist das wie mit Mokka? Kann man da was rauslesen?«

»Zeig mir deine Dreckschlieren und ich sage dir, wer du bist? Ich weiß nicht.« « So müssen sich Leute vorkommen, die das erste Mal in ihrem Leben ein Bidet sehen und einfach nicht draufkommen, was es damit auf sich hat. »Oder sie setzen sich rein, die sind ja nicht sehr groß, die Asiaten«, überlegt L. und legt den Kopf schief. »Ja, oder sie setzen die Schüsseln auf, wenn sie unter die Dusche

51   Dabei werden heiße Steine entlang der *Energiezentren* des Körpers platziert und über den Rücken geführt. Das führt zu Tiefenentspannung des gesamten Körpers, Anregung der Durchblutung und des Stoffwechsels und zur Entspannung der Muskeln. Man verspürt innere Harmonie und großes Wohlbehagen. Heißt es.

gehen, damit ihre Haare nicht nass werden«, erwidere ich und lege den Zeigefinger auf den Mund.

»Ich höre was«, sagt L. und jetzt höre ich es auch. Ganz leise Musik aber keine richtige Musik, es klingt wie die CDs, die in Yogazentren laufen oder von Walen besungen werden. Die einen entspannen sollen oder zentrieren oder blanchieren oder so was. Die Musik kommt ganz klar vom anderen Ende des Schieferplattengangs. Am Ende des Gangs ist ein Licht und wir gehen langsam drauf zu. »Ich dachte, das kommt erst, wenn wir viel älter sind«, murmelt L., und dann sehen wir ihn. Den Sandraum. Das kann ich leider nicht aufmalen, den müssen Sie sich jetzt ganz alleine vorstellen. Der Raum ist groß und es ist sehr, sehr warm. Auf dem Boden liegt der feinste Sand der Welt, und zwar so tief, dass man richtig schön einsinkt darin. Darauf stehen zwei geschwungene Liegen, als wären sie in den Dünen versunken, und blicken auf die Projektion eines Beamers, der ein traumhaftes Bild zeigt: Die ganze Wand ist voll mit halb durchsichtigen, blauen Medusen, die zur Musik langsam durchs Wasser wabern. Das sieht aus wie im Märchen, als wäre man in ein Kaleidoskop gekrochen oder wie ein Traum nach zu viel Absinth. Wunderschön.

L. und ich sind entzückt. Wir laufen ein bisschen im Sand herum und lassen die Handtücher auf die Liegen fallen. »Los, jetzt probieren wir alles aus!«, sagt L. und hüpft davon.

»Warte, erst waschen!«, rufe ich ihm nach und gehe zu den Duschen. Ich mache das Wasser an und es prasselt heiß auf mich herab. Und grün. Grün? »Komm schnell, ich bin grün!« Da muss irgendwo ein Lichtlein sein. L. macht die Duschtür auf. »Tatsächlich. Grün wie ein Salat.«

»Aber wie ein sehr knackiger, grüner Salat«, versucht L. den Salat noch als Kompliment zu verkaufen. Und dann sind wir *zwei* knackige grüne Salate unter der Dusche, seifen uns ein und spielen ein bisschen gemischter Salat.

Wir wickeln uns in die nächsten kuschligen Handtücher [52] und schlendern zum Dampfbad, setzen uns auf die rutschigen Plastikbänke und der heiße Dampf legt sich um uns, als wolle er uns abtasten. Anschließend tue ich, was mir sonst den Hass aller Saunabesucher sichern würde: Ich creme mich dick ein und lege mich auf meinem Handtuch in die Sauna. L. schwitzt Wasser, ich schwitze Deep Comfort Body Moisture von Clinique. Wir brechen den Saunagang ziemlich bald ab, weil – also: Ich würde das nächste Mal ein Abendessen vorziehen, das keine Blähungen verursacht. Da kann man die Sauna dann viel mehr genießen.

Unter der anschließenden Schwallbrause hüpfen wir händchenhaltend auf und ab und quietschen vor lauter Kälteschock. Nach dem Abrubbeln mit schon wieder neuen, weißen Flauschtüchern fühlt sich die Haut wohlig an. Der beste Zustand, den eine Haut haben kann. Bis auf vielleicht den Haut-auf-Haut-Zustand. Wir schnappen uns den Champagner samt Kühler und Gläser und betreten den Sandraum. An der Wand pulsieren immer noch die Quallen vorbei und L. schießt mit dem Champagnerkorken eine ab. Als wir uns nackend auf den Liegen ausstrecken, ich einen Fuß in den weichsten Sand der Welt stecke, mit L. anstoße und nach einem Schluck von dem kühlen, trockenen und wunderbar perlenden Getränk durch das Glas die blauen Quallen fliegen sehe, habe ich so eine kleine Ahnung von Luxus. Oder was mein Stiefvater Niko meinte, als er sagte:

---

52 Ich habe an diesem Abend bestimmt 20 000 frische Flauschhandtücher benutzt. Das ist nicht sehr freundlich von mir, bringt aber wahnsinnig viele Luxuspunkte auf der Genussskala.

»Mit Geld kann man sich zwar kein Glück kaufen, aber eine Menge Dinge, die glücklich machen.«

Hach ja. Wie wahr. L. sieht sich um und deutet auf die kleine Kiste neben dem Beamer. »Da sind bestimmt die DVDs drin. Sollen wir mal gucken?« Er holt die Kiste und stellt sie zwischen uns.

- *Frühstück bei Tiffany*
  liegt da obenauf. Was Klassisches, das ist doch schön.

- *Casablanca*
  ist der nächste Film. Noch ein Klassiker, auch noch schön.

- *Vom Winde verweht*
  Jetzt is' aber gut mit Klassischem. Die müssen doch irgendeinen Schweinkram hier haben? Ich gehe die Kiste weiter durch:

- *Wie ein einziger Tag*
  Puh.

- *Chocolat*
  Da ist zumindest Johnny Depp dabei, das macht aber L. nicht richtig wuschig.

- *Basic Instinct*
  Also, ich weiß nicht. Das ist ja eher dazu gut, sich Achzigerjahre-Klamotten anzuschauen und Schauspieler, die noch auf der Leinwand rauchen durften. Aber *hot*?

- *Sea Attraction*
  Sea Attraction? »Leg den mal ein«, ich gebe L. die Sea Attraction. »Ein Unterwasserfilm?«

Es ist kein Unterwasserfilm. *Sea Attraction* hat nichts, aber auch gar nichts mit dem Ozean, Meerestieren oder Wasser zu tun. Er handelt von einer Frau, die keine Kleider hat, und ihrer Beziehung zu zwei jungen Männern, die sie das vergessen machen wollen. Die Dialoge erinnern in ihrer ebenso surrealen wie minimalistischen Machart an den frühen französischen Film:

Er: »Warum liegt hier Stroh?«

Sie: »Warum hast du eine Maske auf?«

Er: »Ja, dann blas mir doch einen!«

Während die Videoprojektion von *Sea Attraction* auf der Wand flimmert, stürzen wir noch ein Glas Champagner hinunter. Für meinen Geschmack sind die Genitalien der Schauspieler ein bisschen zu nah und zu groß.

»Ich habe gerade in ein Arschloch geblickt, das war so groß wie mein Kopf«, ich sehe L. flehend an. Der verfolgt das Geschehen auf der Wand mit dieser Mischung aus Ekel und Faszination, mit der man als Kinder tote Tiere untersucht hat.

»Frühstück bei Tiffany?«, schlägt er vor. Besser. Viel besser. Während Audrey Hepburn mit meiner Sonnenbrille vor Tiffanys steht, überlegen wir, welche Filme das Hotel sich anschaffen sollte. Wir kommen auf:

- *Angel Heart*

- *9 ½ Wochen*

- *Bilitis*

- *Der letzte Tango in Paris*

»Vielleicht *Die Ritter der Kokosnuss?*«, schlägt L. vor, »Ja, oder *Die Wüste lebt*«, sage ich und lasse meine Zehen durch den Sand krabbeln, auf L.s Liege zu. Der dreht sich auf den Bauch und steckt seinen Arm in den Sand. Dann hebt er die Hand aus dem Sand, öffnet die Finger und sagt mit Grabesstimme: »Oder *Dune, der Wüstenplanet*«, und seine Hand verschlingt meine armen Krabbler. Und dann spielen wir noch einmal gemischter Salat. Einen gut gewaschenen, aber dennoch sehr sandigen, gemischten Salat.

Am nächsten Morgen bin ich dann endgültig überzeugt von dem Hotel. Ich bestelle ein weiches Ei. Meiner Meinung nach kann man die Klasse eines Hotels sehr leicht an seinem Frühstücksei erkennen. Es gibt:

1. Hotels, die gar kein Frühstücksei haben.

2. Hotels, die in einem Warmhalter Rührei mit glasigem Speck anbieten, das von der Fünf-Uhr-Schicht vorbereitet wurde.

3. Hotels, die einen großen Korb mit gekochten, harten Eiern auf dem Frühstücksbüffet stehen haben. Forschungen zufolge hat das Hotel Principessa in Barcelona diesen Korb nicht einmal beim 15-jährigen Bestehen des Hotels ausgewechselt.

4. Hotels, in denen man ein weiches Ei bei der Bedienung bestellen kann, die dann ein hartes Ei bringt. Auch wegen der Salmonellen.

5. Und dann gibt es Hotels, in denen ist das Ei perfekt. So ist das weiche Ei im Hotel Q.

Falls Sie gewillt sind, sich und Ihrem Herzstück etwas Besonderes zu bieten, nur zu. Meinen Segen haben Sie. Die besondere Stimmung und ein schönes Ambiente, der Luxus und der Champagner, das macht alles zusammen schon einen Reiz aus, den ich so zu Hause nicht hinbekomme. L. und mir hat es ganz wunderbar gefallen, auch wenn ich jetzt ein Problem habe: L. will jetzt einen eigenen Sandraum. Und die würzigen Nüsse will er auch.

STRIP, STRIP, HURRA!

Ich hätte es nie für möglich gehalten, dass ich jemals in meinem Leben auf allen vieren und lediglich mit Unterwäsche, Strapsen und Pumps bekleidet auf einen Tanzlehrer zukriechen würde. Ich krieche auch vollständig angezogen selten auf jemanden zu. Aber jetzt tue ich es. Und das kam so:

Was haben Salma Hayek, Britney Spears, Natalie Portman, Lindsay Lohan und ich gemeinsam? Wir können strippen! Beziehungsweise die genannten Damen haben den Strip-Unterricht schon hinter sich, ich habe ihn noch vor mir. Seien wir ehrlich: Ausziehen kann sich jeder, es sieht nur selten gut aus. Immer wenn L. mir abends im Schlafzimmer den Rücken zudreht, seine Hose und Unterhose gleichzeitig runterzieht und sich dann bückt, um aus den Socken zu schlüpfen, kommt mir das wieder in den Sinn.

Bei mir sieht das nicht viel besser aus. Wenn man nicht gerade ein luftiges Kleid anhat, ist das Entledigen der Kleidung einfach mit einem krummen Buckel und Hüpfen auf einem Bein verbunden. Aber jetzt wird alles anders. Der Meister wird das in Ordnung bringen und mich professionell in der tänzerischen Verführungskunst des Auskleidens ausbilden. Der Meister, das ist der einzige offizielle deutsche Chippendales-Tänzer. Er tourte mit der legendären Truppe durch die USA und hatte Auftritte in Los Angeles und Las Vegas. Er entwickelte eine eigene Strip-Show, in der er am Schluss in Flammen aufgeht und über eine Minute lang auf der Bühne brennt.[53] Er ist mehrfacher Europameister, Striptease-Trainer, Ego-Coach, Stuntman und Ziegenbartträger: Thomas Hoffmann. In einem Gruppenkurs werde ich an zwei Tagen à drei Stunden lernen, mich hübsch zu entblättern. Und zwar in seiner:

In meiner Gruppe sind sechs Mitschülerinnen, der Chippendale und ich. Das wird was. Zu meiner großen Erleichterung lese ich auf der Internetseite, dass ich mich nicht komplett nackig machen muss, sondern alle ziehen doppelt Unterwäsche an. Der Meister sagt, ich soll Folgendes mitbringen:

- Hosenanzug mit Bluse, Gürtel und Krawatte, Hut, wenn vorhanden

- hohe Schuhe

- kurzer Wickelrock, Pareo oder Schal (oder Seidentuch), der um die Hüfte passt

---

53 Bei einem Auftritt bei einem großen Bikertreffen erntete er von dem männlichen Zuschauern Buhrufe und Pfiffe. Ein Mann, der sich auszog, kam bei denen nicht so gut an. Die Stimmung schlug schlagartig um, als er in Flammen aufging, da wurde geklatscht und gejubelt. Yeah, der Stripper brennt.

- doppelte Unterwäsche (insgesamt 2 Tangas, 1 Panty, 2 BHs), halterlose Strümpfe, Strapsgürtel

- Handtuch

Das Handtuch ist kein Problem, das habe ich. Panty muss ich kurz im Internet nachschauen, was das noch gleich ist. Breite Unterhosen, alles klar. Bei den kurzen Wickelröcken hingegen, da sieht es ganz schlecht aus. Frauen mit der Problemzone Bein haben keine kurzen Wickelröcke. Vielleicht das Strandtuch aus Thailand? Und mit der Unterwäsche ist das so eine Sache – die sehen ja dann alle. Ich gehe im Kopf meine einzigen zwei Tangas durch: den beigefarbenen ausgeleierten oder lieber den mit dem Snoopy drauf? Herrje. Na, egal, Snoopy muss herhalten. Dann wird der Chippendale halt blind.

Morgen geht es los und falls außer mir nur 18-jährige Hühner ohne Cellulitis auftauchen, simuliere ich einen Migräneanfall. Ich sollte mir auch dringend vorher die Beine rasieren – die feinen Härchen am Po sieht man doch hoffentlich nicht? Ich mache die Probe mit dem (der?) Panty vor dem Spiegel: Man sieht sie doch. Das ist das Problem mit dunklen Haaren. Kurz darauf liege ich bäuchlings auf einem Handtuch im Bad, den Hintern eingeschmiert mit hellblauer Aufhellcreme. Ob Salma Hayek auch manchmal mit Aufhellcreme auf dem Po im Bad liegt? *Was tut man nicht alles*, denke ich und grolle dem zukünftigen Striplehrer, als sei er schuld an meinem brennenden Hinterteil. Und wie ich so schlecht gelaunt auf dem Badezimmerboden liege, drängt sich mir noch ein Problem auf: Wie verliere ich bis morgen fünf Kilo? Meine Freundin Birgit empfiehlt mir, mich in Frischhaltefolie einzuwickeln. »Da schwitzt man drunter alles weg«, meint sie. Ich habe das überprüft, das stimmt nicht. Man schwitzt nur, von »weg« kann nicht die Rede sein.

Ich habe die fünf Kilo nicht rechtzeitig verloren. Sie stehen mit mir in dem Tanzraum eines Tanzstudios vor der Spiegelwand und bangen der Dinge, die da kommen. Gekommen sind dann sechs ganz normale Frauen. Das war die große Überraschung, die waren total normal! Nur eine von ihnen hatte ein Sonnenstudio und sah auch so aus. Ich hatte einen Haufen älterer Hausfrauen erwartet, die, in einem letzten Versuch, ihre Ehe zu retten, ein trauriges Häufchen formen. Oder sechs Sonnenstudiobetreiberinnen. Waren wir aber nicht. Wir waren:

1. Daniela, 37 Jahre, Bankberaterin

2. Monika, 30, Betreiberin eines Sonnenstudios

3. Kathrin, 24, Physiotherapeutin

4. Eva, 40, Bankerin, Fachbereich Beratung Firmenkunden

5. Miriam, 38, Marketingleiterin

6. Ramona, 29, SAP-Beraterin

7. Ich, 30, Werbefuzzi

Und der Meister. Zu meiner Erleichterung ist er nicht groß, nicht muskelbepackt und hat sein Hemd nicht bis zum Nabel offen. Er hat blitzblaue, freundliche Augen, ein sehr sauber gestutztes Ziegenbärtchen und stellt sich als Thomas vor. Es gibt ja so Berufsgruppen, die sehen ganz speziell aus. Tanzlehrer zum Beispiel. Und Turniertänzer. Die Zähne sind sehr weiß, die Haare sehr schwarz und die Haut eine Spur zu dunkel. Thomas ist ein kleines bisschen auch so. Aber nur ein bisschen.

Mit Freuden sehe ich dort, wo ein Sixpack sein sollte, ein bisschen Speck um die Mitte. Er ist das Monchichi unter den Chippendales. Das macht es leichter. Wenn ich mir vorstelle, ich stünde vor einem Brad-Pitt-Lehrer in meiner Snoopy-Unterwäsche, müsste ich sofort mit dem Migräneanfall anfangen.

Zunächst sind wir aber alle noch in Klamotten und machen einen Stuhlkreis. Es wird sich vorgestellt. Jede sagt ihren Namen und warum sie das hier macht. Eine möchte ihrem Freund zum Geburtstag etwas Besonderes schenken, die Nächste will ihren Verlobten in der Hochzeitsnacht überraschen. Eine ist Single und wollte etwas »für sich« machen, aber kein Jodeldiplom, ihre Freundin kommt aus Neugier mit. Und warum bin ich noch gleich hier? Damit L. aus den Latschen kippt. Weil er nie auf die Idee kommen würde, dass ich so etwas mache. Die Sonnenstudiobetreiberin hat den Kurs von ihrem Mann geschenkt bekommen. Unser Thomas erzählt uns Schwänke aus seinem Stripper-Leben, versucht uns aus der Anspannung herauszurudern und wir lachen alle etwas zu viel. Zum Glück kennt Thomas auch die klassische Schwipsmethode und hat eine übergroße Sektflasche bereitgestellt. Wir schütten den Alkohol in uns rein und ich frage, ob noch jemand einen Snoopy-Tanga dabei hat. Hat niemand. Ich gieße mir noch ein Glas ein. Thomas stellt sich einen Stuhl in die Mitte und sagt: »Jetzt kommt bitte einzeln auf mich zu.«

Kein Problem, denke ich, das kann ich. Kurz darauf erfahre ich, dass ich das nicht kann. Ich muss die Füße mehr in eine gerade Linie setzen, die Schulter diagonal dazu bewegen. Die Hände auf die Hüften legen. »Und jetzt kommt bitte auf mich zu, seht mich sexy an und macht euren momentanen Hüftschwung[54], wenn ihr vor mir steht.« Und ich stehe als Erste in der Reihe. Das ist mein

---

54 Der *momentane* Hüftschwung ist der Hüftschwung vor dem professionellen Eingreifen von Thomas.

Moment der Wahrheit. Hier stehe ich vor meiner ganz persönlichen Hemmschwelle. Der Blick von sechs Frauen und einem Chippendale-Monchichi ruhen auf mir, ich möchte sterben. Und dann gehe ich los. Zu meinem Schutz habe ich noch ein ironisches Lächeln im Gesicht, das heißt, ich lasse nicht ganz die Hosen runter. Bildlich gesprochen. Allen anderen geht es genauso, es wird gekichert und gegrinst, nur die Sonnenstudiotante setzt ein Gesicht auf, als wenn sie gleich sagen würde: Ruf! Mich! An!

Wir lernen Drehungen und Schrittfolgen und welche Musik sich für einen Striptease eignet. Die Frage nach der Musik war auch die allererste Frage, die alle Freundinnen gestellt haben, denen ich vom Kurs erzählt habe: »Und? You can leave your hat on?« Nein. Unser Striptease wird zwei Lieder lang dauern, wir haben als erstes Lied *Feeling Good* von Michael Bublé und anschließend *Sexual Healing* von Sarah Connor.[55]

Fast ist es so, als hätten wir ganz normalen Tanzunterricht. Schrittfolgen, Drehungen, nur die parallel aufgestellten Stühle, die wir alle antanzen und auf denen unser imaginärer Zuschauer sitzt, erinnern entfernt an einen Strip. Eventuell auch unsere Hände, die während unserer verbesserten Hüftschwünge über unsere Körper streichen, aber hey: Wer sich noch an Lambada erinnern kann, das war zehnmal sexueller. Wir gackern und glucksen und es ist ein bisschen wie in einer Schulklasse früher. Es sind auch alle Typen von damals wieder vertreten: Es gibt die Unscheinbare, die Schöne, die Streberin, einen Klassenkasperl, die Pickelige, es ist alles dabei. Man findet sofort die eine, die eine beste Freundin werden könnte, und eine Gans, die man gemeinsam hassen kann.

---

55 Die Musikauswahl kann einem jetzt gefallen oder nicht, ich verlasse mich da völlig auf den Erfahrungsschatz von unserem Chippendale, der sagt: »Es ist total egal, ob euer Freund den Song mag oder nicht. Er bemerkt ihn eh nicht.«

Am nächsten Tag werden unsere Schrittfolgen, Drehungen und Wendungen zu einem Ganzen zusammengesetzt. Eine Choreografie ist fertig. Und es kommt der Moment, in dem unser Chippendale sagt: »Zeit zum Umziehen!«

Snoopy, jetzt wird's ernst, denke ich und ziehe Jeans und T-Shirt aus, die doppelte Wäsche habe ich schon an. Keine von uns geht in die Umkleide, wir ziehen uns in einer Ecke des Tanzraums um (aus). Wer zusammen einen Stripkurs belegt, sollte sich nicht genieren. Mein Problem: Meine Strip-Kollegin Daniela hat mir zwar halterlose Strümpfe geliehen, aber ich habe keinen Strapsgürtel. Zum Glück rechnet Thomas immer mit so Blindgängern im Dessousbereich und hat einen in Reserve. Das bringt mich direkt zum nächsten Problem: Ich kriege die Verschlüsse von dem Mistding nicht zu. Also die vier Spangen, die an den Strümpfen festgemacht werden. Wahrscheinlich ist die Spitzenbordüre vom Strumpf zu dick oder so was. Schließlich knien Daniela, Eva, Kathrin und der Chippendale zu meinen Füßen und versuchen sich jeder an einem Verschluss. *Jetzt nur nicht pupsen.* Das ist ein befremdliches Gefühl, wenn man da so in Unterwäsche steht und von oben zusieht, wie Leute, deren Nachnamen man nicht kennt, an einem rumfriemeln. Vor allem mit dem Wissen, dass die Beinrasur gestern lauter kleine rote Punkte auf meiner Haut hinterlassen hat. So wie ein Huhn nach dem Rupfen. In diesem Moment schaue ich kurz auf und sehe uns in der Spiegelwand. *Das wäre was fürs Fotoalbum,* kommt mir kurz in den Sinn.

Schließlich, komplett angezogen, mit Anzug, Krawatte und Hut, stehen wir herum wie ein verrückter Haufen Blues-Brothers-Fans. Wir machen uns wieder an die Choreografie, nur diesmal mit dem Unterschied, dass tatsächlich die Kleidungsstücke fallen. Ich lerne: Alle Klamotten werden in eine Richtung geworfen, nämlich nach rechts. So will es die Choreografie. Da wir alle nebeneinander in einer Reihe stehen ist *rechts* da, wo Daniela steht. Die muss ein bisschen aufpassen, dass sie nicht von einer fliegenden Gürtelschnalle erschlagen wird. Und wie wir da in Unterwäsche und hohen Hacken um unsere Stühle herum filieren, fällt mir auf, dass es überhaupt nicht unangenehm ist. Ich weiß nicht, wie unser Chippendale das gemacht hat, aber keine der sieben aufgestrapsten Frauen kommt sich blöd vor. In keinem Moment haben wir das Gefühl, von einem Mann betrachtet zu werden. Obwohl er sich abwechselnd auf die Stühle setzt und genau guckt, um sofort mit sicherem Blick zu korrigieren. Es ist so unverfänglich, wie vor einem Bademeister zu stehen oder vor einem Physiotherapeuten. Nur das Vokabular ist anders: »Du musst während des Hüftschwungs links mehr über deine Brust fahren« – das muss man erst mal hinbekommen, dass das nicht blöd klingt.

In so einer Situation kommt es dann dazu: Thomas sitzt gerade auf meinem Stuhl und sieht mir zu, als just der Part kommt, in dem man im Tigergang, also auf allen vieren, auf den Typen zuschleicht. Ich schleiche also in Unterwäsche auf allen vieren auf Thomas zu und denke: *Das glaubt mir zu Hause kein Mensch. Wenn ich das Jana erzähle, stirbt sie vor Lachen.* Ich treffe mich später mit Jana in einem neu eröffneten schicken Restaurant und an dem Abend prustet sie einen vollen Schluck Rotwein in einem perfekten Bogen über den Restauranttisch an die Brokattapete dahinter. Das ist an der Stelle, als ich ihr erzähle, wie ich nur in BH, Unterhose, Strapsen und auf hohen Schuhen zur Toilette wollte. Ich ging den Gang entlang und merkte auf halbem Weg, dass im Tanzraum nebenan gerade eine Hip-Hop-Klasse übte. Und dass die eine Glaswand zum Gang hatten.

Zum Abschluss bilden wir Zweiergrüppchen, eine setzt sich auf den Stuhl, das andere performt. »Weil das ganz gut ist, wenn man das einmal aus der Rolle des Zuschauers sieht«, sagt Thomas. Recht hat er. Als ich auf dem Stuhl sitze, merke ich: Daniela hat tolle Beine. Und ich merke auch: Wenn das nicht perfekt sitzt, schämt man sich fremd. Als Daniela nach vollendetem Striptease nur noch mit ihrem Unten-drunter-Tanga vor mir steht, stelle ich fest, dass der so gut wie durchsichtig ist: »Du bist ja nackig!«

Aber sie beruhigt mich: »Du bist ja mein Mann.« Ach so.

Ich resümiere:

• Strippende Frauen: 7

• Spaßfaktor von 1 bis 10: 8,5

• Arschgeweihe: 1 (die Physiotherapeutin)

• Snoopy-Tangas: 1 (ich)

Zum Schluss bekommen wir eine Urkunde (golden), eine CD mit den beiden Liedern und: eine ausgedruckte Abfolge der Choreografie, einen Spicker sozusagen. »*Intro, Jacke, Drehung, Hut, Krawatte, Bluse, tanzen, Stuhl, Gürtel, Schuhe ... Intro, Jacke, Drehung, Hut, Krawatte, Bluse, tanzen, Stuhl, Gürtel, Schuhe ...*«, rezitiere ich leise auf der Heimfahrt in der U-Bahn den ersten Teil der Choreografie vor mich hin.

Bis mich ein Mann anspricht. Er ist nicht unattraktiv und ganz nett, wir unterhalten uns ein bisschen. Er ist über das Wochenende in der Stadt, weil er an einem Kongress teilnimmt. »Ich bin das Wochenende über hier, weil ich an einem Gruppenstripkurs teilnehme«, entgegne ich freundlich. »Schön«, sagt der Mann und spricht kein Wort mehr, bis ich aussteige.

Als ich nach Hause komme, grinst mich L. bis über beide Ohren an. L. hat von meinem Vorhaben leider Wind bekommen. Wir sind in einem Stadium in unserer Beziehung, wo es auffällt, wenn einer von uns mit Reizwäsche drunter aus dem Haus geht und ein paar Stunden wegbleibt. Ich habe L. gesagt, dass ich erst noch üben muss. Zwei Wochen ungefähr, rät der Chippendale. Zum einen stimmt das, bis jetzt falle ich an der Stelle, wo man aus der Hose steigt, immer noch fast auf den Hintern, zum anderen erhöht Warten die Spannung. L. ist aber ziemlich entspannt, nur manchmal summt er leise das Intro von *You can leave your hat on*.

Das mit dem Üben hat sich als ziemlich kompliziert herausgestellt. L. und ich sind zu ähnlichen Zeiten zu Hause und der einzige Raum, in dem ich genügend Platz habe, ist das Wohnzimmer. Das Problem ist, dass L. keine Lust hat, an seinem Feierabend auf dem Bett zu sitzen und zu warten, bis ich mit Üben fertig bin. Leider. Wir haben uns darauf geeinigt, dass er an zwei Tagen in der Woche abends mit Markus ein Bier trinken geht. Dazu kommt ein Abend Ju-Jutsu-Training, dann habe ich schon an drei Abenden das Wohnzimmer für mich. Da kann ich einen Stuhl aufstellen und zwischen dem Fernseher und diesem aus drei Stämmen geflochtenen Baum von Ikea noch bequem 3 Meter vor dem Stuhl auf und ab gehen. Unglücklicherweise habe ich den blöden Baum während einer Drehung mit gestrecktem Arm umgeschmissen, woraufhin der schöne Übertopf zerbrochen ist. Am Ende meiner Übungsabende bin ich fix und fertig. Allein, bis ich vor jedem Durchgang den ganzen Dessouskrempel wieder angezogen habe, versagt mir schon das Deo. Nach einem solchen Abend treffe ich am nächsten Morgen im Treppenhaus Frau Kollerbauer, eine alleinerziehende Übermutter, die unter uns wohnt. Mit einem Kind an der Hand und einem etwas kleineren auf dem Arm fängt sie mich in der Haustür stehend ab: »Haben Sie wohl auch endlich ein Kind? Das hört sich nämlich so an, abends.« Blöde Gans. »Nein, ich übe Striptease für meinen Mann. Haben Sie neuerdings auch einen? Dann könnte ich Ihnen das zeigen.« Ist doch wahr.

Nach dreimal Üben halte ich es nicht mehr aus. Ich muss das jetzt herzeigen. Der Abend, an dem meine Vorführung startet, ist ein Donnerstag. Am Donnerstag komme ich früher nach Hause und kann mich noch in Schale werfen. Den Snoopy-Tanga habe ich eingetauscht gegen einen schwarzen, seidigen Spitzentanga. Es ist das schönste und teuerste Wäschestück, das ich je besessen habe. Colette von Janet Reger, 48 Euro. Unfassbar, wie viel Geld so wenig Stoff kosten kann. Dafür hat es einen eigenen Vornamen. Ich schminke mich und warte in voller Anzug-Krawatte-Hut-Montur in der Küche auf L. Das Licht im Wohnzimmer ist gedimmt, die CD ist eingelegt und ich überlege einen Moment, ob ich nicht das Rauchen wieder anfangen soll. *Intro, Jacke, Drehung, Hut, Krawatte, Bluse, tanzen, Stuhl, Gürtel, Schuhe* … ich komme mir vor wie kurz vor einer Lateinprüfung: *video, vides, videt, videmus* …

Gemäß der klassischen Schwipsmethode und dem Leitsatz *Kein Alkohol ist auch keine Lösung* habe ich ein gutes Drittel der Cava-Flasche bereits hinter beziehungsweise in mir, als ich den Schlüssel in der Tür höre. Ich lehne mich an unsere Küchenwand und lächle möglichst sexy unter meinem Hut heraus. L. bleibt in der Tür stehen und sieht mich einen Moment nur an. Dann fängt er leise und ganz langsam an das Intro von *You can leave your hat on* zu summen. Und grinst. Ich muss auch grinsen und nehme ihn an der Hand mit ins Wohnzimmer. Als L. auf dem Stuhl sitzt und die Musik startet, stehe ich breitbeinig vor ihm und fange an, mich in den Hüften zu wiegen. *Wenn er lacht, bring ich ihn um*, denke ich und dann: *Intro, Jacke, Drehung, Hut, Krawatte* … oder war es: *Intro, Jacke, Krawatte, Hut, tanzen* …Gut, dass ich mir in alter Prüfungstradition die Reihenfolge auf die Handinnenfläche geschrieben habe. Ich

drehe mich einmal langsam, dabei kann ich spicken. Jetzt kommt
der Gürtel, alles klar. Ich halte ihn an der Schnalle fest und ziehe ihn aus der Hose. Dann knalle ich ihn wie eine Peitsche mit
einem Ende auf den Boden und ziehe ihn mir um den Hals. Als
ich ein Ende durch die Schnalle fädle und mit einem Ruck zu-
ziehe, vergesse ich leider, die andere Hand zwischen Gürtel und
Hals zu legen und stranguliere mich deshalb ein bisschen, was
meinem sexy Gesichtsausdruck schadet. Aber ich schaffe es, die
Hose loszuwerden, ohne auf den Hintern zu fallen. Nur beim
Wegwerfen hat sie etwas zu viel Schwung und fegt die Kopfhörer
von L. vom Couchtisch, woraufhin L. zusammenzuckt. Während
des nächsten Parts, bei dem ich in Unterwäsche und auf allen
vieren auf ihn zukrieche, vermeine ich, so etwas wie Angst in
seinen Augen zu sehen.

Am Ende meiner Choreografie sitze ich nackt auf L.s Schoß
und küsse ihn. Die Musik läuft noch weiter, ich war wohl etwas
zu schnell. Zögerlich legt L. seine Arme um mich, als befürchte
er, ich hätte den Gürtel noch hinter dem Rücken versteckt und
schlage gleich wieder irgendwohin damit. »Wie fandest du es?«,
das muss ich jetzt wissen, knutschen kann ich später. L. windet
sich etwas und sucht nach Worten. »Schon schön«, sagt er, und
dann Sachen wie ... *noch kein Meister vom Himmel gefallen ... hat dir der
Gürtel wehgetan ?... trotzdem ganz wunderbar ... meine Kopfhörer ...* Und
ich merke, wie eine Welle Selbstmitleid und Scham von meinem
Bauch nach oben klettert, um mir als Wasser in die Augen zu steigen. Flupp, da ist das erste Tränchen. Erst jetzt komme ich mir
wirklich nackt vor und ich mache mich ganz klein auf L.s Schoß,
während ich ihm mit der rechten in die Seite haue. Er schunkelt
mich ein bisschen und erträgt meine Hiebe heroisch. Er streichelt
mir über die nasse Wange und legt seinen Kopf an meinen. Wie
ein kleines Kind trägt er mich ins dunkle Schlafzimmer und legt
mich auf dem Bett ab. Er deckt mich zu, drückt mir einen Kuss

auf die Stirn und verschwindet im Wohnzimmer. Von dort fällt Licht ins Schlafzimmer und während ich kräftig den Rotz hochziehe, höre ich die ersten Klänge von Michael Bublés *Feeling Good*, das ist das Intro von meinem ersten Strip-Lied! Und in der Tür erscheint: L.

Er lehnt im Türrahmen mit Hut auf dem Kopf und mit einer Krawatte, schnell umgebunden. Er steht kurz still und fängt dann an, langsam zu tanzen. Der Hut fliegt in die Ecke und mit dem Rücken zu mir knöpft er, langsam die Hüfte wiegend, sein Hemd auf. Die Musik spitzt sich zu und mit dem nächsten *Pow!* im Lied dreht er sich zu mir um und reißt sich das Hemd von den Schultern. Er lacht mich an und kommt auf mich zu, die Hände ausgestreckt: Er hat vergessen, die Manschettenknöpfe vorher zu öffnen. Ich muss lachen und als er sich die Jeans aufknöpft, fange ich an zu johlen und zu klatschen. Ungelenk steigt er aus der Hose und lässt sie wie ein Lasso über sich kreisen, sie fliegt ins Wohnzimmer, wo irgendetwas scheppernd zu Boden fällt. In Unterhose, Socken und mit der Krawatte um den Hals kommt L. auf allen vieren über den Boden auf mich zu und kniet schließlich vor mir im Bett. Er wird wahrscheinlich kein Chippendale werden, sein Musikgefühl ist unter aller Kanone und sein Hüftkreisen wird auch keinen Preis gewinnen. Aber in diesem Moment fließe ich fast über vor Liebe.

APHRODISIAKA

»Nich' lang schnacken, Kopp in' Nacken«, lallt Jana, als wir uns zuprosten. Dabei legen wir die Köpfe nach hinten und nuckeln an den kleinen braunen Glasfläschchen, auf denen *Spanish Secrets* steht. Wir sitzen an der Theke der Bar Vermont. Zu den kleinen braunen Fläschchen gibt es Mojitos, die hier ganz hervorragend sind.

»Ich kann es nicht fassen, dass L. sich so anstellt«, sage ich und stochere mit dem Strohhalm im Eis herum. Am Nachmittag zuvor war das Paket eines bekannten deutschen Erotikversands angekommen. Während L. abends in der Küche kochte, öffnete ich eine Flasche guten Wein, stellte zwei Gläser auf den Tisch und neben jedes Glas ein Fläschchen *Spanish Secrets*. L. nippte am Wein und übersah die Fläschchen. Das ist typisch Mann, oder? Es ist kein Fußball, es ist kein Bier, es ist nicht nackt, also ist es unsichtbar.

L. wollte *Spanish Secrets* nicht probieren. Weil, wie er mir erklärte, diese höchstens homöopathische Menge an Wirkstoff eh nicht wirke, sonst wäre das *Secret* in Deutschland nicht zugelassen. Und er nehme generell nichts, das im Verhältnis 1 Tropfen zu 25 Schwimmbecken verdünnt sei, da sei er allergisch drauf. Meine prima Idee, dann eben nicht die vorgeschriebene Menge, sondern eine komplette 100-Milliliter-Flasche zu trinken, fand er auch nicht gut. L. ist nämlich unser Sicherheitsbeauftragter und, was seine Gesundheit angeht, ein Schisser. Er hat unter dem Artikel *Spanische Fliege*[56] im Onlinelexikon Wikipedia folgenden Satz gefunden:

Bei Überdosierungen kann das Zentralnervensystem angegriffen werden. In Extremfällen kommt es innerhalb von zwölf Stunden zum Tod durch Lebervergiftung, Kreislaufkollaps und Nierenversagen. Daher wurde die Spanische Fliege in der Vergangenheit auch als Tötungsgift bei Hinrichtungen und für heimliche Mordanschläge verwendet.

Damit war für L. das Thema erledigt. Der darauffolgende Satz, der davon handelt, dass die in Deutschland erhältlichen Präparate unbedenklich sind, interessierte ihn nicht mehr. Keine Tinktur aus einem Erotikfachhandel mit einem *Spanisch* im Namen würde die L.'schen Lippen je berühren. Sie berührte dafür Janas und meine Lippen. Wir gingen für unseren Sinnesrausch in die Bar Vermont, weil L. sonst alle paar Minuten nachgesehen hätte, ob wir schon an Nierenversagen gestorben wären. Außerdem bilden die Wörter *Bar*, *Cocktails* und *Spanish Secrets* in meinem Kopf eine logische Kette.

Beim ersten Mojitos tröpfeln wir das Liebeselixier noch hinter vorgehaltener Hand in unsere Gläser. Kurz nach dem zweiten Mojito pulen wir mit meinem Wohnungsschlüssel dieses blöde weiße Plastikding vom Flaschenhals, aus dem immer nur kleine Tröpfchen kommen. Nach dem dritten Mojito geht das spanische Geheimnis auf ex. »Olé!«, ruft Jana und bestellt uns noch einen Cocktail.

---

56 Das Tier *Spanische Fliege* ist übrigens ein grünlicher Käfer aus der Familie der Ölkäfer. Das bekannte Potenzmittel besteht aus gemahlenen Käfern und ist in geringen Dosen tödlich. Der Wirkstoff, das Cantharidin, ist ein Gift, das die Harnwege reizt, was zu einer Erektion führen soll. Au. Die Mittelchen mit der Aufschrift *Spanische Fliege* enthalten das Cantharidin aber tatsächlich nur in homöopathischer Dosis und sind ungefährlich.

Am anderen Ende der gut gefüllten Bar stehen zwei Männer, die immer wieder in unsere Richtung schielen. »Der mit der Hornbrille ist ja niedlich«, Jana beugt sich etwas nach vorne und rutscht fast vom Barhocker. Der mit der Hornbrille und sein Kumpel stehen keine zehn Minuten später scheinbar zufällig neben uns am Tresen. Der mit der Hornbrille sieht wirklich ganz nett aus, ich kann das immer erst aus der Nähe beurteilen, wegen einer klitzekleinen Kurzsichtigkeit, die mich zu Singlezeiten ab und zu in Teufels Küche gebracht hat. Gerade als Jana mir zublinzelt und sich langsam mit ihrem schönsten Blick zu den Jungs umdreht, bleiben die beiden mit ihren Augen an unseren *Spanish Secrets*-Fläschchen hängen. Und verschwinden. »Das darf doch nicht wahr sein«, Jana setzt ihr empörtes Gesicht auf. Nein, das darf es wirklich nicht. Ist es möglich, dass die Herren sich von zwei kleinen Fläschchen Liebestropfen einschüchtern lassen? Befürchten sie, wir würden uns in männerfressende Sexmonster verwandeln? Sind sie verschreckt von starken Frauen, die sie vielleicht fordern? Fühlen sie sich von der weiblichen Lust bedroht?

»Wahrscheinlich dachten sie, ihr habt einen Knall«, überlegte L. am nächsten Morgen. »Und, nicht dass es mich stören würde, aber warum schläft Jana eigentlich auf unserem Sofa?« Stimmt, das habe ich mit meinem Brummschädel ja völlig vergessen. »Ihr war nach dem vierten Mojito furchtbar schlecht und sie hatte Angst, an Nierenversagen zu sterben, wegen der Tropfen.«

»Die Gefahr ist noch nicht vorüber«, tönt es aus dem Wohnzimmer und meine zerknautschte Freundin erscheint im Türrahmen.

»Dann bereite ich den Damen einen extrastarken Kaffee und vielleicht Eier mit Speck?«, fragt L. Habe ich schon erwähnt, dass ich mit L. das ganz große Los gezogen habe? Jana lässt sich auf einen Küchenstuhl plumpsen. »Das wäre toll«, seufzt Jana. »Du bist mir wie eine Mutter ohne Brust.«

»Eigentlich eine Frechheit, dass die behaupten dürfen, das Zeug würde wirken«, finde ich und blättere durch den Katalog des Erotikversands. »Ja, aber stell dir vor, das hier würde tatsächlich funktionieren«, antwortet Jana und zeigt auf ein Produkt namens *Hard Rock*. Das verspricht einen längeren und dickeren Penis über Nacht. 30 Pillen, 30 Euro, auch als Creme erhältlich. Ich blättere zu den Produkten für Frauen und da ist die Entsprechung: Der *Boobs Booster*, ein Gel, das die Brüste innerhalb weniger Minuten voller und fester macht. Außerdem gibt es Pheromonsprays, Haarwuchsmittel und Orgasmusbeschleuniger für Frauen sowie herauszögernde Mittelchen für Männer. Cellulitis, Übergewicht, kein Problem mehr, für alles gibt es die perfekte Pille. Es ist fast ein Wunder, dass sie kein Spray gegen Aids, Krebs und die Klimaerwärmung im Angebot haben. Das Allerschlimmste ist, dass ich weiß, dass das Käse ist, aber mein allerdunkelstes und geheimstes Hinter-Ich würde das eine oder andere gerne probieren. Das Cellulitegel nämlich. So. Jetzt ist es raus. Und ich stehe offensichtlich nicht alleine da, es scheint ja einen Markt zu geben für *Rock Hard* und den *Boobs Booster.* Ich habe mich schon oft gefragt, ob wir da alle ein Loch in der Ratio haben oder warum man sonst gerne auf so einen schreienden Unsinn hereinfallen möchte. Vielleicht liegt es daran, dass die Realität den *Boobs Booster* an Absurdität bei Weitem übertrifft. Vor Jahren machte eine Meldung die Runde, das US-Verteidigungsministerium habe sich mit der Idee eines Labors der US-Luftwaffe in Ohio beschäftigt, das ein starkes Aphrodisiakum als Waffe entwickeln wolle. Die *»Schwulenbombe«* sollte die feindlichen Truppen zu homosexuellen Handlungen anregen. Make love, not war, sozusagen. Was wie eine Monty-Python-Story klingt, ist aber tatsächlich wahr. Die Idee wurde zusammen mit einigen anderen kuriosen Ideen zwar verworfen, erhielt aber zumindest den Ig-Nobelpreis.[57] Seien wir ehrlich, was ist wahrscheinlicher: eine Schwulenbombe der US-Regierung, die Heterosoldaten verleitet, sich gegenseitig in die Arme zu fallen, oder ein Gel, das Cellulite verschwinden lässt?

Nach dem Misserfolg der *Spanish Secrets* lege ich die Pillen und Wässerchen aus den Erotikkatalogen und Versandgeschäften ad acta, das hat gar nicht funktioniert. Lebensmitteln hingegen wird ja immer mal wieder Unsittliches nachgesagt. Ich finde im Internet eine Liste mit dem heißen Stoff:

Granatapfel, Feigen, Sellerie, Artischocken, Fenchel, Kaviar, Jakobsmuscheln, Austern, Spargel, Avocado, Zwiebeln und Knoblauch, außerdem Chili, Pfeffer, Paprika, Ingwer und Muskatnuss. Das ist ja eine bezaubernde Mischung. Ich habe schon oft Artischocken gegessen, aber ich habe noch nie das letzte Artischockenblättchen in die Ecke geschmissen, um L. ins Bett zu ziehen. Aber ich kann es mir schon denken: Das ist wieder so eine homöopathische Sache. Man müsste zwei Tonnen Artischocken essen, um ein leichtes Kribbeln zu verspüren. Während man sich übergibt, weil man zwei Tonnen Artischocken gegessen hat.

Ich will das ausprobieren – und zwar ganz oder gar nicht. Von ein bisschen mehr Zwiebel im Hack wird noch keiner wuschig. Da essen wir eben die ganze Liste auf einmal. Irgendeine Art von Abendessen wird man daraus schon zubereiten können. In meinem Internet stehen auch tatsächlich Gerichte und Rezepte, in denen ich jede Zutat unterkriege. Es wird geben:

---

57 Die renommierte Harvard-Universität verleiht jedes Jahr eine satirische Entsprechung des Nobelpreises an besonders abwegige, absurde oder unnütze wissenschaftliche Arbeiten. So wurde zum Beispiel auch die Erforschung des Einsatzes von Viagra gegen den Jetlag von Hamstern gewürdigt.

1. Gang: Chinesisches Sellerie-Fenchel-Gemüse
   Zutaten: 1 Sellerieknolle, 1 Fenchelknolle, 1 Granatapfel, 1 Zwiebel, 1 Knoblauchzehe, 2 Chilischoten (gehackt), 1 Ingwerwurzel, Reisessig, Zucker.

   Merken Sie was? Das sind schon sieben Aphroditen drin! Sellerie und Fenchel werden in Streifen geschnitten, der Rest gehackt, und alles zusammen wird gebraten. Granatkerne obendrauf und bissfest serviert.

2. Gang: Gebackene Muscheln mit Kaviar
   Zutaten: 4 Austern, 4 Jakobsmuscheln, Mehl, 1 Ei, Semmelbrösel, 100 g Crème fraîche, 40 g Kaviar, Zitronenspalten.

   Ja ich weiß, es ist ein Jammer, Austern zu frittieren. Aber L. sagt, er erträgt die Konsistenz nicht, und wenn er sie roh essen muss, wird er sich übergeben. Und das ertrage ich wiederum nicht so gut. Die Muscheln werden also aus der Schale geholt und im Semmelmantel goldbraun frittiert, cirka fünf Minuten. Dann zurück in die hübsche Muschelschale legen. Das Wasser aus den Muscheln wird mit der Crème fraîche verrührt, ein Häubchen Kaviar obendrauf und in ein Schüsselchen daneben. Mmmhhhh.

3. Gang: Klassische Artischocken mit Bernaise-Dip
   Artischocken garen, Dip daneben, fertig.

4. Gang: Muskat-Trüffel-Pralinen
   Die gibt es fix und fertig beim Chocolatier Ihres Vertrauens.[58]

---

58 Falls Sie nach einem Geschenk für jemanden oder mich suchen, bei www.pralinenclub.de zum Beispiel kann man Abos und Mitgliedschaften verschenken. Dann bringt der Briefträger in regelmäßigen Abständen eine neue, erlesene Kollektion Pralinés zu Ihnen nach Hause. Ist das nicht fantastisch?

Das ist doch ein 1-a-Menü! Und dazu gibt es eine Flasche Cava, Juve y Camps, der passt zu allem und senkt noch dazu die Hemmschwellen. Sie merken vielleicht, dass die Feige, der Spargel und die freche Avocado nicht mitmachen dürfen. Diese drei Schlaumeier gelten nämlich nicht wegen ihrer Inhaltsstoffe als erotisierend, sondern wegen ihres Aussehens. Wegen ihres Aussehens! Sie werden also auf einem Tellerchen platziert, als Tischdekoration. Da liegen sie, ein labbriger, weißer, dünner Spargel aus dem Glas, eine halbierte Feige mit ihren roten Körnchen in der Mitte und eine pickelige Avocado. Ich kann kaum noch an mich halten.

Das Zubereiten der Gänge ist nicht schwer, aber die Austern können einen arm machen. Die haben 4 Euro gekostet. Pro Stück! Da bin ich froh, dass ich nicht die Herren Balzac oder Casanova zu Gast habe, die sollen nämlich wahre Unmengen an Austern verschlungen haben.[59] Die Austernfachfrau im Fischgeschäft erklärt mir, die Muscheln seien überhaupt nicht teuer, wenn man bedenke, dass sie vier Jahre wachsen müssten und dass nur jede zehnte Auster aus einem Gelege von 1,5 Millionen Eiern überlebe. *Stimmt*, denke ich und nehme vier mehr, als ich wollte, weil ich plötzlich den Eindruck habe, ein grandioses Schnäppchen zu machen.

Um ein Haar hätte ich mir beim Öffnen der Austern die linke Hand durchstoßen, aber irgendwann sitzen wir tatsächlich am gedeckten Tisch. Das Licht ist gedimmt und flackernder Kerzenschein fällt auf unsere Gesichter, unsere Teller und das Spargel-Feige-Avocado-Arrangement. Sie kennen das Sprichwort *Viel hilft viel*? Frei nach diesem Prinzip habe ich die Chilis im ersten Gang verwendet. Es ist hundsgemein scharf und nach der Hälfte der

---

59   Ludwig XIV., der *Sonnenkönig*, soll vor seiner Hochzeitsnacht 400 Austern geschlürft haben. Ludwig sticht.

Portion haben wir rote Gesichter, atmen durch den Mund und weinen ein bisschen. »Das muss wehtun«, erkläre ich L., »das Stimulierende an Chilis oder an Schärfe generell ist, dass der Körper als Reaktion auf die Schmerzen Endorphine ausstößt.« – »Dann hau mir das nächste Mal doch einfach eine rein«, bittet L. mit nassen Augen und ich räume den ersten Gang ab.

Die Muscheln sind hervorragend und das kühle Gemisch aus Crème fraîche, Kaviar und Meereswasser kühlt unsere Gaumen. L. schließt die Augen und lächelt. »Mmmhhh, wie frisch aus dem Meer.« Das ist genau der Satz, den ein junger Mann aus einem Schwarz-Weiß-Film seiner Freundin sagt, während er zwischen ihren Schenkeln liegt und sie ihn fragt, wie sie schmeckt. Tataaa! Da ist er, der erste erotische Gedanke. Wenn erst einmal eine leicht knisternde Grundstimmung da ist, sind Artischocken ein absolut geeigneter nächster Gang. Das Essen mit den Fingern, das Entblättern und das Ablutschen der einzelnen Blätter, während man dem Gegenüber in die Augen sieht ... das hat schon was. Voraussetzung für eine knisternde Stimmung ist allerdings, dass beide sie empfinden. L. nimmt meine Hand und lächelt mich an. »Artischocken schmecken ja so ein kleines bisschen nach Furz, findest du nicht?« Scheppernd lasse ich die Teller in die Spüle fallen. Manchmal ist L. so romantisch wie ein Verkehrsunfall.

Was meinen Abend rettet, sind die Muskat-Trüffel.[60] *Mindestens genauso gut wie Sex*, denke ich, und das ist dann der letzte erotische Gedanke für den Abend. Denn als ich kurz darauf L. frage, woran er denkt, sagt er, er denke an gar nichts, aber immer, wenn er aufstoße, schmecke das nach Sellerie. Na, gute Nacht.

---

60 Die Muskatnuss war in früheren Zeiten eine so wertvolle Nuss, dass die Briten im Jahr 1667 eine 3 auf 1 Kilometer kleine Insel, die mit Muskatbäumen bewachsen war, gegen die unverhältnismäßig größere Insel Manhattan (ja, DAS Manhattan) eintauschen konnten.

Die Lebensmittel waren ein Schuss in den Ofen, ich mache mich lieber ans kalte Drogenbuffet. »Schatz, haben wir noch Heroin im Haus?« Nein, das ist natürlich ein Scherz. Heroin ist nicht bekannt für seine aphrodisierende Wirkung. Heroin verhält sich zu Sex wie ein Hausbrand zu einem gemütlichen Fernsehabend. Es passt einfach nicht zusammen. Also, was hat das Buffet zu bieten? Da wären zunächst einmal die körpereigenen Drogen: die Hormone. Die Auswahl fiele hierbei auf Testosteron oder Oxytocin. Testosteron, auch das »Männlichkeitshormon« genannt, wird von Männern und Frauen (von Letzteren in geringeren Maßen) gebildet und hat einen steigernden Einfluss auf unsere Libido. Je mehr Testosteron, desto Libido. Das wusste schon mein Opa, der mir verriet, dass Frauen mit einem gut sichtbaren Damenbart, der ein Symptom für einen hohen Testosteronspiegel ist, ganz wilde Dinger sind. Vermutlich hat es sich deswegen nie richtig als Aphrodisiakum für Frauen etablieren können. Wir tendieren ja eher dazu, die Schnäuzer zu entfernen. Frauen mit dunklen Haaren und Hang zu einem originell großflächigen Haarwuchs liegen sogar manchmal mit Haarbleichcreme auf dem Po im Badezimmer herum. Oder wie ein Exfreund von mir einmal scherzte: »Sei lieb, sonst nehme ich dir den Rasierer weg und geb dich im Zoo ab.«

Männer benutzen Testosteron zum Muskelaufbau.[61] Ja, genau, diese ganzen aufgeblasenen Lackaffen, die mit den Armen ein O bilden müssen, weil sie sie nicht mehr am Körper anlegen können, das sind Testosteronjunkies. Blöd nur, dass sie von zu viel des Guten unter anderem Konzentrationsschwierigkeiten, Wassereinlagerungen, Haupthaarausfall, einen Busen und Hodenatro-

---

61 Meist in synthetischer Form, das sind dann anabole Steroide. Die wurden ursprünglich im Zweiten Weltkrieg entwickelt, um geschwächte Kriegsgefangene schneller wieder auf die Beine zu bringen.

phie (umgangssprachlich Schrumpfhoden[62]) bekommen können. Ganz zu schweigen von den psychischen Veränderungen, die ein Nutzer so beschrieb: »Ich wurde großkotzig, laut, übermütig und sehr aggressiv.«

Dazu müssen Sie sich auf dem Schwarzmarkt herumtreiben und unkoschere Geschäfte machen, denn Handel mit anabolen Steroiden ist natürlich verboten. Ich fasse zusammen: Von Testosteron bekommt man einen launischen, dicklichen, glatzköpfigen, großkotzigen und vergesslichen Kriminellen mit Minihoden.[63] Das klingt … nicht gut.

Viel besser klingt das andere Hormon, Oxytocin. Oxytocin macht, dass Müttern die Milch einschießt, wenn sie ihre Kinder schreien hören, und unterstützt ihre emotionale Bindung. Es wird beim Orgasmus ausgeschüttet und ist unter anderem eine Ursache für das wohlige Gefühl danach. Forscher haben herausgefunden, dass unter Einfluss von Oxytocin-Nasenspray die Probanden einer Studie mehr Vertrauen in Spielpartner bei einem Investorenspiel haben, Paare weniger streiten und dass unbändige, polygame Bergwühlmäuse dank Oxytocin zu monogamen Familienmäuschen werden. Liebe, Vertrauen und Treue, das sind Worte, die immer wiederkehren, wenn es um das Hormon geht. Einziger Haken: Es ist rezeptpflichtig. Sie müssten also beim Arzt Ihres Vertrauens glaubhaft eine Geburt vortäuschen, dann bekämen sie eventuell Oxytocin als Wehenmittel. Falls Sie jetzt, wie ich, die grandiose Geschäftsidee haben, das Zeug als Pheromonspray oder Parfüm unter die Leute zu bringen – das gibt es natürlich schon. Auf der Seite www.verolabs.com kann man flaschen-

---

62 Bei Schrumpfhoden können die Hoden eine »Größe« von **unter** einem Kubikzentimeter haben.
63 Es sei denn, Ihr Testosteronhaushalt ist wegen der Wechseljahre in Unordnung, dann bekommen Sie das Hormon eventuell von Ihrem Arzt verschrieben. Oder Sie sind Italienerin, dann werden Sie vermutlich zum Ministerpräsidenten gewählt.

weise das Mittelchen *Liquid Trust* kaufen, das eine nicht näher bestimmte Menge Oxytocin enthält. Die Seite wendet sich auch an Geschäftsmänner, die einen Vertrauensvorschuss brauchen können. Ein Spritzer *Liquid Trust* nach dem Duschen und schon klappt der Millionendeal. Oder der Autoverkauf. Das ist natürlich, wie mein Cellulitegel und der *Boobs Booster*, totaler Quatsch. Das Hormon ist schließlich kein Pheromon, Oxytocin geht in Wirklichkeit außerhalb des Gefrierschranks schnell kaputt und ist außerdem sauteuer. Die 29,99 Dollar teure Flasche mit der 100-Prozent-Geld-zurück-Garantie ist vermutlich doch nicht der Grund für eine lang anhaltende, liebevolle Beziehung zu einem Menschen, der bis jetzt »out of your league« war. Das behaupten die echt. Vergessen wir die Hormone, die sind zur Behandlung von Menopausen und Altersimpotenz.

Das ist eigentlich das Problem mit den Lustwässerchen: Die meisten gelten als totale Bringer im Bettbereich, aber nur, weil sie ein Nichtfunktionieren des männlichen Stehvermögens beheben können.[64] Was ja auch lustig ist und für die betreffenden Paare prima, aber wenn man nur so zum Spaß einen Schuss Wollust aus der Dose möchte, braucht man kein Mittel, das einen nervigen Betonständer zaubert, und ich will auch nicht die recht breit gefächerte Palette an Nebenwirkungen abarbeiten. Ohne Not geht man keine Risiken ein. Und die haben sie alle:

Das recht vielversprechende Medikament Apomorphin wurde zur Behandlung von Parkinson-Patienten eingesetzt – und dabei entdeckte man zufällig die stimulierende Wirkung des Mittels.[65] Die daraufhin entwickelten und rezeptpflichtigen Pillen ließ sich

---

64 Viagra ist ein Beispiel und das bisher erfolgreichste noch dazu. Jede Sekunde werden auf der Welt vier Viagrapillen geschluckt.
65 Viele Arzneien wurden und werden durch Zufall entdeckt – Viagra sollte ursprünglich ein Herzmittel werden, bis die Forscher herausfanden, warum die Testpersonen die Pillen partout nicht mehr herausrücken wollten.

der geneigte Herr unter der Zunge zergehen und 20 Minuten später: voilà. Leider konnte es passieren, dass man statt eines mächtigen Phallus einen Ohnmachtsanfall bekam oder sich fürchterlich übergeben musste. Vermutlich waren die Pillen auch deswegen kein so großer Erfolg.

Eine andere Gruppe aphrodisierender Mittelchen, die sich in ihrer Wirkungsweise ebenfalls um die Neurotransmitter[66] Dopamin, Adrenalin und Noradrenalin scharen wie Pubertierende um die Dorfbushaltestelle, ist ebenfalls rezeptpflichtig. Bei Frauen wirkt das ganze Zeug eh so gut wie nicht und die Liste der möglichen Nebenwirkungen klingt wie ein Horrortrip: Psychosen, Zittern, Angst, Krampfanfälle und Priapismus[67].

Große Aufregung verbreiten seit Jahren die Substanzen Melatonan I und Melatonan II. Das als Aphrodisiakum beschriebene Melatonan II wirkt auf eine Gruppe Hormone, die unser Hypothalamus und ein Zwischenlappen der Hirnanhangsdrüse ausspucken und die zuständig sind für das Hungergefühl, die Bräunung der Haut und sexuelle Erregung. Das nenne ich Multitasking. Wegen dieser traumhaften Mischung, die uns braun, schlank und wuschig macht, wird das Zeug auch *Barbiedroge* genannt. Vorteil: Man wird braun, schlank und wuschig. Nachteil: Es ist verboten. Außerdem sind die Langzeitwirkungen und Nebenwirkungen unbekannt, das Zeug muss steril mit Wasser gemischt und regelmäßig unter die Haut gespritzt werden. Das schreckt die meisten Interessierten ab, nur nicht die aufgeblasenen Lackaffen, die mit den Armen ein O bilden müssen, weil sie sie nicht mehr am

---

66 Neurotransmitter sind die Stoffe, die wie bei der Flüsterpost Botschaften von einer Zelle zur nächsten weitergeben. Nur schneller.

67 Beim Priapismus bleibt der Penis zwei bis drei Wochen steif, tut weh und ist, wenn nicht in den ersten zwölf Stunden eine Behandlung erfolgt, danach in 90 Prozent der Fälle nicht mehr zu gebrauchen. Die weibliche Entsprechung ist der Klitorismus.

Körper anlegen können. Die sind, was Spritzen angeht, hart im Nehmen. In diversen Anabolika-Foren kann man eine Reihe der Nebenwirkungen begeisterter Nutzer lesen: Übelkeit, Kopfweh, Herzrasen, Restless-legs-Syndrom und Entzündungen wegen Blöd-Anstellen beim Spritzen.

Wenn auch Sie wieder die fantastische Idee haben, reich zu werden, indem Sie Melatonan II zur Herstellung eines Arzneistoffs nutzen, werden Sie, wie ich, bitter enttäuscht. Die US-amerikanische Firma *Palatin Technologies* entwickelte daraus Bremelanotid, alias PT-141, das erste wirkliche Aphrodisiakum. Bremelanotid steigert das sexuelle Verlangen von Männern und Frauen. Im Gehirn. Die Firma entwickelte ein Nasenspray: einmal den Rotz hochgezogen und zack, hat man Lust auf Sex. Wahnsinn, oder?

Nach einigen Diskussionen zwischen *Palatin Technologies* und der amerikanischen Aufsichtsbehörde *Food and Drug Administration* (FDA) bezüglich eines vereinzelt auftretenden erhöhten Blutdrucks bei Testpersonen wurde die Entwicklung des Nasensprays eingestellt. Jetzt arbeiten sie an einer subkutanen Darreichungsform und hoffen auf bessere Werte bei der Blutdruckgeschichte. Seit Mitte 2009 ist die Klinische Testphase II angelaufen. Das dauert noch ewig. Aber sie bleiben dran, das hat mir Mr. Fischkoff vom Clinical Development persönlich versichert. Außerdem arbeiten sie an einem zweiten Produkt, PL-6983, das steckt in noch kleineren Kinderschuhen und soll alle Vorzüge von seinem Vorgänger in sich vereinen, ohne den unschönen Effekt auf den Bluthochdruck.

Das ist zwar alles rasend interessant, bringt L. und mich aber keinen Schritt weiter.

Im Internet stoße ich auf die Lösung: PSYCHOAKTIVE PFLANZEN. Das Wissen der Schamanen, germanische Zauberpflanzen, Kakteen, Pilze, Wurzeln aus Südamerika und Baumrinde aus Mexiko, die Produktpalette der Ethnopharmakologie ist schier unerschöpflich. Ich bin skeptisch. *Ob es in Südamerika Internetseiten gibt, wo deutsche Hagebutte als exotisches Pulver verkauft wird?* Allerdings kann ich mich noch gut an Uli erinnern, der zwecks Umgehung eines Verstoßes gegen das Betäubungsmittelgesetz lieber auf Experimente mit Nachtschattengewächsen setzte. An einem Abend, der mir besonders gut in Erinnerung ist, bekam Uli im Rausch Hunger und machte sich ein Salamibrot – mit dem gravierenden Unterschied, dass er den Putzschwamm aus seiner Spüle als Brotscheibe nahm und diesen fingerdick mit dem Scheuermittel ATA belegte. Ja, wenn ich es mir recht überlege, könnten Pflanzen vielleicht etwas bewirken. Ich schaue nach: Jawoll. Fast alle Kräuterhändler haben Aphrodisiaka im Angebot. Einer der seriösesten mit der größten Auswahl und den meisten Empfehlungen ist Elixier:

Elixier ist ein Internetshop der ersten Stunde. Die Seite befasst sich mit Ethnobotanik[68] und ist das Baby von Ave. Ave war in seiner Jugend ein begeisterter Tester aller möglichen Pflanzen, de-

---

68 Ethnobotanik ist die Lehre von der Verwendung von Pflanzen durch den Menschen.

nen irgendeine Wirkung nachgesagt wurde. (Ein Wunder, dass in Mexiko überhaupt noch Kakteen stehen.) Das verkrafte er heute nicht mehr, sagt er, er ist aber bereit, mir eine Palette an legalen und wirksamen Aphrodisiaka zusammenzustellen.

Prompt kommt ein paar Tage später ein neutrales Paket zu mir nach Hause. Darin sind:

1. 100 Gramm Clavo Huasca, gemahlen

2. 50 Gramm Catuaba-Rinde (Erythroxylum), geschreddert

3. 50 Gramm Muira-Puama-Wurzel, geschreddert

4. 50 Gramm Damiana Turnera, geschnitten

5. 50 Gramm Eurycoma longifolia »Tongkat Ali«, geschnitzelte Wurzel

Dem Aussehen nach müsste ich alles ins Gewürzfach räumen, Damiana ist meinem Thymian täuschend ähnlich und Catuaba sieht aus wie grober Safran. Der Clavo-Huasca-Puder könnte als Kakaopulver durchgehen, nur »Tongkat Ali«, das geschnitzelte Wurzelluder, sieht aus wie Abfall vom Sägewerk.

»Heute ist ein wunderschöner Tag für ein ...« – ich kreise mit der Hand über den Tütchen und ziehe eins – »... für ein Catuaba-Dings.« Ein regnerischer Samstagmorgen, kurz nach dem Frühstück, eignet sich meiner Meinung nach perfekt für den Startschuss in ein aphrodisierendes Wochenende. L. sitzt mit seinem Laptop im Bett und ist auf der Suche nach einer möglichen Ausrede. Er findet aber keine, nur eine alte Weisheit der Tupi-Indianer:

Zeugt ein Mann bis zum 60. Lebensjahr ein Kind,

war ER es,

geschieht es danach –

war es Catuaba.

Das klingt doch ganz vielversprechend. Der Catuaba-Baum (eine Erythroxylum-Art) ist ein Verwandter der Coca-Pflanze[69] und kommt aus den Regionen des tropischen Regenwalds. Die geschredderte Rinde soll ein Aphrodisiakum für Mann und Frau sein, sie wächst übrigens nach – mein Freund, der Baum, ist also nicht tot. Ein Aufguss aus der Rinde stimuliert das sexuelle Verlangen und stärkt die Libido, die Blutzirkulation wird angeregt, Erektion und sexuelle Erregung werden verstärkt, der Orgasmus wird intensiver, Haut und Genitalien sensibler. Heißt es. Wir werden sehen. Catuaba-Tee enthält außerdem große Mengen Magnesium, Kalzium, Kalium und jede Menge andere langweilige Sachen, die ich wieder vergessen habe. Er ist wohltuend und bekömmlich, wirkt sehr erfrischend und regenerierend und ist in Brasilien eine der beliebtesten Teesorten überhaupt. Dort wird er auch »Liebeszauber« genannt. Hätte man sich ja denken können. Die Brasilianer nu wieder ...

»Hast du gewusst, dass Jean Pütz in einem seiner Hobbythek-Bücher über Catuaba als natürliches Liebesmittel geschrieben hat?«, ruft L. in die Küche. Nein, wusste ich nicht. Ich habe hier ganz andere Sorgen. Der Tee, den ich aus dem Gestrüpp mache[70],

---

69 Genau, das, wo man das Kokain draus macht.
70 1 Esslöffel in einem halben Liter Wasser 5 Minuten lang kochen, danach 15 Minuten ziehen lassen.

158

sieht sehr, sehr giftig aus: Das ist der roteste Tee der Welt. Frisches Blut sieht so aus.[71]

»Ich hab da mal was vorbereitet«, flöte ich und balanciere die zwei Teetassen auf einem Tablett ins Schlafzimmer. L. schiebt die Zeitungen vom Bett und legt den Laptop beiseite. »Prost«, vorsichtig stoßen wir an und nehmen den ersten Schluck. Und der schmeckt recht gut – zumindest nicht schlechter als andere gesunde Tees.

»Sie spüren nach dem Verdauen ein Kribbeln an der Wirbelsäule und innerhalb von einer halben Stunde wirkt es dann«, liest L. aus einer Internetseite vor. Alles klar. Wir mummeln uns in unseren Bademänteln in die Kissen und wenden uns wieder den Zeitungen zu. Nach einer halben Stunde legt L. die Zeitung zur Seite und dreht sich zu mir. Er legt seine Hand auf meine Wange und sieht mir tief in die Augen. »Na, Schöne? Hast du auch keine Lust?« Leider ja. Ich merke gar nichts und gekribbelt hat es auch nicht. »Vielleicht trinken wir einfach noch einen«, schlage ich vor und schlüpfe aus dem Bett. Vielleicht diesmal etwas stärker, denke ich und schütte die halbe Packung ins kochende Wasser.

Insgesamt einen Liter von dem blutroten Tee schütten wir in uns hinein und diesmal zeigt er auch Wirkung: Ich bekomme Durchfall, L. geht joggen.

Am Sonntag darauf ist Muira Puama dran. Muira Puama bedeutet *Potenzholz*. Juppi, das klingt gut. Es kommt aus? Richtig. Brasilien. Auf der Suche nach einer Zubereitungsart finde ich etwas wirklich Aufregendes, nur L. macht mal wieder den Spielverderber: »Ich reib mir doch nicht den Pimmel mit diesen Sägespänen ein!« Schade.

---

71 Falls Sie Ihre Bettwäsche, Ihren Bademantel und Ihren Hund partiell rosarot färben wollen, oder Ihrer Teekanne und den Lieblingstassen eine neue zartrosa Farbrichtung geben möchten, ist Catuaba-Tee genau das Richtige.

Die Wurzelspäne werden also gekocht. Zwei Esslöffel, ein halber Liter Wasser, eine Viertelstunde kochen. In der Küche riecht es wie nach einem Sauna-Aufguss. »Hier riecht es wie nach einem Sauna-Aufguss«, sagt L. und nimmt die Tasse Tee entgegen. Pustet, schlürft und macht ein Gesicht, als hätte er in eine Zitrone gebissen. »Oh Gott, ist das scheußlich.« Augen zu, Nase zu, ich nehme ein Schlückchen. »Wahnsinn.« Ich muss lachen, so absurd entsetzlich schmeckt das Gebräu. Ich hole den Honig, mit dem man süßen darf, falls einem der Tee zu bitter ist. Wir löffeln panisch Honig in unsere Tassen. Hilft aber nichts, es schmeckt nach scheußlich mit Honig. Wir zählen ab, immer auf drei trinken wir einen Schluck. Ich lege Mandarinenschnitze und Schokolade bereit, in die wir danach beißen können. Ich schaffe es trotzdem nicht bis zum Schluss. L. schüttet unter unmenschlicher Anstrengung den letzten Rest in sich hinein, ich schütte den letzten Rest ohne Probleme in den Basilikumtopf. In einer halben Stunde soll es losgehen. Ein Prickeln, eine Sensibilisierung der Haut, eine Anregung des zentralen Nervensystems und der Libido werden uns vorausgesagt. L. kaut mit dicken Backen auf einer halben Mandarine, macht aber immer noch ein Gesicht, als sei er gerade wo reingetreten.

»In 30 Minuten sind wir hochgradig aphrodisiert«, versuche ich ihn aufzumuntern. »Ich gehe solange mit dem Hund raus«, meint L. Spricht's und verschwindet mit Lila aus der Tür. Eine halbe Stunde später sind wir von einem heißen Liebesspiel so weit entfernt, wie man das nur sein kann. Zum einen, weil ein Teil des heißen Liebespaares immer noch mit dem Hund unterwegs ist, zum anderen, weil mir der muffige Geschmack immer wieder hochsteigt und schlechte Laune verbreitet. Als L. nach Hause kommt, hat er eine Rose dabei. Als Bestechung. »Können wir ausmachen, dass es nie mehr Muy Puma gibt oder wie das Zeug heißt?« Können wir.

160

Montagabend öffnen wir das Päckchen Eurycoma longifolia, alias »Tongkat Ali.«[72] Die Wurzeln, die aussehen wie eine Handvoll Waldboden und riechen wie ein Räucherstäbchen, sind auch als *Testosteron-Booster* bekannt. Angeblich regen sie die körpereigene Produktion von Testosteron an, wobei selbst gemachtes Testosteron nicht die unerwünschten Nebenwirkungen hat wie das künstlich zugeführte.[73] Im Internet, unter der Adresse http://www.testingtongkatali.com, finde ich noch diese köstlichen Zeilen:

Es ist jetzt wissenschaftlich erwiesen: Tongkat-Ali-Extrakt bewirkt effektiv Muskelzuwachs bei Männern. Das Magazin British Journal of Sports Medicine *berichtete, dass bei placebokontrollierten Doppelblindversuchen die Anwendung von Tongkat-Ali-Extrakt eine 5-prozentige Zunahme des Muskelzuwachses zur Folge hatte, während in der Placebogruppe keine signifikante Änderung beobachtet wurde.*

Was natürlich wieder sofort unsere Bodybuilding-Freaks auf den Plan ruft, die diskutieren sich über das Zeug einen Wolf in ihren Foren. Sehr schön fand ich, was dieser Autor folgerte:

5 Prozent in 5 Wochen ist eine erhebliche Steigerung, wenn man sich ausrechnet, was das bedeutet innerhalb eines Jahres (5 Prozent in 5 Wochen sind 50 Prozent in 52 Wochen).[74]

Mensch, Mensch, Mensch, und wenn man das 104 Wochen nimmt, dann hat man 100 Prozent mehr Muskeln! Zinseszinsmuskeln gar nicht eingerechnet. Ob man dann auch doppelt so groß ist? Ob dann auch das Hirn zunimmt? L. und ich stecken die Nasen in den

---

72 *Tongkat Ali* ist malaysisch und bedeutet ins Deutsche übersetzt Alis Stock, was eine Anspielung darauf ist, welchen Effekt die Heilpflanze auf das männliche Sexualorgan hat. Oder zumindest auf das von Ali.
73 Wir erinnern uns: die Hoden in M-&-M's-Größe.
74 Serge Kreutz, http://www.testingtongkatali.com/german/scientific_tongkatali.htm

Beutel mit Wurzeln und L. macht schon wieder das In-was-reinge-treten-Gesicht. Nein, das riecht nicht nach frisch gebackenem Kuchen, da hat er recht. Vielleicht stellen wir den Tongkat Ali zurück und machen uns über Damiana her? Ich reiße die Verpackung auf, rieche und habe sofort das Bild einer schönen, dichten, grünen Thuja-Hecke vor mir. Das hier ist der gleiche bittere Geruch, nur nicht ganz so frisch. So wie eine Thuja riechen würde, wenn sie schon eine Zeit lang tot auf dem Fernsehsessel läge und die Nachbarn schließlich die Polizei riefen wegen dem komischen Geruch. So riecht das. In der mexikanischen Volksmedizin wird Damiana zur Behandlung von allerlei Unbill eingesetzt und eben auch als Aphrodisiakum. Ich lese L. vor, was verschiedene Internetanbieter ohne nähere Angaben ihrer Quelle behaupten:

Italienische Forscher erzielten in Tierversuchen mit Ratten Ergebnisse, die die volkstümliche Beliebtheit von Damiana als Sexualstimulans rechtfertigen: Mit Damiana gefütterte, sexuell inaktive und impotente Ratten hatten danach deutlich mehr Ejakulationen und erheblich gehäufte Kopulationen. Die Erholungszeit nach der Paarung verminderte sich drastisch.

»Dann schenken wir das Zeug doch Bill und Tom«, schlägt L. vor und wendet sich dem nächsten Tütchen zu. (Bill und Tom sind die Ratten meiner siebenjährigen Nichte. Bill ist ein Mädchen, hat sich herausgestellt.)

»Das hier sieht doch gut aus!« Er hält das *Clavo Huasca Powder* in die Höhe. Clavo Huasca stammt ursprünglich aus Peru und ist angeblich eines der beiden wichtigsten Potenzmittel in Südamerika. Es hilft gleichzeitig auch gegen Unfruchtbarkeit, Fieber, Arthritis- und Gliederschmerzen. Das braune Pulver riecht nach alten Nelken, wahrscheinlich eine Bekannte der armen Thuja. Und da ist auch ein Aufkleber auf der Tüte:

NOT FOR HUMAN CONSUMPTION

»Ich bin ja kein Fremdsprachengenie, aber bedeutet das nicht, dass man das Zeug unter keinen Umständen zu sich nehmen sollte?«, fragt L., schließlich ist er unser Sicherheitsbeauftragter. Da hat er recht, ich hänge mich ans Telefon.

»Ave? What does the label NOT FOR HUMAN CONSUMPTION mean exactly?« Ave beruhigt mich, den Aufkleber geben sie auf einige Produkte als Haftungsausschluss. Verstehe. Das ist wohl der Bruder von dem Aufkleber, der auf der Bestellseite für Sporen der Magic Mushrooms[75] steht:

Nur für mikroskopische Forschungszwecke

Unschlüssig stehen wir vor den offenen Stinketütchen. »Wir können eine Tinktur draus machen«, schlage ich vor. »Ich habe gelesen, dass das die effektivste Art der Konsumierung ist.« – »Gut«, sagt L. und weg ist er. Tinkturen haben den Sinn, dass der hochprozentige Alkohol die Wirkstoffe (und Geschmacksstoffe) des eingelegten Produkts übernimmt, was von Vorteil ist, wenn die Wirkstoffe des Produkts nur schwer in Wasser löslich sind.[76] Clavo Huasca und seine zwei Kumpels werden also in Schnaps geschüttet. Im Verhältnis von ungefähr 1 : 4. Ich sehe in dem Küchenschrank nach, wo die Alkoholika stehen, die irgendwie nie wegkommen. Da wäre die halbe Flasche Grappa aus dem letzten Urlaub, der in Italien hervorragend geschmeckt hat und zu Hause überhaupt nicht mehr, direkt daneben weißer Rum, den L. für die Zubereitung eines Cocktails benutzt hat, den ich

---

75   Halluzinogene Pilze, bekannt seit circa 9000 bis 7000 vor Christus.
76   Das geht mit fast allem, das selbst keinen Fruchtzucker enthält und somit nicht gären kann. Man kann zum Beispiel einen prima Schlehenschnaps herstellen, wenn man Schlehen etwa in Wodka oder einen anderen mindestens 40-prozentigen Schnaps einlegt.

nicht mehr riechen kann. Ganz hinten und seit den Achtziger-
jahren ein treuer Begleiter: die gute alte Flasche Blue Curaçao,
außerdem eine halbe Flasche Sambucca und eine Flasche mit
mittelbrauner Flüssigkeit ohne Etikett, die sich niemand mehr
aufzumachen traut. Der Grappa, der Sambucca und der Rum
müssen herhalten. Ich schütte Thuja, Clavo Huasca und den
Waldboden in jeweils eine Flasche. Zwei Wochen lang stehen die
Flaschen auf dem Kühlschrank und werden von mir gegen neugierige Besucher verteidigt. Jeden Tag rüttle ich ein bisschen an
ihnen, das tut ihnen angeblich gut.

Dann ist es so weit. Zwei Wochen nach dem Ansetzen stelle ich
nach dem Abendessen die drei Flaschen auf den Tisch. »Wie
viel?«, fragt L. unglücklich. Ein Schnapsglas jeweils. Ex und
hopp. Durch Küchenpapier filtern wir die Flüssigkeiten in die
Gläser, es geht jede Menge daneben, auf dem Tisch hat sich eine
Aphrodisiaka-Pfütze gebildet. Hoffentlich passiert heute Nacht
den Stühlen nichts.

In Erinnerung an das Muira-Puama-Desaster spielen wir *Wer
als Erster seine Gläser leer hat,* aber als Schnäpschen sind die Pflanzen gar nicht so ungenießbar. Als L. anschließend kurz mit dem
Hund rausgeht, kommt er mit einer geheimnisvollen Tüte nach
Hause. »Weißt du, ich habe mir auch Gedanken über das Thema
gemacht«, sagt er. Er klapst mir auf die Finger, als ich in die Tüte
spitzen will. »Ich habe etwas besorgt, das wir zusammen probieren können, aber es ist nicht ungefährlich.« Damit hatte ich nun
nicht gerechnet. L. sieht ernst aus. Ich lasse mich langsam auf
den Küchenstuhl sinken, L. setzt sich mir gegenüber. Er lehnt
sich nach vorne.

»Das Zeug hier«, er hält die Tüte hoch, »ist importiert und hat
einen hohen Reinheitsgrad. Es ist niedrig dosiertes Gift, das di-

rekt im Zentralen Nervensystem und im Gehirn wirkt. Wir können es nehmen, es ist enthemmend und steigert die Libido, aber
wir müssen aufpassen. Man wird schnell abhängig davon. 2009
sind ungefähr 70 000 Menschen an dem Zeug gestorben, um die
2 Millionen sind süchtig.« Oh. Mein. Gott. L. sitzt mir zwar gegenüber, aber ich höre es schon klingeln. Zwei Polizisten werden
vor der Türe stehen. *Wohnt hier ein gewisser L.?* Verstoß gegen das
Betäubungsmittelgesetz, Verhandlung, Gefängnis, wir werden genauso dasitzen wie jetzt, nur mit ein paar Gitterstäben zwischen
uns. Oder Plastikscheiben oder was immer die da heute haben.
»Wo hast du das her«, frage ich flüsternd, für mehr reicht meine
Stimme nicht mehr. L., ein Krimineller. Ich fasse es nicht.

»Von der Tankstelle«, sagt L. und holt eine Flasche 93er Chardonnay aus seiner Tüte.

Ehrlich, ich weiß nicht, wie Tongkat Ali, Damiana und Clavo
Huasca ohne 93er Chardonnay und einer Tonne Erleichterung
wirken. Ich kann nur so viel sagen: MIT wirken sie ganz hervorragend.

TOY, TOY, TOY: SEXSPIELZEUG

Meine erste Begegnung mit Sexspielzeug hatte ich im Alter von zwölf Jahren. Ich war mit meiner Mutter unterwegs, wir wollten uns ein neues Auto ansehen. Unsere rote Ente hatte den Überlebenskampf gegen die Fahrkünste meiner Mutter schlussendlich verloren. Der bedauernswerte Nachfolger sollte ein Ford Escort werden, den sie in einer Kleinanzeige der örtlichen Zeitung entdeckt hatte. Er tat mir jetzt schon leid. Der Escort und sein rotwangiger Besitzer erwarteten uns in der Mitte eines hübschen Bauernhofes, fein aufgestellt zwischen Misthaufen und Traktor.

Mit zwölf passiert es einem noch, dass man mitunter die Wohnung verlässt, ohne vorher in sich hineinzuhören, ob man eventuell dringend auf die Toilette muss. Da ich einen generalstabsmäßigen Anpfiff vermeiden wollte, schwieg ich auch die Fahrt über. Just als meine Mutter mit dem Oberkörper in der Motorhaube verschwand (sie kann zwar nicht fahren, aber in Automechanik macht ihr so schnell niemand etwas vor), war das Fass in mir kurz vorm Überlaufen. »Ich müsste auf die Toilette.« Der Kopf meiner Mutter tauchte hinter der Haube auf und sie und der Rotbackige sahen mich an. »Dringend«, sagte ich und guckte auf den Boden, um die Farben der Pflastersteine zu vergleichen. Meine Mutter seufzte. Gnädigerweise unterließ sie es, vor dem wildfremden Mann meine Gewohnheiten das Wasserlassen betreffend zu kritisieren. Sie seufzte stattdessen melodisch.

»Dürfte sie wohl ?«, meine Mutter sah Rotbacke über die Schulter an. Der trat von einem Bein aufs andere und verglich die Farben seiner Dachschindeln. Meine Mutter hob die Augenbrauen und legte den Kopf schief. »Nun?« Ich konnte mich in diesem Moment genau in diesen kleinen, bauchigen Bauern mit Glatze hineinfühlen. Wenn Mutter einen mit diesem Blick ansah, bekam man es mit der Angst zu tun. »Die Treppe hoch, die erste Tür links.«

Im Haus roch es nach Kohlgemüse und Stall, die Holztreppe mit den halbrunden Teppichfliesen knarrte unter meinen Füßen. Im Obergeschoss befanden sich mehrere Türen, dahinter standen vermutlich schwere Betten mit Blümchenbettwäsche darauf und Kruzifix darüber. Ich betrat das Bad, es war komplett rosa gefliest, was meinem Geschmack vollkommen entsprach. Während ich, den Kopf auf die Hände gestützt, auf der Schüssel saß, betrachtete ich die Badewanne gegenüber. Der ehemals beigefarbene Duschvorhang war zugezogen. Was einem mit zwölf und auch viel später noch passieren kann, ist, dass man plötzlich Gespenster sieht, wo keine sind. Mir war der vorgezogene Vorhang unheimlich, bei uns zu Hause war er immer offen, wenn niemand duschte. Mit dem heroischen Motiv, mich meiner Angst zu stellen und um mir zu beweisen, dass sie unbegründet war, kehrte ich vor der Badtür noch einmal um und sah hinter den Vorhang. Und war von dem Anblick für einen Moment völlig überfordert. In der Badewanne stand, wie auch bei uns des Öfteren, ein klappbarer Wäscheständer. Ganz anders als bei unserem Ständer hingen an diesem keine frisch gewaschenen Socken, sondern ich erblickte eine komplette menschliche Haut aus Gummi. Da hing ein luftleerer Kopf mit blonden Locken und sah mich mit großen blauen Augen und einem zum O geformten Mund an. Einerseits sagte mir meine Erfahrung, dass Menschenhaut mit ziemlicher Sicherheit nicht aus Gummi war und dass es sich um so etwas wie eine Puppe handeln musste. Andererseits dauerte diese Erkennt nis lange genug, um zu befürchten, dass wir in die Hände eines wahnsinnigen Menschenaussaugers gefallen waren.

Als ich über den Hof den beiden Erwachsenen entgegenging, sah der Rotbackige während seiner Unterhaltung immer wieder zu mir, als hoffte er, in meinem Gesicht lesen zu können, ob ich sein Geheimnis entdeckt hatte oder nicht. Ich bin überzeugt, dass er es sah. Natürlich konnte ich vor meiner Mutter nichts sagen und wurde unfreiwillig zu seiner Komplizin. Ein langer und eindringlicher Blick von Rotbacke beim Abschied sollte mir wohl einschärfen, auch später nichts zu verraten. Ich überlegte die ersten paar Kilometer, dann siegten die Neugier und vor allem das diffuse Wissen, mit einem echten Knaller aufwarten zu können, auch wenn mir nicht ganz klar war, was ich eigentlich gesehen hatte.

Meine Mutter liebt die Geschichte. Sie hat damals so lange und so laut gelacht, dass ich befürchtete, sie bekäme keine Luft mehr. Sie erzählte sie allen. Ich konnte auch immer schon von Weitem sehen, wenn sie die Geschichte gerade jemandem erzählte, denn an einem bestimmten Punkt ihrer Erzählung legte sie den Kopf, so weit sie konnte, auf die Seite und machte ein O mit den Lippen. An diesem Tag erfuhr ich, was Gummipuppen sind.

Inzwischen sind die Puppen in lebensecht zu bekommen, Realdolls oder Lovedolls heißen sie dann und werden mitunter als echter Beziehungsersatz von einsamen Männern gehalten, die das dann im Privatfernsehen in einer Dokumentation erzählen. Auf dem Sofa sitzend, Händchen haltend mit der Puppe. Wenn schon, dann wenigstens richtig schräg, finde ich und bin deswegen ein großer Fan der *Area 51 Love Doll*. Eine Außerirdische. Sie hat lila Haut, drei Brüste, und zwei Anus-Ohren.[77] Auf der glei-

77   http://www.sextoy.com

chen Website, die *Area 51 Love Doll* im Programm hat, ist man auch richtig, wenn man auf der Suche nach einem aufblasbaren Schwein ist oder ein Schaf beglücken möchte. Letzteres heißt *Lovin Lamb* und macht laut Hersteller (Pipidreams Products) EIEI-OHHHH, bis die Kühe nach Hause kommen![78]

Das ist doch was.

Ich mache eine Bestandsaufnahme der vorhandenen Sexspielzeuge, stimulierenden Instrumente, Real dolls und aufblasbaren Tiere im Hause Alex R.:

* 1 (das Seepferdchen)

Fertig. Das kommt mir jetzt, wo ich es so aufschreibe, wenig vor. Wenn man es ganz genau nimmt, könnte man mein blaues Seidentuch noch dazurechnen, mit dem habe ich einmal einen Exfreund ans Bett gefesselt, als ich 17 war. Ich höre mich um und siehe da: Das Freundinnen-Netzwerk hat auch wenig zu bieten. Hie und da ein Vibrator, sonst nichts auf weiter Flur. Vielleicht liegt das daran, dass die meisten meiner Bekannten einen richtigen Beruf ergriffen haben und jetzt gut verdienen. Einer Umfrage eines führenden bekannten Sexartikelherstellers zufolge sind nämlich Geringverdiener dem Sexspielzeug mehr zugetan als andere: Für jeden Zweiten von ihnen kommt ein Verzicht auf das Spielzeug nicht infrage, gespart wird lieber woanders. Knapp die Hälfte der Befragten sagt, dass Sexspielzeug die Partnerschaft

---

78 Auf http://www.gummipuppen.de/gummipuppe-kostenlos bekommen Sie unter Umständen eine Gummipuppe kostenlos: »Wenn Sie eine Gummipuppe für einen ungewöhnlichen Zweck brauchen und uns ein Video oder zumindest ein paar gute Bilder mit einer kleinen Geschichte als Feedback zukommen lassen, überlassen wir Ihnen die Gummipuppe kostenlos.(...) Haben Sie ein schräges Vorhaben, bei dem Sie eine Gummipuppe gebrauchen können? Wir sponsern Ihr Event mit einer oder mehreren Liebespuppen! Rufen Sie uns an oder mailen Sie uns. Wir sind schon jetzt gespannt, was Sie vorhaben! Ihr MW-Versand-Team.«

bereichere und fest zu ihrem Liebesleben gehöre. Im Vergleich dazu: Nicht einmal ein Drittel der Befragten, die monatlich mehr als 2500 Euro verdienen, sind dieser Meinung.

»Sexspielzeug als Ausweis für Geringverdiener, das ist doch krass, oder?«, frage ich L., der nur mit den Achseln zuckt. »Die haben vielleicht mehr Zeit.« So kann man das natürlich auch sehen.

Um die Zeiten spielzeugloser Tristesse zu beenden, beschließe ich, dass L. und ich jeweils ein Toy besorgen und den anderen damit überraschen sollen. »Ja keinen Quatsch!«, ermahne ich L. und ziehe an seinem Ohr. Sonst haben wir hier nämlich demnächst eine lila Außerirdische mit drei Möpsen im Wohnzimmer stehen, das sehe ich schon. Wir bestellen beide im Internet und in der Woche, in der wir auf unsere Pakete warten, nimmt mich L. während eines Spaziergangs am Arm: »Du hast aber keine Peitsche oder so was bestellt, oder?« – »Nein«, beruhige ich ihn und ziehe ihn weiter, »natürlich nicht. Ich habe einen hübschen Ganzkörperknebelsack gefunden, der wird dir gefallen.« L. bleibt stocksteif stehen und starrt mich an, als hätte ich einen großen Käfer auf der Nase sitzen. Der Hund setzt sich und betrachtet mich ebenfalls und wenn schon zwei schauen, schauen die anderen auch: Die Passanten, die an uns vorübergehen, sehen mir auch interessiert ins Gesicht, als gäbe es dort etwas für umsonst. »Nein. War Spaß, entspann dich.« Um ein Haar hätte ich drangehängt: »Es ist nur das 28-teilige Anal-Steck-Set.« Aber das wollte ich ihm dann doch nicht antun.

Das erste Paket, das ankommt, ist die Bestellung von L. Wir packen es zusammen aus und ich verstehe erst gar nicht, was es sein soll. Es sieht aus wie das Plastikei, das in Überraschungseiern die Überraschung enthält. Daran befestigt ist ein dünnes Kabel, das wiederum in einem kleinen Lichtschalter endet. An dem Lichtschalter ist eine Klemme. Wie an diesen Gürteltaschen für Handys.

»Du hast Was-immer-es-ist nur gekauft, weil ein Schalter dran ist, stimmt's?« Aber L. widerspricht energisch. Er findet es total cool. Es ist ein *Vibrationsei*, 6,3 Zentimeter lang, 3 Zentimeter breit und es ist knallpink. Lichtschalter und Kabel sind weiß. Pink und weiß sind jede Menge Sachen dieser Firma. Sie heißt OhMiBod.[79] Hätte die dämliche Katze von Hello Kitty Sex mit einem iPod, dann kämen die Sexspielzeuge von OhMiBod dabei raus.

»Stell dir vor, die haben so kleine Vibrationsdinger, die passen sich dem Rhythmus von Musik an. Die kann man heimlich in der Unterwäsche im Club tragen!«, schwärmt L. Das stelle ich mir super vor. Da steht man auf der Tanzfläche und hat einen Orgasmus. Das ist ja ein Albtraum. Oder man ist ganz, ganz kurz davor und dann ist das Lied aus. Und es kommt eine Ballade. Ob so ein Ding einen gewissen Wandel im Musikgeschmack mit sich bringt? *Gisela, Schatz, du hörst plötzlich so viel Death Metal ...?*

L. ist begeistert: »Man kann es auch einfach an den iPod anschließen oder an das iPhone. Oder an irgendeinen MP3-Player. Wenn die Musik losgeht, dann fängt das an zu vibrieren. Wahnsinn, oder?« Ich sag's ja. Hauptsache, man kann was wo anschließen.

»Das hier ist aber was anderes, oder?«, ich deute auf Was-immer-es-ist auf unserem Esstisch. »Das geht nicht los, wenn irgendwo Musik angeht?« – »Nein«, sagt L. und ich bin sehr erleichtert, »das geht nur an, wenn ich dich anrufe.«

---

79 www.ohmibod.com

»Was?« Jetzt ist es an mir zu starren. So weit ich auch die Augen aufreiße, ich kann nicht den Hauch einer Ironie in L.s Lächeln erkennen. Er sieht überhaupt nicht so aus, als würde er gleich sagen: »Nein, war nur Spaß.« Er lächelt zwar, aber der meint das ernst. Ich soll mir das pinke Knallbonbon in den Schlüpfer legen und den Controller (das ist der kleine Schalter) am Gürtel befestigen. Wenn L. mich anruft und mein Handy nicht weiter als einen Meter von mir entfernt ist, fängt das Bonbon an zu vibrieren. Solange wir telefonieren und nach dem Auflegen noch eine halbe Minute lang. Wenn er mir eine SMS schreibt, vibriert es für 20 Sekunden. Wir machen den Test, mein Handy liegt neben dem pinken Ei auf dem Tisch. L. ruft mich an, es klingelt und tatsächlich: *Bbrrrrrrr …* sagt das Ei. »Okay«, sage ich. Es ist sehr leise.

»Also bei mir brummt es, aber was bringt dir das eigentlich?«, frage ich am nächsten Morgen, während ich den Controller an meinen Gürtel klippe. »Na ja, ich weiß, dass du es trägst, und allein zu wissen, dass ich dich jederzeit anrufen könnte und was dann passiert, das ist eine recht reizvolle Vorstellung.« Ich küsse ihn und öffne die Wohnungstür. »Aber übertreib es nicht, okay?«

»Gut«, sagt L. und schließt die Tür hinter mir. Ich bin noch keine drei Schritte gegangen, da klingelt mein Handy. Bbrrrrrrr … macht das Ei. »War nur Spaß«, sagt L. hinter der Tür. Ich fürchte, das wird ein anstrengender Tag.

Als ich kurz darauf im Bus sitze, klingelt es schon wieder. »*L.!*«

»Ich wollte nur mal hören«, sagt L. und ich höre sein Grinsen durch das Telefon hindurch. »Wo bist du gerade?«

Ob das Ding leise genug ist? Ich sehe mich hektisch um und schlage die Beine übereinander. Und lege die Tasche auf mei-

172

nen Schoß. »Ich bin im Bus!«, zische ich ins Telefon und sehe in einer Vision, wie sich alle Leute im voll besetzten Bus zu mir umdrehen, um zu sehen, woher dieses laute Brummen kommt. In meiner Vorstellung zeigt ein kleines Mädchen mit Schultasche auf dem Rücken mit ihrem Zeigefingern auf meinen Schoß und sagt: »Mami, die Frau brummt da unten!« Gott sei Dank ist der Platz neben mir leer. »Hast du Lust, heute Mittag mit mir essen zu gehen?«, fragt mein teuflischer Galan. Der will mich nur am Telefon halten. »Ja, hol mich um eins ab«, sage ich so schnell ich kann und lege auf. Und brumme noch etwas nach.

Den ganzen Vormittag lang kann ich mich nicht konzentrieren, weil ich ständig befürchte, L. könnte mich anrufen. Bei einer Projekt-besprechung mit dem Chef, drei Kollegen und dem neuen, lang umkämpften Kunden passiert es dann natürlich. Ich habe zwar das Handy auf lautlos geschaltet, das Ei brummt aber munter vor sich hin, während ich vor dem Flipchart stehe und über Illustrationsmög-lichkeiten des Produkts referiere. Ich bin mir sicher, die Anwesenden können das Ei nicht hören. Die senkrechte Sorgenfalte zwischen den Augen meines Chefs kommt wahrscheinlich daher, dass er mich bis heute noch nie hat stottern hören. Ich mich auch nicht.

Kurz vor eins sehe ich von meinem Schreibtisch aus L. aus dem Aufzug steigen. Er blickt konzentriert auf sein Handy und ich ohne Böses. Während er aufsieht und lächelnd auf mich zukommt, klingelt und brummt es los. Eine SMS: »Kommst du?«

»Sehr witzig!«, funkle ich ihn an. Er grinst über das ganze Ge-sicht und bietet mir seinen Arm an. Wir gehen in ein kleines Steakhaus in der Nähe, es ist nicht billig und jetzt um die Mit-tagszeit ist nicht viel los. Ich erzähle L. bei einem Glas Weiß-wein von der Besprechung und von meiner Pein im Bus heute morgen, was L. sichtlich Vergnügen bereitet. Dann sieht er mir

tief in die Augen und beginnt, jeden einzelnen meiner Finger-
knöchel zu küssen.

»Stell dein Handy auf lautlos«, sagt er und mir wird warm. Seine andere Hand sucht in der Tasche seines Jacketts nach seinem
Telefon. Ich sehe mich um, ob uns jemand beobachtet. Andererseits – was soll derjenige schon sehen? Ein Pärchen, das sich an
den Händen hält. L. fährt mit seinem Mund ganz leicht meine
Finger entlang, sein Dreitagebart kitzelt etwas. Er ruft an. Nachdem die Mailbox ihren Spruch aufgesagt hat, die Verbindung un-
terbrochen wurde und das halbminütige Nachvibrieren um ist,
sehen wir uns immer noch an. »Noch mal?«, fragt L. und küsst
meine Fingerspitzen. »Mhm«, antworte ich. Nach dem dritten
Anruf in Folge und während L. mir ganz zart in diese Mulde
zwischen Daumen und Zeigefinger beißt, passiert es. Ich habe
einen Orgasmus im Steakhaus. Das müssen Sie sich jetzt nicht so
dramatisch wie in *Harry und Sally* vorstellen. Er schwappte ganz
leise durch mich hindurch, so wie die Wellen im Mittelmeer, die
einen nur so leicht nach oben heben, wenn man in der Brandung
steht. Meine roten Flecken am Hals sind noch nicht wieder verschwunden, als der Kellner mit unseren Tellern kommt. »Wer
bekommt das Steak Passión?« Das bin dann wohl ich.

Am Nachmittag kann ich mich nicht gut konzentrieren, weil ich
immer wieder an das Erlebnis im Steakhaus denken muss. Und
ich weiß, dass es L. ganz genauso geht. Er ruft nicht mehr an.
Wer aber am späten Nachmittag anruft, ist meine Mutter. »Hallo
Kindchen, du ahnst nicht, was deine Oma Hermine wieder gemacht hat«, meine Mutter legt los und das Ei auch. Glauben Sie
mir, ein Gespräch mit meiner Mutter zu führen, während ein Mi-
nivibrator in meiner Hose liegt, gehört nicht zu meinen sexuellen
Wunschvorstellungen. »Kind, ist was? Du klingst so komisch.«

174

»Nein, alles in Ordnung. Ich kann nur gerade nicht reden.« Ich weiß, irgendwann einmal werde ich ihr diese Geschichte erzählen. Und sie wird sie lieben, sie wird sie allen ihren Freunden erzählen und an einem bestimmten Punkt der Geschichte wird sie *Bbrrrrrrr* machen.

Bevor ich an diesem Tag nach Hause gehe, habe ich noch eine Verabredung mit Jana auf einen Feierabenddrink. Die findet die Geschichte erwartungsgemäß hervorragend und will das Ei mal sehen. »Ich hab das noch an«, nuschle ich hinter meinem Glas. Woraufhin ebenfalls erwartungsgemäß Jana in die Hände klatscht, »fein!« sagt und mich sofort anruft. Ich hätte es wissen müssen. Sie legt ihren Kopf in meinen Schoß und lauscht. »Da hört man wirklich nichts«, sagt sie und bleibt mit ihrem Finger auf der Wahlwiederholung. Ein paar Leute gucken schon. »Es reicht jetzt, ich mach's aus.« Mein Handy verabschiedet sich mit einem Bling! und Jana zieht eine Schnute. Fast hätte mein geschickter Themenwechsel uns auf andere Gedanken gebracht, da bekommt Jana eine SMS. Und mein Ei brummt. Das darf doch nicht wahr sein. Jana ist außer sich vor Freude. »Das geht an, wenn ICH eine SMS bekomme? Das ist ja Wahnsinn.«

»Ja, Wahnsinn«, antworte ich resigniert. Kurz darauf stellt sich heraus, dass das Ei auch angeht, wenn der Mann am Nebentisch telefoniert, die Blonde am Tresen eine SMS bekommt oder das Handy der Bedienung klingelt.[80] Ich drücke etwas verzweifelt auf den Tasten des Controllers herum, man muss das Ding ja irgendwie abstellen können. »Du hast die Bedienungsanleitung wieder nicht gelesen, oder?« Jana versucht mir zu helfen, indem sie mit rumdrückt. »Aus?«, fragend sieht sie zu mir. »Nein, stärkeres Vi-

80 Es reagiert einfach auf Mobilfunksignale, egal, von wem und an wen. Hauptsache, sie sind nahe genug dran.

brationslevel.« Sehr zu L.s Bedauern verstaue ich das Ei zu Hause ganz hinten in der Unterwäscheschublade.

Tags darauf bringt der Kurier das Sexspielzeug, das ich bestellt habe. »Ui toll, eine Brille!«, sagt L., als er das Paket aufmacht. Es ist natürlich keine Brille. Das Ding liegt nur in einer Verpackung, die aussieht wie ein Brillenetui. Ich öffne das Etui und lege den Inhalt auf den Tisch. Es ist aus Silikon, lila und sieht ungefähr so aus:

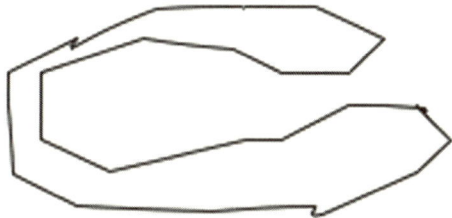

Nur runder, nicht so eckig. »Okay, keine Brille. Moment, sag nichts: Es könnte die Spirale der außerirdischen Gummipuppe sein«, rät L. weiter. »Oder eine sehr hässliche Geldklammer.« Bevor L. weitermacht, unterbreche ich.

»Scherzkeks. Er heißt We-Vibe. Er ist mehrfach als das innovativste und am besten verkaufte Sexspielzeug des Jahres ausgezeichnet worden. Er ist aus medizinischem Silikon und phthalatefrei[81].« Ich bin ein bisschen stolz auf meine Errungenschaft. Ewig hatte ich im Internet nach etwas gesucht, das uns beiden

---

81   Phthalate (sprich Fta-late) sind verschiedene Weichmacher für Kunststoffe. Der häufigste heißt DEHP. Die weltweite Produktion wird auf 2 Millionen Tonnen geschätzt. Das Bundesamt für Gesundheit stuft DEHP wie folgt ein: Stoffe, die als beeinträchtigend für die Fortpflanzungsfähigkeit (Fruchtbarkeit) des Menschen angesehen werden sollten (Repro. Cat. 2, R 60); oder Stoffe, die als fruchtschädigend (entwicklungsschädigend) für den Menschen angesehen werden sollten (Repro. Cat. 2, R 61).

gleichzeitig Spaß bringen würde und nicht ganz beschissen aussah. Und da war er. Sauelegant. Der erste Vibrator für Paare.
Die Frau legt ihn an, ein Ende soll den G-Punkt berühren (der
schon wieder), das U biegt sich in eine L-Form auf und das andere Ende liegt dann auf der Klitoris. Er verrutscht angeblich
nicht und während man Sex hat, werden Mann und Frau durch-
vibriert. Entwickelt wurde der We-Vibe von dem Kanadier Bruce Murison und dessen Frau. Die Idee entstand während einer
langen Autofahrt von Ottawa nach New York und es dauerte sieben Jahre, bis die Entwicklung abgeschlossen und der Vibrator
fertig war. Besonders schön: Nachdem Bruce Murison von seinem Arbeitgeber Nortel wegen der Finanzkrise entlassen wurde,
verkaufte er in weniger als einem Jahr 55 000 We-Vibes weltweit.
Für 80 Euro das Stück. *Für Bruce*, denke ich und die Summe tut
nicht mehr so weh.[82]

L. guckt skeptisch. Aber ich weiß, wie ich ihn dranbekomme.
»Schau mal, es heißt, er hat NINE VIBRATION MOODS«,
lese ich vor und deute auf das Bild in der Gebrauchsanweisung:

▪ Low Speed	3000 rpm
▪ High Speed	5500 rpm
▪ Throb	
▪ Wave	
▪ Pulse	
▪ Ramp	
▪ Tease	
▪ Ascending	
▪ Cha-Cha	

82 Bruce Murison hat übrigens angekündigt, er habe eine von der NASA entwickelte
Technologie entdeckt, die bis heute noch nie für Sexspielzeug verwendet wurde. »So
haben wir eine neue Technologie-Plattform, die wir in den nächsten zwei Jahren
entwickeln wollen.« Was da wohl wieder rauskommt?

»Meinst du, du kriegst raus, wie Cha-Cha funktioniert?«, frage ich und lege das Ladekabel daneben. Eine Minute später drückt L. schon auf dem Ding herum. Ob dies der Beginn einer wundervollen Freundschaft ist?

Ein paar Tage später ist es so weit, der We-Vibe soll zum Einsatz kommen. »Schau mal, ohne Hände!«, rufe ich begeistert, als ich die anschmiegsame Klammer enthalte und es lustig vibriert. »Hm, hm!«, sagt L., »sieht irgendwie – schon besetzt aus.« Vor meinem inneren Auge singt der We-Vibe wie eine Handpuppe mit weit geöffnetem Schnabel einen passenden Song von Fanta 4:

Diese Frau ist besetzt ohne Pause bis jetzt,

denn ich kam zuerst und ich geh auch zuletzt.

Buenos Dias, Messias, auch wenn's dir nicht passt

du bist nur Gast hier, du fasst hier nichts an!

Das bringt mich kurz aus dem Konzept. Was folgt, ist viel redliches Bemühen zweier Menschen, aber ein Liebesakt macht nur halb so viel Spaß, wenn es währenddessen geräuschvoll vibriert und der männliche Part Angst hat, sich sein bestes Stück zwischen den Enden einer lila Klammer einzuquetschen. »Ich fühl mich auch so … überflüssig«, sagt L. und gibt entnervt auf. »Das ist ja wie ein Hilfsding, damit ich mich nicht um dich kümmern muss. Und das, wo ich mich sehr gerne kümmere.« Sagt's, wirft den We-Vibe aus dem Bett und kümmert sich.

»Ich hätte ja beinahe ein Reizstrom-Starter-Set gekauft«, verrät mir L,. als wir später im Bett herumliegen. Das kann ich nun überhaupt nicht nachvollziehen. »Ist das nicht schmerzhaft?«

178

Aber L., winkt ab. »Nein, man macht so Elektroden, wohin man will, und kann dann da gezielt durch elektrische Stimulation die Nerven kitzeln. Mit geringer Spannung tut das nicht weh, sondern kribbelt.« Für mich klingt das unheimlich und sehr, sehr unsexy, wenn man da voreinander liegt, verkabelt wie die Lüsterklemmen. Was es alles gibt!

Am nächsten Tag im Büro bekomme ich eine Mail von L. »Schau dir das mal an«, und drunter steht *Love Pod*. Zu sehen ist das Bild eines großen, roten Balls, 260 Zentimeter im Durchmesser. Er ist aufblasbar und hat zwei Einstiegslöcher, durch die man ins Innere gelangt. Der PVC-Liebeskokon verspricht dem geölten Pärchen heiße Spiele und ganz neue Stellungen. *Sind bestimmt Phthalate drin*, denke ich und stelle mir vor, wie wir in dem Ding durch den Garten rollen. Es gibt schon echt wildes Zeug. Zum Beispiel gibt es einen Markt für Schulmädchenspucke. In Japan natürlich. Und ein Geschäft für Sexspielzeug für Hunde, das anscheinend ausschließlich Gummihündinnen für den Rüden führt. Gibt es in den USA. Wobei, wenn ich es mir so recht überlege, die Methode aus dem alten Ägypten, Papyrustüten mit Fliegen oder Ameisen zu füllen zwecks dem schönen Kribbeln und Krabbeln für die Dame, kann da durchaus mithalten. Wenn ich mir nur vorstelle, die Tüte ginge kaputt … Himmel. L. findet nach wie vor die dreibrüstige *Area 51 Love Doll* am tollsten. Und wissen Sie was? Die kriegt er jetzt.

DER LIEBESZAUBER

Haben Sie auch eine Esoterik-Freundin? In meinem Leben ist diese Rolle mit meiner Kindergartenfreundin Anne besetzt. Anne und ich waren ein tolles Team in der *Gruppe Sonnenschein* des städtischen Kindergartens. Gemeinsam kümmerten wir uns um Recht und Ordnung in der Puppenecke und prügelten uns mit den dämlichen Cowboys oder Rittern oder Indianern oder als was die Buben sich eben so ausgaben.

Später, in der Schule, war Anne die Erste in unserem Jahrgang, die sich die Haare mit Henna färbte. Sie fing an zu batiken, sie schnitt von ihren Pullis und T-Shirts die Bündchen ab und drehte sich dünne Zigaretten ohne Filter, von denen sie furchtbar husten musste. Sie arbeitete in unserer Schule in der SMV[83] mit und leitete den Arbeitskreis Waldsterben. Die Typen, die sie gut fand, trugen ALLE eine Nickelbrille, Espandrillos[84] und meistens eine Weste über dem T-Shirt. Anne und ich verbrachten nicht mehr so viel Zeit miteinander, aber wenn sie jemanden brauchte, der mit ihr auf irgendeiner Demo ein Spruchband hochhielt, war ich für sie da. Und wenn ich Liebeskummer hatte, tröstete sie mich, legte mir Globuli unter die Zunge und sagte dem Mistkerl anhand von Tarotkarten eine finstere Zukunft voraus. Cowboys verdreschen verbindet einfach, Räucherstäbchen hin oder her.

---

83 SchülerMitVerwaltung
84 Espandrillo, der: Spanisches Schuhwerk aus Stoff mit Strohsohle. Korrekt getragen, indem man mit der Ferse den Stoff hinten runtertritt.

Anne hält mich bis heute zuverlässig auf dem Laufenden über Farb- und Aromatherapien, über ihre Erkenntnisse bezüglich früherer Leben und wie es um ihre Aura und die Chakren so steht. Dank Anne wusste ich frühzeitig, wie man Ayurveda richtig ausspricht und dass ich wegen Feng Shui meinen Klodeckel zumachen muss. Ich stellte mich zum Üben zur Verfügung, als sie Cranio-Sakral-Therapeutin werden wollte, und schluckte solidarisch Schüßler-Salze. Kein Problem. Anne ist super. Und wenn sie ihre Glücksaurakette auf meinen Lottoschein legt oder mit Bergkristallen eine Karaffe Rotwein statt Wasser mit Energien aufladen will, muss man sie einfach gern haben.

Ich besuche Anne, um ihr von meinem Projekt »Beste Liebhaberin der Welt« zu erzählen. Während sie das Teewasser auf den Herd stellt, setze ich mich an ihren kleinen Küchentisch und schiebe unauffällig eine Packung Räucherstäbchen hinter eine Messingpyramide. Vielleicht vergisst sie dann, welche anzuzünden.

»Was ist denn L. für ein Sternzeichen?«, fragt Anne, hebt jedoch sofort die Hand, als ich den Mund aufmachen will. »Nein! Sag nichts. Ich weiß es. L. ist Waage.« Mit glänzenden Augen sieht sie mich erwartungsvoll an.

»Falsch«, sage ich.

»Na gut, aber dann ist er Krebs«, und damit stellt sie die Teetassen auf den Tisch, als sollen sie das Gesagte untermauern.

»Nein«, antworte ich. Anne zwickt die Augen etwas zusammen, als könnte sie es dann besser erkennen. »Fische«, sagt sie. Ich warte einen Moment, um die Spannung zu erhöhen, und drehe dann ganz langsam meinen Kopf von links nach rechts. Anne runzelt die Stirn.

»Löwe ist er schon mal nicht, das ist klar …«, sie trinkt von ihrem Tee und sieht mich über den Tassenrand neugierig an. »Stimmt«, sage ich, »kein Löwe.«

Anne freut sich diebisch. »Stier?«

»Nein.«

»Wassermann?«

»Nein.«

»Schütze?«

»Nein.«

»Jungfrau?«

»Nein.«

»Steinbock?«

»Nein.«

»Widder?«

»Ja.«

»Wusste ich es doch!« Triumphierend strahlt sie mich an. Anne klärt mich auf, dass die zwölf Tierkreiszeichen verschiedene erotische Vorlieben haben und sogar unterschiedliche Stellen am Körper bevorzugen. Sie zieht ihren Laptop zu sich und schiebt die Messingpyramide zur Seite. Leider fallen dabei die Räucherstäbchen runter. »Warte, ich zünde uns was an.« Mist. Chakra-Räucherstäbchen nach ayurvedischen Rezepten, lese ich auf der Packung. »Es gibt für jedes Chakra einen andern Duft. Du kannst dir eins aussuchen«, sagt Anne und hält mir die Packung hin.

Ich nehme Sakral-Chakra, das klingt ein bisschen wie ein bayerischer Fluch. Kruzifix und Sakra-Chakra!

»Wir brauchen natürlich zuerst ein Erotik-Horoskop.« Anne ist inzwischen auf der Website ihrer Lieblingsastrologin Barbara Langer. »Die Beste der Welt«, findet Anne. Die Seite heißt www.astroprofi.at und ist eine Schatzgrube. Wir sehen beim L.-Widder nach:

Widder
Streicheln, streicheln, streicheln – und zwar an Stirn oder Haaransatz! Denn die empfindsamsten Nervenenden liegen beim Widder am Kopf und im Gesicht! Streicheln Sie mit Ihren liebkosenden Fingern leicht über die Schläfe oder durch sein Haar, Sie werden sehen, wie schnell Ihr Widder erotisiert wird. Berühren Sie dann mit leicht kreisenden Fingerspitzen die Lippen des Widders, werden Sie die beachtliche Wirkung am eigenen Körper erleben dürfen!

Die Stirn also. An ebendiese würde sich L. wahrscheinlich mit einem Zeigefinger tippen, wenn ich ihm mit Horoskopen käme. Ich kann mich noch erinnern, als ich ihn das erste Mal nach seinem Sternzeichen fragte, da sagte er: »Brikett.« Ob die Astrologin recht hat? Ich sehe bei meinem Sternzeichen nach:

Skorpion
Hier geht es gleich direkt zur Sache! Die Genitalien, egal, ob bei Herr oder Frau Skorpion, zählen zu den empfindsamsten Kör-

perteilen. Flüchtiges Berühren oder eng anliegende Unterhosen, welche die Genitalien stimulieren, versetzen den Skorpion bereits in wundersame Erregung. Zum höchsten Genuss für die Skorpionfrau zählt daher, ohne große Betonung, Cunnilingus.

Ich nicke zustimmend. »Siehst du«, sagt Anne, »die Frau ist eine Koryphäe. Das stimmt immer, was die schreibt!« Falls Sie nicht zufällig Widder oder Skorpion sind, können Sie hier nachlesen, was Ihnen erotisch so blüht:

Stier
Küssen oder streicheln Sie den Nacken eines Stiers. Lassen Sie Ihre Küsse in Richtung Kehle übergehen, so werden Sie erleben, wie schnell der Stier entflammbar ist. Derartige Gelegenheiten ergeben sich doch oft: beim Krawattenbinden, beim Wegnehmen von Haaren Ihres oder seines Mantelkragens oder beim Gleiten mit der Hand über die Polsterlehne. Achten Sie aber immer auf die Gemächlichkeit des Stiers, Ihre Annäherung sollte nicht überstürzt oder erzwungen wirken.

Zwillinge
Hände und Arme bis zu den Schultern hinauf sind beim Zwilling besonders empfindsam. Handküsse für Frauen oder einzelne Fingerküsse, bis hin zum Saugen, für den Zwillinge-Mann. Beide lieben es jedoch, wenn ihre Arme zart gestreichelt werden. Achten Sie doch einmal auf die erscheinende Gänsehaut nur bei einer flüchtigen Berührung – es scheint fast, als ob die Nervenenden diese Berührung zurückgeben wollen.

Krebs
Küssen Sie Ihren Krebs, innig, tief, am besten mit vollem Gebrauch der Zunge, die Erregung des Krebses ist dabei sensationell! Noch empfindsamer sind beim Krebs-Mann und auch bei

der Krebs-Frau die Brüste, jegliche Berührung, egal, ob mit Ihrer Zunge oder Ihren Fingern, erweckt sofort sexuelle Begierde.

Löwe

Mit einem Löwen begeben Sie sich am besten, sofern es möglich ist, ins Bad. Dort reiben Sie ihm zart, aber doch mit dem richtigen Druck, den Rücken ein. Wollen Sie, dass Ihr Löwe schnurrt wie ein Kätzchen, dann führen Sie Ihre Bewegungen behutsam von oben nach unten und verweilen am besten ein wenig im Kreuz. Meisterhafte Leistungen vom Löwe-Mann erzielen Sie, wenn Sie ihm beim Liebesakt mit den Fingern leicht über den Rücken kratzen. Das Löwe-Weibchen wird zur leidenschaftlichen Wildkatze, wenn man(n) ihr beispielsweise die Fransen eines Schals von den Schultern bis zum Po über den Rücken gleiten lässt. Den gleichen Effekt können Sie auch mit einer weichen Bürste erzielen!

Jungfrau

Eine Jungfrau bringen Sie recht schnell in Stimmung, wenn Sie sich auf das Gebiet des Unterleibs bis hin zur Brust konzentrieren. Die Reaktionen auf Ihr Streicheln oder Ihre Liebkosungen mit Ihrer Zunge, Ihren Lippen oder Ihrem darübergleitenden Haar wecken die feurige Leidenschaft in der Jungfrau. Ergänzen Sie dieses Spiel noch durch sinnliche Schauer mit Schwamm und Seife, und werden die erogenen Zonen der Jungfrau mit dem Strahl der Dusche vertieft, dann handelt es sich bei einer »kühlen« Jungfrau nur noch um eine Legende!

Waage

Zu den empfindsamsten Körperteilen zählen bei der Waage das Kreuz und ihr Hinterteil. Beim Tanzen oder Nebeneinander gehen kann man bei ihr durch leichtes Streicheln über das Kreuz schon erste sichtbare Erfolge erzielen. Wenn Sie dann beim intimeren Zusammensein noch sein oder ihr Hinterteil liebkosen, wird die Waage nicht nur glühen, sondern fast schon in Flammen stehen.

Schütze
Bürsten, kämmen und streicheln Sie Ihrer Schütze-Dame die Haare, sie wird schnurren und ihre schlummernde Leidenschaft wird ziemlich sicher geweckt. Handelt es sich um Ihren Schützling, liegen seine empfindsamen Zonen nahe den Genitalien, an der Innenseite seiner Oberschenkel. Er gelangt dabei in höchste Ekstase, wenn Sie leicht Ihre Zunge von den Knien beginnend bis hin zum Unterleib gleiten lassen. Frau und Herr Schütze werden aber auch den Bogen spannen, wenn ihre Hüften und Schenkel mit warmem Öl eingerieben werden.

Steinbock
Wollen Sie Ihren Steinbock in den Wahnsinn treiben, dann streichen Sie mit Ihren Brüsten sanft über seinen Körper, die Wunderwirkung wird auch Sie nicht kalt lassen! Wollen Sie die Leidenschaft der Steinbock-Frau in einen Orkan verwandeln, küssen Sie sie rund um ihren Nabel oder auf ihre Kniekehlen. Auch haben ein sanftes Streicheln des Rückens, von oben nach unten, zu beiden Seiten der Wirbelsäule, sowohl bei Herr als auch Frau Steinbock eine äußerst erotisierende Wirkung. Wenn Sie dann noch die Achselhöhlen liebkosen, werden Sie schon bald gemeinsam auf Wolke sieben schweben!

Wassermann
Reiben Sie mit Ihren Handflächen, von der Fessel an, die Waden Ihres Wassermanns oder Ihrer Wasserfrau aufwärts. Recht schnell wird sich die sinnliche Lust entfachen. Allein die natürlichen Berührungen durch Wade und Fessel während des Akts kann die sexuelle Befriedigung der Wassermänner und Frauen erhöhen. Wassermänner und auch Frauen sind aber nur für

sanfte Berührungen empfänglich, alles andere wird sie in die Flucht schlagen.

Fische

Streicheln Sie Ihrem Fischlein sacht und leicht über die Ferse und den Rist (nicht kitzeln!) oder massieren Sie zart die Fußsohle. Höchste Erregung durchströmt den Fisch, wenn man die Zehen zwischen den Fingerspitzen reibt oder sie gar in den Mund nimmt und daran saugt. Ist der Fisch bei diesen Spielereien mit seinem Partner noch im Wasser, wird er, ob dieser Tatsache, noch empfänglicher für alle Reize seiner erogenen Zonen.

Tage später bestellt mich Anne zu sich nach Hause, es sei wichtig. »Ich habe den totalen Knaller für dich«, sagt Anne, während sie uns zwei Gläser Wasser energetisiert. Ich hoffe inständig, dass es sich nicht um ein Engel-Räucherset oder einen Lakhovsky-Oszillator[85] handelt, das waren nämlich die letzten *totalen Knaller.*

»Ich habe eine Hexe aufgetrieben, die sich auf Liebeszauber spezialisiert hat!« Kennen Sie das auch, wenn man zwar akustisch alle Wörter eines Satzes versteht, sie aber irgendwie keinen Sinn ergeben? »Anne, es gibt keine Hexen, das waren weise, alte Frauen, die sich mit Heilkräutern auskannten.«

»Schnickschnack«, sagt Anne. Anne hat selbst eine kennengelernt, während sie letzten Sommer einen Channeling-Workshop machte, um Kontakte zu anderen Realitäten zu knüpfen. Die Leiterin des Workshops war die Hexe Madeleine und deren Spezialgebiet waren, welch Glück, die Liebeszauber.

---

85 Ein Untersetzer aus Holz mit Kreisen drauf. Zur Energetisierung von Räumen, Flüssigkeiten und sonst auch allem.

Zu Hause versuche ich über mein magisches Suchprogramm GOOGLE etwas über die Hexe Madeleine herauszufinden. Auf ihrer Internetseite erklärt sie verschiedene magische Rituale. Es gibt etwas, um jemanden auf sich aufmerksam zu machen, etwas für die Zusammenführung, etwas gegen Konkurrentinnen und ein Ritual, um den Exfreund zurückzubekommen. Bei allen spielen Wasser und Feuer eine wesentliche Rolle. Die Hexe Madeleine vollführt alle Zaubereien an einer romanischen Kultstätte direkt auf ihrem Grundstück. Ich sehe kurz im Impressum nach, wo das ist. Im Tessin. Im Impressum erfahre ich auch, dass Madeleine eigentlich Marianne heißt. Nur ein Foto von ihr finde ich leider nicht. Dafür aber eine Mail-Adresse. Ob sie auch einen Zauber für körperliche Liebe habe, will ich wissen. Ein Ritual, das L.s Verlangen nach mir steigert und mich zu seiner Sexgöttin werden lässt? Ob ich dazu ins Tessin kommen soll?

Ich überlege, was man zu einem Ritual an einer romanischen Kultstätte anzieht, ohne overdressed zu wirken, als mir Madeleine antwortet. Mein Erscheinen ist nicht vonnöten. Schade. Sie könnte aber für mich an ihrem Kultplatz mit den alten Gottheiten in Verbindung treten und mithilfe der weißen Magie L. empfänglicher für meine Reize machen. Sie empfange dann kosmische Energie, welche sie direkt in den Liebeszauber einfließen lasse. Die entfesselten übersinnlichen Kräfte der wirksamen Weißmagie würden unserem Liebesleben Flügel verleihen und die Leidenschaft könnte ihre gewaltige Macht über L. und mir ausschütten. Sie brauche dazu nur unsere Namen. Und 150 Euro.

Da sind wir wieder beim *Boobs-Booster-* und Cellulite-Gel-Problem. Ich weiß ja eigentlich, dass das nicht … Aber ganz hinten im Hinterkopf, in der Nähe der Ananas-Diätpillen, die ich mir letztes Jahr bestellt habe, sitzt ein kleines Männchen, das flüstert: *»Und wenn doch?«* Gut, man könnte jetzt sagen: *»Friss die Ananaspil-*

len und stirb, kleines Männchen. Aber ich kann seiner Verlockung nicht widerstehen.[86]

»Du willst was?« L. sieht mich fassungslos an. Ich wollte während des Abendessens die Sache mit dem Zauber nebenbei erwähnen, aber versuchen Sie mal einen Satz zu bilden, in dem der Nebensatz *Ich werde für 150 Euro einen Liebeszauber bei Hexe Madeleine bestellen* nicht auffällt. Während L. mit der Fassung ringt, versuche ich ihn zu beruhigen. »Vollkommen ungefährlich«, sei das Unternehmen, das wurde mir versichert. »Und wahrscheinlich merken wir gar nichts, das ist nur so eine Idee, man soll doch für alles offen sein, nicht? Möchtest du noch Soße?« Den Rest des Abends zählt L. auf, wie er 150 Euro anderweitig anlegen könnte.

Die Hexe und ich vereinbaren den nächsten 23. des Monats als fixes Datum für das Ritual. Irgendwelche Konstellationen sind nämlich am 23. viel besser als am 22. oder am 24. Ich überweise vorher das Geld und sie schickt mir dann Fotos des Events. Kann man zu Übersinnlichem überhaupt Event sagen?

Leider fällt der 23. auf einen Montag, ich stecke also mitten in einer Excel-Tabelle, als Hexe Madeleine im Tessin beginnt, die romanischen Gottheiten auf unser Liebesleben aufmerksam zu machen. Anne ist noch viel aufgeregter als ich und ruft mich mittags im Büro an: »Und? Wie ist es? Merkst du was?«

»Irgendwie ist da so ein Ziehen«, antworte ich. Anne bekommt leichte Schnappatmung. »Echt?«

---

86 Zu meiner Verteidigung sei gesagt, dass mich die Erzählung meines Exfreundes Fritz nachhaltig beeindruckt hat. Der berichtete ehrlich und reinen Herzens, dass es während eines Spaziergangs in einem Waldstück in der Nähe von Waldkraiburg Steine geregnet hat. Unheimlich was?

»Ja. Ich bekomme meine Tage.«

»Ach so«, Anne klingt enttäuscht. Das tut mir nun auch leid und ich versuche sie etwas aufzuheitern. »Heute Abend bekomme ich die Fotos geschickt, schauen wir sie zusammen an?«

Anne hat zu Hause extra für den feierlichen Anlass zwei Rauchkegel angezündet, die noch viel mehr stinken als sonst die Räucherstäbchen. »Myrrhe«, sagt Anne und deutet stolz auf die qualmenden Knödel. »Fördert die Weiblichkeit und wirkt entspannend.« Ich öffne ganz entspannt ein Fenster und reibe mir die tränenden Augen. So muss sich ein Aal in der Räucherkammer fühlen. Als sich die Nebelschwaden verzogen haben, klappe ich das iBook auf. Wir schenken uns ein Glas Rotwein aus der Vitalkaraffe[87] ein und laden die Fotos von Hexe Madeleine auf den Bildschirm. Jetzt bin ich auch aufgeregt. Das sind die ersten Fotos eines magischen Hexenrituals, die ich zu sehen bekomme. Und dann ist es auch noch für mich gemacht worden! »*WOW!*«, sagt Anne, als vom ersten Foto die oberen 2 Zentimeter zu sehen sind. Allmählich weicht das Schwarz vom Monitor und das erste Bild wird erkennbar. In einer Mulde auf einem Felsbrocken lodert ein kleines Feuerchen auf etwas Grillkohle. Daneben ein qualmender Dreckknödel, wie die Myrrhe-Kegel von Anne. Um den Felsbrocken herum sind ungefähr 20 Steine, die wie Pflastersteine aussehen, im Kreis aufgestellt.

---

87 Die Vitalkaraffe ist eine gewellte Glaskaraffe. Am Boden ist das Bild der Blume des Lebens eingebrannt, ein geometrisches Muster. Die Flüssigkeit in der Karaffe wird so in seiner Lebenskraft gestärkt, sagt Anne. Der www.esoterikladen.de weiß dazu: »Der Begründer des QI-Mag International Feng Shui Geobiology Institute, Prof. Dr. T. Y. Lim, testete die Karaffe auf stark rechtsdrehende Vitalenergie. Nach circa 5 Minuten weist das darin befindliche Wasser eine Vitalkraft ähnlich des Wassers aus der Quelle in Lourdes auf.« Schau, schau.

Unter dem Bild steht geschrieben:

Magisches Feuerritual mit indianischem Rauchsalbei in einem
Kreis aus Kultsteinen

»*WOW!*«, sagt Anne wieder. Auf dem nächsten Foto ist ein anderer Felsbrocken. In einer Mulde lodert wieder ein Feuerchen, in
einer anderen ist Wasser. Die Unterschrift ist:

Lustzauber an der magischen, romanischen Ritualquelle

»Das ist bestimmt ein Schalenstein, vielleicht war da mal Opfer-
blut drin oder so was«, Anne starrt gebannt auf die Ritualquelle.
Für mich sieht die Ritualquelle ein bisschen wie eine Pfütze aus.
Als ich als Kind in Jugoslawien im Urlaub war, gab es am Felsen-
strand auch immer so kleine Pfützen in den Felsen. Die füllten
sich mit Meerwasser und wurden dann mit der Zeit sehr warm
und man konnte Quallen darin aufbewahren. In dieser Pfütze
liegt keine Qualle. Dafür liegt gleich daneben ein weißes Blatt
Papier.

Alex & L.

steht darauf. Das finde ich schon schön, unsere Namen da stehen
zu sehen. Ich fände es aber auch schön, einen Zettel mit unseren
Namen vor dem Eiffelturm fotografiert zu sehen. Oder an einem
Strand. Oder an sonst einem hübschen Ort.[88] Das dritte und letz-
te Foto öffnet sich und wir sehen wieder den Felsbrocken, auf
dem unüberschaubar viele Kerzen in einem Kreis stehen. In der
Mitte ist das Feuerchen, in dem jetzt nur noch etwas Glut glimmt.
Die perfekte Glut, um ein Steak draufzulegen. Drunter steht:

---

88   mvg Verlag, Nymphenburgerstraße 86, 80636 München, Kennwort *Miss Sex*

Im Kreis der Kerzenflammen erglüht die komische Leidenschaft.

»Im Kreis der Kerzenflammen erglüht die komische Leiden-schaft?«, Anne runzelt die Stirn, »Was soll das denn heißen?« Wir beugen uns vor und berühren mit der Stirn fast den Bildschirm. Da steht immer noch die komische Leidenschaft. Ich vermute, Hexe Madeleine hat das Wesen unserer Verbindung klar erkannt, L. und ich, das ist definitiv eine komische Leidenschaft. Anne jedoch fängt plötzlich an zu kichern und steigert sich in ein lautes Wiehern, sie schlägt sich auf die Schenkel und packt mich am Arm. »Kos-misch!«, presst sie heraus »Sie meinte kosmisch! Nicht komisch!« Und dann lachen wir, bis uns das Wasser aus den Augen rinnt.

Innerhalb einer Mondphase soll er wirken, der Zauber.

Falls Sie nicht 150 Euro investieren wollen, können Sie auch selbst Hexe spielen. Dazu brauchen Sie zwei Kerzen, am besten rote. Ritzen Sie längs in jeweils eine Kerze Ihren Namen und den Ihres Liebsten. Die Kerzen sollen eng nebeneinander stehen, um die beiden herum verstreuen Sie Rosenblätter. Binden Sie ein Haar von Ihnen und eins von ihm um die beiden Kerzen. Falls einer von Ihnen einen Kurzhaarschnitt trägt, legen Sie das kurze Haar oben über die beiden Kerzen. Lassen Sie die Kerzen bei zunehmendem Mond abbrennen, ohne sie zwischendurch auszumachen. Sehen Sie dabei zu und sagen Sie:

Mächte der Liebe, Mächte der Lust,

stärkt meinen Glanz, betört meinen Duft.

Mächte des Feuers hier auf Erden,

lasst meinen Zauber Wirklichkeit werden.

Sie können dazu noch etwas Lavendel, Jasmin oder getrocknete Rosenblätter verbrennen. (Dann riecht es auch nicht so nach verbrannten Haaren.)

Als ich L. abends die Fotos unseres Rituals zeige, zieht er die linke Augenbraue nach oben. »Sieht hübsch aus«, sagt er. »wie ein Stillleben aus Pflastersteinen, Pfützen und Kartoffelfeuer.« Der alte Ignorant. Na warte.

Ein paar Tage später, als es zwischen L. und mir richtig romantisch wird und wir knutschend im Bett liegen, fällt es mir wieder ein:

Streicheln, streicheln, streicheln – und zwar an Stirn oder Haaransatz! Denn die empfindsamsten Nervenenden liegen beim Widder am Kopf und im Gesicht!

Ich streiche L. über die Augenbrauen, die Wange entlang zum Kinn, fahre über seine Lippen den Nasenrücken nach oben und über die Stirn an die Schläfen. Ich kreise mit meinen Fingerspitzen über den Haaransatz von links nach rechts und verweile kurz an seinen Ohrläppchen. Ich küsse ihn auf die Augenlider, während ich mit beiden Händen durch seine Haare fahre und ihm die Kopfhaut massiere. L. versucht, mich mit einem Arm zu umfassen, aber ich lege ihn zurück an seine Seite. Ich wende mich wieder L.s Stirn zu und streichle so sanft ich kann über sein Gesicht. Gerade, als ich wieder leicht vom Ohr über die Wange fahre, macht L. die Augen auf und sieht mich zärtlich an. »Meine Schöne, was machst du da?«

»Wie, was ich da mache? Ich erotisiere dich! Deine empfindsamsten Nervenenden liegen am Kopf und im Gesicht!« L. legt den Kopf schief. »Das wüsste ich aber«, antwortet er und fragt, woher ich das denn hätte. Ob ich je beobachtet hätte, dass er sich den Kopf massiere, wenn er Lust habe?

Ich gehe und hole den Laptop ins Bett. »Da, siehst du«, ich zeige ihm sein Erotik-Horoskop. L. runzelt seine nichterotisierte Stirn und liest weiter. »Ich glaube, ich wäre lieber ein Schütze«, sagt L. und ich lese mit:

... liegen seine empfindsamen Zonen nahe den Genitalien, an der Innenseite seiner Oberschenkel. Er gelangt dabei in höchste Ekstase, wenn Sie leicht Ihre Zunge von den Knien beginnend bis hin zum Unterleib gleiten lassen ...

»Oder warte, ein Steinbock wäre ich auch gern.« Unter Steinbock steht: Wollen Sie Ihren Steinbock in den Wahnsinn treiben, dann streichen Sie mit Ihren Brüsten sanft über seinen Körper...

»Ein Steinschütze also«, stelle ich fest und L. nickt energisch mit dem Kopf. »Ja. Ein Schützenbock.« Und dann sind wir erst einmal beide etwas Krebs:

Küssen Sie Ihren Krebs, innig, tief, am besten mit vollem Gebrauch der Zunge, die Erregung des Krebses ist dabei sensationell!

Als ich Anne von unseren neuen Lieblingssternzeichen erzähle, fragt sie nach unseren genauen Geburtsdaten und tippt die in ihren Computer. Und verkündet strahlend. »L. ist Schütze im Aszendent!« Und was bin ich im Aszendent? Anne guckt nach, »Krokodil«, sagt Anne. Und ich habe ihr das mindestens 5 Minuten lang geglaubt.

DER EROS CTD

Der Eros CTD heißt mit vollem Namen *Eros Clitoris Therapy Device*.[89] Und er sieht aus wie ein größeres Ei mit einem kleinen, blinddarmartigen Schnürpel dran:

Das große Ei enthält zwei Batterien, einen An-Aus-Schalter, ein stufenloses Regulierrädchen und ein kleines Luftloch an der Seite. Der kleine blinddarmartige Schnürpel ist ein durchsichtiger, abgeschrägter Plastikaufsatz. Sieht komisch aus? Richtig! Das hat den Vorteil, dass man es überall herumliegen lassen kann und kein Besuch einen jemals windschief anschauen wird. Nehmen Sie es ruhig mit ins Büro und legen Sie es neben Ihr Handy. Man wird annehmen, es sei ein Inhalationsgerät für Menschen mit nur einem Nasenloch oder ein Taschenstaubsauger. Niemand wird hinter dem harmlosen Ding Eros vermuten. Eros funktioniert in etwa so wie eine Penispumpe – Sie wissen schon: diese kleineren Messbecher mit einer Handpumpe dran. Wenn man da einen Penis reinstopft und dann per Pumpe ein Vakuum erzeugt, sieht das sehr lustig aus (in etwa so lustig, wie wenn jemand eine Glas-

---

89 Zu deutsch: Eros-Klitoris-Therapie-Gerät.

scheibe knutscht) und saugt dadurch Blut in den Penis. Der wird größer, man nimmt den Becher ab und montiert flugs einen elastischen Ring (Penisring) um die Wurzel (wie einen Haargummi um einen Pferdeschwanz), schön fest, damit das Blut nicht zurückkann. Das sieht dann so aus:

http://en.wikipedia.org/wiki/File:Different_variety_of_balloon_bears.jpg

Nein. War nur Spaß.

Der Eros CTD soll nun das Gleiche tun wie eine Penispumpe, nur an der Frau. Der kleine (auswechselbare) Schnürpel wird über die Klitoris gestülpt und per Unterdruck wird Blut hineingesaugt. Das hört sich unangenehm an, ist es aber nicht. Im Gegenteil. Ersonnen wurde der Eros (natürlich) von einer amerikanischen Firma, die sich mit Erektionsstörungen beschäftigt. Da es bis dato nur Gerätschaften für Männer gab, hatten die Herrschaften eine Riesenidee, nämlich einen enorm großen und ungenutzten Markt nutzbar zu machen: die Frauen. Dabei will sich der Eros nicht als Spielzeug missverstanden wissen: Er ist in rein medizinischer Mission unterwegs. Das sieht man ihm auch an, die Designer des G-Punkt-Seepferdchens würden die Hände über den Köpfen zusammenschlagen. Eros hat die beige-graue Farbe von Krankenhausbetten und verhält sich dem See-pferdchen gegenüber wie PC zu Mac. Nicht sexy. Außerdem trägt er das Wort *Therapy* im Namen, und das verpflichtet. Er ist ein me-dizinisches Gerät, in den USA sogar verschreibungspflichtig und als medizinisches Instrument durch die US-Gesundheitsbehörde *Food and Drug Administration* (FAD) anerkannt. Und die nehmen ihren Job ernst, das wissen wir von den Aphrodisiaka. In Deutschland ist er frei erhältlich[90], leider übernehmen die Krankenkassen die Kosten für Eros aber (noch) nicht. Für die Penispumpe (die dann Vakuum-erektionshilfe heißt) oder Viagra schon. Abgesehen vom Aussehen unterscheidet sich der Eros durch seinen exorbitanten Preis[91], die Saugkomponente und seine Bestimmung von ordinärem Sexspiel-zeug: Er ist nicht zur direkten Befriedigung gedacht, sondern soll in einer Behandlung über mehrere Wochen langfristig eine körperliche Veränderung und damit folgende Ziele erreichen:

- Sensibilisierung des Genitalbereichs

- Vergrößerung der Klitoris

- Erhöhte Orgasmusfähigkeit

- Erhöhte sexuelle Zufriedenheit

Ob dies allein auch durch regelmäßige, normale Masturbati-on, die ja auch die Durchblutung fördert, hinzubekommen ist, ist noch nicht genau erforscht. Vom Arzt jedoch dreimal täglich

---

90 Eros wird in Deutschland vertrieben von: m t m / www.mtm-med.com
91 In Europa Euro 425,- plus der gesetzlichen Mehrwertsteuer plus Versand und Nach-nahmegebühren. Innerhalb von Deutschland frei Haus.

masturbieren verschrieben zu bekommen, könnte ein großes Hallo verursachen.

Den Ansprüchen von L. genügt das Gerät überhaupt nicht. »Keine Knöpfe«, sagt er und wendet sich desinteressiert ab. Ich versuche, ihn mit den tollen Ergebnissen zu ködern, die der Eros bei Frauen in den USA geliefert hat:

- eine Verbesserung der Empfindlichkeit von über 90 Prozent

- eine Verbesserung der Scheidenbefeuchtung von über 80 Prozent

- eine allgemein größere sexuelle Befriedigung von über 80 Prozent

- eine verbesserte Orgasmusfähigkeit von über 55 Prozent

Und zwar für Frauen mit und ohne sexuelle Funktionsstörung. Juchhe. Unter Sexualstörungen fallen übrigens: eine mangelnde Lubrikation (Befeuchtung), Schmerzen beim Verkehr und damit nachlassende Lust, ein ausbleibender Orgasmus. Wenn Sie sich jetzt auch denken: Vielleicht wäre es sinnvoller, den jeweiligen Partner dieser Frauen in einen Kurs *Sexuelle Erregung der Frau Teil I* zu schicken: Der Eros zielt auf diejenigen ab, bei denen diese Probleme durch hormonelle Umstellung auftreten, zum Beispiel während und nach der Menopause oder bei Erkrankung des Stoffwechsels (wie Diabetes). Eine Über- oder Unterfunktion der Schilddrüse kann ebenso schuld sein wie eine Erkrankung des Nervensystems oder einige medikamentöse Therapiemaßnahmen, die ebenfalls sexuelle Störungen verursachen.

Sexuelle Stimulation als Therapieform ist eigentlich ein alter Hut und war schon zu Hippokrates' Zeiten verbreitet. Damals ging man davon aus, dass Frauen während eines Orgasmus ebenfalls einen Samenerguss haben. Falls die Frauen ihren Samen mangels Gelegenheit nicht loswerden, kann er schlecht werden und sie krank machen. Später wurde die Krankheit als *Hysterie* bekannt. Die Behandlung war einfach: Ein Arzt oder eine Hebamme verschaffte Entspannung durch eine Genital- und Beckenbodenmassage. Das war gängige Praxis bis in die zweite Hälfte des 20. Jahrhunderts hinein. Um den Ärzten die Behandlung zu erleichtern, wurden, als medizinisches Gerät, die Vibratoren erfunden. Mary Roach hat in ihrem Buch BONK [92] ein erstaunliches Zitat der Historikerin Rachel P. Maines zu diesem Thema angeführt:

»Es gibt keinerlei Hinweise darauf, dass Ärzte es genossen hätten, ihren Patientinnen Beckenbodenmassagen zu verabreichen ...« Die meisten dieser Ärzte, schreibt sie, hätten noch nicht einmal begriffen, dass der Höhepunkt ihrer Behandlung ein Orgasmus gewesen sei. Im Laufe der Zeit wurden die Vibratoren auch als Heimgeräte verkauft, noch lange mit dem Touch des gesundheitlich-medizinischen Massagegeräts. Das kennen wir noch aus alten Quelle-Katalogen: Eine Frau mit Pferdeschwanz im Profil, die sich einen beige-grauen Hartplastikstab an die Wange hält. Direkt neben der Bestellanzeige für das Fußbad und die Infrarotleuchte. Da liegt Eros voll auf der Linie.

Ganz ehrlich gesagt, gibt es nur einen einzigen Grund, warum ich den Eros unbedingt haben wollte: Die gute Mary Roach, die in ihrem Buch den Eros testete, schrieb, er mache einen zum Monster-Masturbator. Und damit zur Monster-Liebhaberin. Ich werde wahrscheinlich schon an die Decke gehen, wenn L. mich nur schräg ansieht.

---

92   *BONK. Alles über Sex – von der Wissenschaft erforscht,* Fischer Taschenbuch Verlag.

»Klingt unheimlich«, findet L. Der wird sich noch umschauen.

Zusammen mit dem Eros kommen eine DVD mit Instruktionen und eine Betriebsanleitung:

Ich soll den Eros anlegen, einschalten und drei bis fünf *Stop-and-go-Zyklen* absolvieren. Eine Minute anlassen, eine Minute Pause, eine Minute anlassen und so fort. Und zwar täglich drei bis fünf Mal. Hoppla. Wie stellen die sich das denn vor?

*   Lieber Vorstand, liebe Kollegen, das ist ein sehr interessantes Meeting, aber ich muss jetzt WIRKLICH zu meiner Eros-Therapie!

*   Das Brummen aus der Toilettenkabine? Oh, das ist eine medizinische Sache.

*   Für mich bitte ein Wasser und das Seezungenfilet – und hätten Sie noch einen kleinen, schalldichten Raum dazu?

*   Von der Gelbwurst und dann noch 500 Gramm Hack, dürfte ich wohl für 3 Minuten Ihr Kühlhaus benutzen?

Zweimal am Tag muss reichen.

L. in seiner Rolle als unser Sicherheitsbeauftragter besteht darauf, die Bedienungsanleitung nach Nebenwirkungen durchzusehen. Die freudige Überraschung: Es gibt keine. »Aber da steht was mit Risiken!« L. blättert zurück. Tatsächlich, da stehen ein paar Hinweise auf Risiken. Zum Beispiel dieser hier:

Reibeentzündungen oder Hautirritationen können sich entwickeln, wenn das Eros-Therapie-Gerät zu häufig eingesetzt oder der CARESS-Cup-Trichter[93] nicht richtig platziert wird.

Das klingt doch, als hätte da jemand monstermäßig masturbiert. Die Bedienungsanleitung beginnt Spaß zu machen. Unter *Vorsichtsmaßnahmen* steht unter anderem:

Sie sollten gründlich untersucht und über die Eros-Therapie instruiert sein, bevor Sie mit der Therapie beginnen (nur Vorschrift in den USA).

Wir Europäer dürfen einfach so drauflossaugen. Außerdem steht da noch, man sollte die Therapie nicht durchführen, wenn man, unter anderem, unter dem Symptom des Alkohol- und Drogenmissbrauchs leidet.

Weil was genau passieren kann? Aber wahrscheinlich hatte eine Hausfrau aus dem mittleren Westen der USA nach ein paar Cocktails hübsch einen im Tee und verpasste sich mit dem Eros einen Knutschfleck. Woraufhin ihr Mann sie verlassen hat, woraufhin sie die Hersteller erfolgreich auf einen zweistelligen Millionenbetrag verklagt hat.[94] Die Hersteller von Eros sichern sich auch diversen Unterhaltszahlungen gegenüber ab: Das Eros Therapie-Gerät ist nicht geeignet zur Methode der Geburtenkontrolle. So was. Wo doch überall zu lesen ist, dass regelmäßiges Saugen an der Klitoris sicher vor Empfängnis schützt! Die Amis, Mann, Mann, Mann. Die nächste Überschrift gefällt L. wieder ausnehmend gut: *Sicherheitsaspekte*. Da steht unter anderem, dass man den Eros abschalten soll, bevor man ihn von der Klitoris entfernt.

---

93 Das ist geschwollen ausgedrückt für den durchsichtigen, abgeschrägten Plastikaufsatz.
94 À la »Katze-in-der-Mikrowelle-getrocknet.« Das ist übrigens ein modernes Märchen und nicht wahr.

In unseren Köpfen läuft sofort ein Cartoon-Film von einem Eros CTD, der eine Klitoris bei Nichtbeachtung dieser Regel meterlang zieht. Ich schlage meine Beine übereinander und sehe mir die Illustration zur Handhabung an. Da ist praktischerweise eingezeichnet, wo sich die Klitoris befindet, falls die eine oder andere diese nicht finden sollte. Curt Olson, einer der Miterfinder des Eros, erzählt in *BONK*, dass hin und wieder Frauen bei der Firma anriefen, die ihre Klitoris nicht orten könnten. Die pumpen auf etwas anderem herum. Vermutlich deshalb die Zeichnung. Die Amis. Mann, Mann, Mann.

Mir wird ferner empfohlen, ein Eros-Therapie-Tagebuch zu führen. (*Lieber Eros, heute habe ich wieder den halben Tag nur an Dich gedacht ...*). Dazu gibt es Vordrucke, in die man Daten eintragen kann. Zwecks der Kontrolle und dem sichtbaren Erfolg: schwarz auf weiß. Ich beschließe, kein Eros-Therapie-Tagebuch zu führen. Ich habe da diese unangenehme Vorstellung, dass L. zufällig die Papiere in die Finger bekommt und dann liest, dass nach zwei Wochen, während des dritten Therapiezyklus, bei mittlerem Vakuumlevel, der Scheidenfeuchtigkeitsgrad befriedigend war. Das klingt so – unsexy.

Der natürliche Feind von Eros sind Kritiker, wie die bekannte Sexualforscherin Beverly Whipple. Sie halten ihn für eine Schnapsidee, drücken es aber eleganter aus. Auf der Internetseite www. netdoktor.de ist in dem Artikel von Ingrid Müller, *Beglückende Lustmittel*, zu lesen:

Kritisch sieht das der Gynäkologe und Sexualtherapeut Marc Ganem von der französischen Gesellschaft für klinische Sexologie in Paris: »Wer Sexualität auf die Durchblutungseigenschaften der Genitalien reduziert, macht einen großen Fehler«, sagte er. Die Suche nach Medikamenten, die die Durchblutung der Klitoris steigern und so den Sexgenuss fördern sollen, hält er für unsinnig: »Selbst wenn man solche Stoffe finden sollte, wird die-

se Strategie keinen Erfolg haben. Wir wissen längst, dass eine Frau auch ohne gesteigerten Blutfluss und ohne die Bildung von Gleitflüssigkeit in der Scheide (Lubrikation) einen Orgasmus haben kann.«

Wie Ganem warnte auch die Sexualforscherin Beverly Whipple von der State University of New Jersey in Rutgers davor, Sexualstörungen bei Frauen mit männlicher Impotenz gleichzusetzen. »Der Körper einer Frau funktioniert einfach anders als der eines Mannes«, betonte Whipple. Und die Psychologin Leonore Tiefer vom Institut für Urologie des Montefiore Medical Center in New York wirft der Pharma-Industrie sogar vor, einen neuen Markt schaffen zu wollen. Nach ihrer Ansicht hätten viele Frauen nur deshalb sexuelle Probleme, weil sie »Ängste, falsche Moralvorstellungen oder Probleme mit ihrer Partnerschaft haben«. Nur bei einem sehr kleinen Teil aller Frauen mit Sexualstörungen würden tatsächlich körperliche Defekte eine Rolle spielen. Der Grund dafür liegt für den Gynäkologen Ganem auf der Hand. »Nicht die Genitalien, sondern das Gehirn ist das Hauptorgan der menschlichen Sexualität.«

Das mag ja alles sein, aber Schnickschnack, ich will jetzt anfangen. Eros und ich haben schließlich einen langen Weg vor uns. Zwei Wochen habe ich als Therapieminimum angesetzt. Immerhin rät die Bedienungsanleitung:

Bitte werden Sie nicht ungeduldig!

Frauen und Studien berichten, dass sich normalerweise erste Verbesserungen und sexuelle Befriedigung innerhalb der ersten Wochen einstellen werden.

Wie viele Wochen sind die ersten Wochen? Eine Woche wäre die erste Woche, aber zwei, das ginge gerade noch. Und schließlich gibt es bei mir nichts zu reparieren, sondern nur zu profitieren.

Kennen Sie dieses Lied *Das erste Mal tat's noch weh, beim zweiten Mal nicht mehr so sehr* …, in dem Stefan Waggershausen die Gesetzmäßigkeiten des Liebeskummers beschreibt?[95] Ich muss da jetzt immer an meinen Eros denken. Es ist zwar reichlich übertrieben, zu behaupten, unsere erste Sitzung hätte wehgetan, aber es war etwas unangenehm. Er war wie ein unbelehrbarer Liebhaber, der während des Oralsex stur sein Programm durchzog, egal, wie man sich windet oder versucht, ihn in die richtige Position zu schieben. Ich war fast etwas sauer auf Eros. Obwohl es nicht seine Schuld war: Er kann ja nur saugen. Die Aussicht auf eine zwei Wochen dauernde Wiederholung dieser Nummer, und zwar zweimal täglich, geht mir auf den Wecker.

»Wohin so grantig, mein Herz?«, fragt L. vom Sofa, als er mich das erste Mal mit Eros in der Hand und einem Minus im Gesicht Richtung Schlafzimmer gehen sieht. Zu meiner großen Freude ändert sich unser Verhältnis nach wenigen Anwendungen. Also das von Eros und mir. Von unangenehm zu geht so über gar nicht so schlecht bis zu och – schon drei Minuten um? Am Ende pfeife ich auf die Uhr und auch die Pausen lasse ich aus. Die Eros-Therapiesitzungen sind zwar nicht von einem Orgasmus gekrönt, aber das konvulsivische Saugen, verursacht durch das Regulieren der Vakuumstärke mittels Luftloch, ahmt einen Effekt davon nach. Ich werde zur idealen Kandidatin für Reibeentzündungen oder Hautirritationen.

L. beobachtet diesen Wandel mit leichter Sorge. »Ist nicht mehr unangenehm, was?«

»Im Gegenteil!« Und während ich begeistert über Saugkomponenten und Vakuumregler doziere, werden die Augen von L.

---

95   Gecovert von Oli P.

immer größer. »Also findest du es jetzt gut?«, fragt er, um sich sogleich im Anschluss zu verbessern: »Ich meine, wie gut genau?« Da erst fällt bei mir der Groschen. »Und wenn es noch hundertmal besser wäre, so wäre es doch unvergleichbar mit deinen Künsten.« Da strahlt er wieder.

Was der Eros im Anschluss mit mir anrichtet, ist gewissenlos und unverantwortlich. Bei allen möglichen und unmöglichen Gelegenheiten läuft plötzlich, ohne Vorwarnung und vor allem ohne Auslöser, die angestrebte Durchblutung auf Hochtouren. Ich kann hundemüde im Bett liegen, über einen Formelfehler in einer Excel-Tabelle die Fassung verlieren oder die frisch gewaschenen Socken zusammenlegen, völlig egal. Ich kann gar nicht so schnell kucken, es machte Zack! und meine untere Körperhälfte fühlt sich an, als sei sie inmitten einer langen Liebesnacht, während mein Kopf aber noch bei den Socken war. Eine eigenartige Erfahrung. Sie kennen doch diese typische Zauberernummer »Die Frau ohne Unterleib«? Das bin ich. Während der Unterleib auf die Kacke haut, sehe ich noch verwundert ins Publikum.

Eros bringt mich unvermittelt aus dem Konzept. Nicht, dass ich während einer Diskussion mit Frau Drösel plötzlich den unbändigen Wunsch verspürte, Sex zu haben. Aber die überraschenden und heftigen Grüße aus dem Schritt (Hallöchen!) verursachen zumindest ein *Ach, du schon wieder* in meinem Hirn. Das reicht mitunter völlig aus, um die Konzentration zu verlieren. Ich nehme das dem Eros ein bisschen übel. »So haben wir nicht gewettet, Freundchen«, schelte ich ihn und verringere unsere Sitzungszahl auf einmal am Tag. Die Veränderungen und Ergebnisse, die man eigentlich mit dem Eros erzielen soll – ja gut, da ist was dran. Aber die auffälligste Veränderung sind die spontanen Attacken, die über meine Intimregionen herfallen wie Hitler über Polen.

L. kann sich das nicht so recht vorstellen. »Wie oft am Tag passiert das denn ungefähr?« Das weiß ich nicht, ich machte ja keine Strichliste. »Keine Ahnung, wollen wir mal mitzählen?« Es wird beschlossen, dass ich jedes Mal, wenn es passierte, *Jetzt* sage. L. muss zählen. Wie entschieden uns für den Samstag. Ich käme sonst in Erklärungsnot, wenn ich meinen Arbeitskollegen erklären müsste, warum L. neben meinem Schreibtisch steht und immer, wenn ich *Jetzt* sage, einen Strich auf seinen Block malt.

»Jetzt« sage ich, als wir am Samstagmorgen die Augen aufschlagen. »Was? Oh, warte«, L. schält sich blinzelnd aus dem Bett, schlüpft in seinen Bademantel und verschwindet aus der Tür. »So, hier haben wir Schreibzeug, ich mache den ersten Strich«, sagt L., da bin ich aber schon wieder eingeschlafen. Das Frühstück verläuft ohne weitere Striche auf der Liste, wir rascheln mit den Zeitungen und neben L. liegen Zettel und Stift. »Jetzt!«, schreie ich aus meiner Büroecke, während ich die Mails vom Vortag durchsehe. »Hab ich«, kommt es aus L.s Arbeitszimmer zurück. Dann ist wieder Frieden im Schritt, bis L. mich in die Innenstadt zum Shoppen begleitet. »Jetzt!«, rufe ich hinter dem Samtvorhang der Ankleidekabine. Ich schiebe den Vorhang zur Seite und präsentiere L. das figurbetonte Prada-Kleid, der taillierte Traum meiner schlaflosen Nächte. »Jetzt«, sagt diesmal L., und ich nehme das Kleid.

Während des Hundespaziergangs am Nachmittag sage ich nur einmal »Jetzt!«, Lila verwechselt das mit »Sitz« und setzt sich prompt hin.

»Echt, jetzt?«, L. sieht mich völlig ungläubig an. Ich habe »Jetzt« gesagt, als wir vor Gorgo, dem Fischverkäufer im Supermarkt stehen. »Ja, jetzt, was kann ich denn dafür«, erwidere ich leicht gereizt. L. sieht mich immer noch an und Gorgo sieht zwischen uns beiden hin und her. »Okay«, sagt L. und zieht Block und Stift aus der Tasche. Während wir die Einkäufe nach Hause tragen, fragt L. nach: »Und es ist tatsächlich total egal, wer da vor dir steht? Es passiert einfach so?« – »Ja«, sage ich, »es muss ja nicht einmal irgendjemand vor mir stehen. Ich muss noch nicht einmal an irgendetwas Sexuelles denken. Es kommt von selbst.«

»Jetzt«, sage ich, als ich während des Abendessens den Chitinpanzer einer Gamba aufbreche, und dann noch mal beim Dessert. An diesem Abend kommt auf Arte *Léolo*, ein Film von Jean-Claude Lauzon. Der Film dauert 107 Minuten, nach einer Dreiviertelstunde schießen mir die ersten Tränchen in die Augen. Und während ich trötend eine Nase voll Rotz in das Taschentuch schnäuze: »Je-he-he-tzt.«

Als wir später im Bett liegen, küsst mich L und nimmt liebevoll mein Gesicht in seine Hände. »Jetzt auch?«

»Ja. Jetzt auch.«

DIE TANTRAMASSAGE

Wer die beste Liebhaberin der Welt werden wolle, müsse das können, hat Anne gesagt. Ich kann mir unter einer Tantramassage nichts Genaues vorstellen. Ich habe keine konkreten Bilder im Kopf, sehe aber nebulös eine Frau mit Seidenschal vor mir, die oft »ganzheitlich« sagt und ausholende Bewegungen mit den Armen macht, wenn sie spricht. Dann wird man wohl massiert und das hat dann irgendwie mit Sex zu tun. Und Indien. Und Räucherstäbchen. So weit mein Wissen über Tantramassagen.

»Was weißt du über Tantramassagen?« L. sieht von seinem Laptop auf. »Die gibt es in einem Tantra-Emma-Laden?«, vermutet er und wendet sich wieder dem Computer zu. »Sehr witzig«, finde ich und zwicke ihn ins Ohr. »Im Ernst jetzt.« L. nimmt meine Hand und hält sie an sein Herz: »Im Ernst habe ich keine Ahnung. Ich glaube, das ist Ringelpietz mit Anfassen auf esoterisch.« Ich setze mich auf L.s Schoß und wir sehen, was wir im Internet darüber finden. Nach einer halben Stunde sind wir keinen Schritt weiter. Ich finde keine Seite, die erklärt, was da genau passiert. Ich lese nur die ganze Zeit Worte wie:

Liebe, Sexualität, Spiritualität, ganzheitlich, Chakren, Blockaden, Yoni- und Lingam-Massage, Bewusstsein, Indien ...

»Eso-Scheiße«, fasse ich es zusammen.

Ich möchte da jetzt niemandem zu nahe treten, besonders nicht Anne, in deren Gegenwart ich nie *Eso-Scheiße* sage. Mein ganzheitliches Bewusstsein hält nun mal gar nichts von Chakren, Qis [96] und Meridianen. Ich bin das Kind von Naturwissenschaftlern. Wenn ich mit einer neu erworbenen Schulweisheit nach Hause kam, hieß es erst einmal: *Beweise es.* Nichtsdestotrotz habe ich ehrlichen, freundlichen Spaß an mystischem Tamtam, Wünschen ans Universum und Tageshoroskopen in der Zeitung. Und bin grässlich neugierig.

Ich schlage deshalb vor: »Probieren wir das doch aus!«

L. sieht mich etwas irritiert an. »Wie jetzt, wir zwei? Kannst du das denn?«

»Nein«, wiegle ich ab, »ich meine in so einem Zentrum, bei jemand Professionellem.« L. macht ein skeptisches Gesicht. »Meinst du, das ist nicht sehr … komisch? Also im Sinne von eigenartig? Unangenehm?« Das könnte natürlich sein.

»Dann brechen wir eben ab und sagen, wir wollen lieber ganzheitlich verschwinden.« L. will eine Nacht drüber schlafen.

Am nächsten Tag in der Arbeit klicke ich mich durch die vielen Tantrazentren, -schulen, -kurse und -seminare und bleibe bei der Seite einer *Praxis* hängen, die ein passives Coaching für Paare anbietet.

- Möglichkeit 1: Eine sinnliche, tiefenentspannende und energetisierende Ganzkörpermassage inklusive Yoni- oder Lin-

---

96 Qi, gesprochen »tschie«, ist ein Begriff aus Asien und bezeichnet die Lebensenergie oder den Lebenshauch eines Menschen. Es hat noch viele andere Bedeutungen und taucht eigentlich in jeder esoterischen Lehre auf. Da das Qi wissenschaftlich nicht bewiesen werden kann, können willkürlich Aussagen darüber gemacht werden.

gammassage[97] für einen von uns beiden, von einem/r erfahrenen Tantramasseur/-in. Der andere schaut zu. Dauert 2 ½ Stunden, kostet 195 Euro.

• Möglichkeit 2: Eine sinnliche, tiefenentspannende und energetisierende Ganzkörpermassage inklusive Yoni- oder Lingammassage für einen von uns beiden, von einem/r erfahrenen Tantramasseur/-in. Der Partner massiert mit. Dauert 2 ½ Stunden, kostet 290 Euro.

• Möglichkeit 3: Es dauert doppelt so lange und wir werden nacheinander oder gleichzeitig massiert. Das kostet dann 390 Euro.

Was genau dabei passiert, ist mir noch nicht ganz klar. Ich habe immer noch die Frau mit dem Seidenschal und den ausufernden Armbewegungen vor mir. Die eine Menge Geld von mir bekommt.

»Wir nehmen das Billigste, hm? Wenn es toll ist, können wir uns ja immer noch verschulden.« L. ist da emotionslos. Klar, Tantramasseure haben keine technischen Schalter. »Also gut. Dann buche ich eine Massage für dich. Ich guck zu und lerne«, beschließe ich selbstlos. »Feigling«, sagt L. und: »Aber nicht, dass du eifersüchtig wirst und ich mir das dann ein Leben lang anhören muss.« Da hatte ich noch gar nicht dran gedacht. Das klingt alles so spirituell wischiwaschi, dass ich mir klarmachen muss: Da fasst eine andere Frau meinen Mann an. Ja, auch da unten. Wahrscheinlich zumindest, nach dem, was ich da so herausgelesen habe. »Wir können jederzeit abbrechen«, ich sehe L. an. »Ja«, sagt L., »jederzeit.«

Noch am gleichen Abend rufe ich in der Praxis an und mache einen Termin für den kommenden Samstag aus. Mit Ruth. Warum

---

97 Yoni und Lingam sagen die Tantra-Tanten zu Vagina und Schwanz. Klingt hübscher.

wir nicht gleich beide die schöne Erfahrung machen wollen, sondern nur einer, will sie wissen. Weil das 390 Euro kostet, denke
ich und sage: »Och, wir schnuppern erst mal lieber.« Ruth hat
vollstes Verständnis.

Die ganze Woche über denke ich an Samstag. Ich befrage das
Freundin-einer-Freundin-Netzwerk und alle machen *Ah* und *Oh*, fin-
den das wahnsinnig aufregend, aber keine weiß etwas Genaues.
Die werden alle am Sonntag anrufen, das weiß ich jetzt schon.

»Wie sieht Ruth denn aus?«, fragt mich Jana am Telefon. Tja.
Keine Ahnung. Ich sehe auf der Website nach, da gibt es einen
Link zum *Team*. Tatsächlich, da sind Fotos. Lauter junge, hübsche
Gesichter, fast nur Frauen. Die Vorletzte hier sieht allerdings aus
wie ein umoperierter Mann. Unter dem Bild steht *Ruth*. Herrje.

Das erzähle ich L. aber nicht, beschließe ich. Und dann ist es ja
manchmal wie Gedankenübertragung. An diesem Abend fragt
mich L.: »Gibt es eigentlich Fotos auf der Seite?« Mist. Im Lügen
bin ich ganz schlecht, also zeige ich L. das Foto von Ruth. »Die
sieht ja aus wie ein umoperierter Mann!« L. sieht mich verzweifelt an. »Ja, aber sonst war nur noch Jürgen frei, und der ist definitiv ein Mann«, antworte ich und nehme L.s Hand. Der seufzt
resigniert. »Dafür kann Ruth jede Menge Sachen«, ich zeige ihm
die Vita von Ruth: Feldenkrais, Yoga, Tao-Bauchmassage, Fuß-
reflexzonenmassage, Progressive Muskelrelaxation, autogenes
Training, Kalifornische Ganzkörpermassage, Joint Release-Ge-
lenkmobilisation, Ayurvedische Massage (Abhyanga), bioener-
getische Atemtechniken, Körpertypen nach Wilhelm Reich und
Alexander Lowen, Meridianyoga, Sexualtherapie und natürlich
tantrische Rituale.

»Oh Gott«, sagt L.

Am Samstag machen wir uns auf den Weg zu Ruth.

L. sieht ein bisschen unglücklich aus. »Wenn es mir zu blöd wird, gehe ich«, sagt er.

»Ach komm, das wird bestimmt schön«, versuche ich ihn aufzuheitern. Die Praxis befindet sich in einer ruhigen Wohngegend, auf dem Klingelschild steht *Tantrapraxis*. Wir stehen Hand in Hand vor der Haustür, L. klingelt. Wir drücken uns noch einmal schnell die Hände, dann ertönt der Summer, wie eine Hummel, die gegen das Fenster fliegt. In der offenen Wohnungstür steht Ruth. Sie ist Ende 30 oder Anfang 40, schlank, blond und trägt ein sommerliches Trägerkleid. In natura sieht sie nicht so sehr wie ein Mann aus, sie hat nur breite Schultern und definierte Armmuskeln, das gibt ihrer eher zarten Gestalt etwas Maskulines.

»Hallo, ich bin Ruth«, ihr Händedruck ist warm, ihre Stimme freundlich. Wir stehen im Gang der Wohnung, es ist sehr warm und riecht nach Sakra-Chakra-Stäbchen. Wie ziehen Schuhe und Mäntel aus und gehen Ruth hinterher in den Massageraum. Der ist in Orange gehalten, Vorhänge, Wände, die Handtücher auf der Massageliege, die mitten im Raum steht, alles orange. [98] Wir setzen uns in die Korbstühle an einem kleinen Tischchen, im Hintergrund tönt leise Anne-Musik. Ruth fragt uns sanft nach unserem Vorwissen (»Keins«), nach unseren Erwartungen (»Wir gucken mal«), und ob L. auch eine Prostatamassage wünscht, damit hätte Ruth gute Erfahrungen gemacht. »Unter gar keinen Umständen!«, sagt L.

Dann bittet sie L., im Bad nebenan zu duschen und sich danach den Kimono überzuziehen. Mir gibt sie auch einen Kimono.

---

98 In den tantrischen Kulturkreisen steht die Farbe Orange für den selbstlosen Dienst – das passt doch. Allerdings steht sie auch für Mönchstum und Entsagung, das passt jetzt allerdings weniger.

Obwohl ich auf meinem Korbstühlchen sitzen bleiben werde, ist es einfach viel zu warm für mehr Kleidung. L. verschwindet ins Bad, Ruth im Nebenraum, um sich vorzubereiten. Ich studiere derweil die Visitenkarten und Flugblätter, die auf dem Tischchen liegen. Ganz hinten liegt ein Faltblatt, das für einen *Dunkelheilraum* wirbt. Ich lese, dass ein Heilpraktiker und Souling-Körperpsychotherapeut[99] einen sogenannten Dunkelheilraum vermietet. Er selbst verbringt zweimal im Jahr drei bis sieben Tage in der Dunkelheit und schwört darauf. Es wirke unter anderem »öffnend für das innere Licht«. Das ist doch was. Ich suche nach einer Beschreibung und werde fündig. Den Dunkelraum kann man mieten, er besteht aus:

• einem Vorraum mit Garderobe,

• einem Raum mit Bett, Tisch und Sessel und

• einem Duschbad mit Toilette.

Das ist ja lustig. Klingt wie meine erste Wohnung.

Als L. aus dem Bad kommt, trägt er den (orangefarbenen) Kimono. Steht ihm gar nicht schlecht. Dann kommt auch Ruth und sie hat ein rotes Tuch um ihren Körper gewickelt. Sie führt L. zur Liege und legt ihn in seinem Kimono auf den Bauch. Dann hält sie seine Hände und streift jeden einzelnen Finger von L. entlang, am Ende jedes Fingers macht sie eine wegwerfende Bewegung. An seinen Zehen das Gleiche. Ich denke zuerst, dass er da vielleicht Fusseln hat. Es handelt sich aber nicht um Fussel, sondern um Energien, die da abgestreift werden. Ich habe Ruth später gefragt.

---

99 Was immer das auch sein mag. Ich vermute, es hat nichts mit der Musikrichtung zu tun.

Anschließend tastet sie langsam über L.s Körper, wie um ihn sich vertraut zu machen. Sie fährt mit ihren Händen in die Ärmel und unter den Saum des Kimonos, dreht L. auf den Rücken und macht sich auch mit seiner Vorderseite bekannt. Sehe ich da eine leichte Beule im Kimono?

Ruth bedeutet L. aufzustehen, jetzt stehen die beiden einander gegenüber, L.s Augen sind geschlossen. Dann geht Ruth um ihn herum und tut so, als wickle sie ihn mit etwas ein. »Ich wickle jetzt einen imaginären Goldfaden um dich. Du kannst danach einen Wunsch ans Universum richten.« Der Wunsch ans Universum, da ist er wieder. Währenddessen geht sie weiter um L. herum und »wickelt« ihn ein. Ich sehe, wie L. mit einem Auge blinzelt. Seine Lippen sind zusammengepresst, ich beiße mir auf die Zunge. Kurz sehen wir uns an und schauen sofort wieder weg. Die Gefahr ist zu groß, dass wir in schallendes Gelächter ausbrechen und uns auf die Schenkel hauen. Vermutlich wäre dann die Stimmung dahin. Plötzlich geht Ruth vor ihm in die Knie und legt ihre Stirn auf L.s Füße.

»Ich grüße und verehre Shiva 100 in dir und somit verehre ich alle Shivas durch dich.« L. linst nach unten und beißt sich jetzt in die Backeninnenseiten. Mir ist das Lachen vergangen. Wie ich Ruth da so sehe, meinem Mann zu Füßen, bekomme ich eine leichte Ahnung von der Schönheit des Moments. Mag sein, dass die Tantristen das Göttliche im Körper verehren, mir Ungläubigen genügt es, dass der Körper und der Mensch verehrt werden. Und ist das nicht wunderschön? Wann sind Sie das letzte Mal als Frau (oder Mann) verehrt worden, so wie Sie sind?

Ruth streift L. den Kimono von den Schultern und legt ihn wieder bäuchlings auf die Liege, wie auf einen Altar. Sie träufelt

---

100 Shiva ist in diesem Zusammenhang der männliche Aspekt Gottes, wird oft als Synonym für »Mann« gebraucht.

angewärmtes Öl[101] auf seinen Rücken und fängt an, langsam zu streicheln und zu streifen, zu drücken und zu massieren. Ich bin wahnsinnig neidisch. Im Lauf der Massage legt Ruth ihr rotes Tuch ab und ist jetzt nackt, aber in einer beiläufigen Art. In ihrem Streichen über den Körper lässt sie nichts aus, intensiv massiert sie die Pobacken und die Innenseiten der Oberschenkel. Dazu steigt sie selbst auf die Liege und schließlich legt sie sich mit ihrem Körper ausgestreckt auf L. Bein auf Bein, Haut auf Haut, Wange an Wange. Sie atmet im gleichen Rhythmus. Dann setzt sie ihn auf und sich eng hinter ihn. Ihre Beine hängen links und rechts von der Liege. Sie umfasst seinen Oberkörper und zieht ihn langsam zu sich, bis L. vollkommen an sie gelehnt ist. So hält sie ihn. Innig sieht das aus und schön und friedlich und geborgen. Ich bin nicht im Geringsten eifersüchtig, im Gegenteil, mir geht das Herz auf, weil ich mich für L. freue. Und das, obwohl ich keine Shanti-Peace-offene-Beziehung-Braut bin, sondern durchaus schon das eine oder andere Szenchen hingelegt habe aus blanker Eifersucht. Vielleicht liegt es daran, dass es hier auf der Liege nicht um eine persönliche Begegnung zwischen zwei Individuen geht. Vielleicht liegt es auch daran, dass das alles hier meine Idee war. Eine Mischung wird's wohl sein.

Schon seit der Kimono gefallen ist, höre ich komische Geräusche. Zuerst dachte ich, die wären Teil der Musik. Eine CD mit Walstöhnen, hinterlegt mit Bansuri-Flöten vielleicht. Ob es Tantra-Charts gibt? Dann vermute ich, dass L. eingeschlafen ist und schnarcht. Tatsächlich ist es aber Ruth. Weil echte Tantra-Checker mit der richtigen Atmung tolle Sachen machen können, die bestimmt auch wieder mit dem einen oder anderen Chakra zu tun haben. Und das klingt eben etwas eigenartig.

---

101 Sonnenblumenöl. Ruth hat, ganz Profi, vorher nach Allergien und Empfindlichkeiten gefragt. Da L. eine leicht allergene Haut hat, gibt es neutrales Öl und als Duschgel SebaMed.

Ruth beginnt, L. mit verschiedenen Materialien zu berühren. Sie streicht mit einer Feder zart über seine Haut, sie fährt mit einem Fell (einem Hasenfell) seinen gesamten Körper entlang, dann legt sie ein Tuch über ihn, das an den Enden kleine Quasten hat, und zieht es ganz langsam vom Kopf an herunter. Das muss wunderbar sein. Vielleicht ein bisschen so wie in der Badewanne, wenn man den Stöpsel zieht, während man noch drinsitzt. Da spürt man auch jeden Millimeter seines Körpers. Sie knetet und walkt und schüttelt und vibriert den gesamten L. Neben der Liege hat Ruth eine Schüssel mit heißem Wasser und ein paar Tücher. Die heißen Tücher verteilt sie auf L.s Rücken und Schultern und lehnt sich mit ihrem Oberkörper darauf, ich höre ein wohliges Grunzen. Das war jetzt nicht Ruth.

Die trocknet L. ab, flüstert ihm etwas ins Ohr und L. dreht sich auf den Rücken. Von der Zehenspitze bis zum Scheitel wird jeder Zentimeter L. achtsam berührt, gestreichelt und massiert. Dass sie dabei keinen Teil seines Körpers auslässt, sieht nur natürlich aus. Es wäre komisch, wenn sie einen Bogen um L.s Genitalien machen würde – was L. gut gefällt, das ist deutlich zu sehen. Ich freue mich immer noch.

Es heißt, im Tantra würde die sexuelle Energie, die durch die Berührungen entsteht, immer wieder über den gesamten Körper »ausgestreift«, das bedeutet, nach den Berührungen im Intimbereich wird über den ganzen Körper gestreift, um ihn mit sexueller Energie aufzuladen. Vermutlich muss man nach einiger Zeit nur das Ohr des Massierten berühren und derjenige ist auf 180.

Ruth ist sehr konzentriert, ich hatte vermutet, dass sie hin und wieder nach mir sehen würde, ob bei mir alles in Ordnung ist, ob ich noch etwas Saft möchte oder eifersüchtig gucke. Aber sie ist ganz bei L. und vertieft in jede Berührung, als repariere sie ein wirklich kompliziertes Uhrwerk. *Wann habe ich das letzte Mal so achtsam L.s Körper berührt – oder er meinen?*, schießt es mir durch den Kopf.

Ruth setzt sich wieder zu ihm auf die Liege und legt seine Beine auf ihre Schultern. Wie ein vierbeiniges Monster sehen sie aus, von der Seite. *Die weiß aber auch wo sie hinlangen muss,* denke ich, als Ruth sanft die Innenseiten der Oberschenkel entlangstreift. Sie legt seine Beine auf ihren Schenkeln ab und beugt sich nach vorn, dreht L.s Brustwarzen zwischen ihren Fingern. Und dann versucht sie ihm einen runterzuholen. Hoppla.

Wo vorher Sanftheit und Berührung, Respekt und Zartheit war, wabernd in einer orangenen, warmen Mischung aus Räucherstab und indischen Klängen, ist jetzt eine nackte Frau, die meinem L. für Geld einmal »Handentspannung« gibt. L. muss das ähnlich empfinden, der rührt sich jetzt nämlich und hebt den Kopf. Ruth sieht ihn fragend an und L. sagt freundlich: »Das war sehr schön bis jetzt, danke.« Ruth vermutet, dass L. andere Praktiken bevorzugt und antwortet: »Sag mir, was du brauchst.«

Es passiert ja öfter, dass während eines Gesprächs eine skurrile Situation entsteht, aber wenn sich zwei fremde Leute unterhalten, während die eine das Geschlechtsteil des anderen in der Hand hält, das ist schon in den Top Five. »Eine Dusche?«, fragt L. und zieht sich lächelnd von ihr zurück. Ruth lächelt auch, aber deutlich verunsichert. Sie steigt von der Liege, wickelt sich das rote Tuch um wie ein Handtuch und sieht mich an, während sie leicht entschuldigend mit einer Schulter zuckt. Dann fasst sie sich und sagt: »Ich lasse euch jetzt alleine und gehe mich eben frisch machen, es steht euch frei zu tun, was immer ihr möchtet.« Sagt's und geht. Ich sehe L. an, L. sieht mich an. »Duschen?«, frage ich. »Duschen!«, sagt L. und verschwindet mitsamt seinem Kimono in Richtung Bad.

Noch während L. im Bad versucht, das Sonnenblumenöl aus den Haaren zu bekommen, betritt Ruth, jetzt wieder im Trägerkleid, das Zimmer. Sie hat uns Saft mitgebracht und setzt sich zu mir. »Erwarten die Männer, die hierherkommen, einen Orgasmus zum Schluss?«, frage ich sie. »In der Regel schon«, antwortet sie. »Alles kann, aber nichts muss«, sagt sie. »Ein Orgasmus ist eigentlich nicht das Ziel, es geht mehr darum, eine tiefe Entspannung zu erreichen, es soll eine aufregende Reise für den Körper und die Seele sein und es ist vorher nie klar, wohin die Reise geht.« Das klingt ja wie aus der Phrasendreschmaschine. Sie meint es aber wirklich so.

Ob mehr Frauen oder mehr Männer zu ihr kommen, will ich wissen. Oder Paare, so wie wir? »Hauptsächlich Männer«, sagt sie, »Und hauptsächlich zum Lustgewinn.« Sie beugt sich zu mir. »Wenn ihr hier rausgeht, frage ihn nicht gleich nach seinen Empfindungen, er wird eine Zeit brauchen, um wieder zu sich zu kommen. So eine Massage ist eine intensive Erfahrung und braucht seine Zeit, verarbeitet zu werden.« Mist. Das kommt mir ja nun gar nicht gelegen, ich brenne darauf, L. auszuquetschen.

Die Tür geht auf und L. geht nackt und frisch geduscht zu dem Stuhl, auf dem seine Klamotten liegen. Er ist ganz entspannt und während er sich seine Sachen zusammensucht, wundere ich mich, wie ungeniert er sich vor einer fremden Frau bewegt.

»Ich habe noch eine blöde Frage«, aber das muss ich jetzt wissen. »Als du seine Beine auf deine Schultern genommen hast und sie ein bisschen nach hinten gedrückt hast, ich hätte da bestimmt, also, ist es schon einmal passiert, dass jemand pupsen musste?« Ruth lacht, »Worüber sich Frauen immer so Gedanken machen. Ja, das ist schon passiert. Ist ja nur natürlich. Siehst du, deswegen massiere ich Frauen zum Beispiel immer mindestens eine halbe

Stunde länger, damit sie sich entspannen und sich keine Gedanken mehr machen. Das fällt ihnen viel schwerer als Männern.«

Verstehe. »Und wissen deine Eltern, was du tust?« L. sieht mich strafend an. Aber hey, wer weiß, wann ich jemals wieder einer Tantramasseurin Fragen stellen kann. Ruth nimmt es mir nicht krumm. »Fast«, antwortet sie. »Ich massiere sogar meine Mutter.« L. und ich starren sie an. »Wie – also tutti completti, die ganze Mutter?«, frage ich nach, aber Ruth wiegelt ab. »Nein, nein, ohne Intimmassage. Das ist auch der Teil von meinem Job, von dem sie nichts weiß.« Puh. Dann drückt sie uns noch Visitenkarten in die Hand, bedankt sich bei uns beiden für unser Vertrauen und wir stehen wieder auf der Straße, L. und ich. Schweigend gehen wir zur U-Bahn-Station. Mist. Jetzt habe ich ganz vergessen, nach der Bedeutung des *Big Draw* zu fragen. Nach dem, was ich bis jetzt gesehen habe, hat es wahrscheinlich nichts mit Modellbau zu tun. Wir stapfen mit gesenkten Gesichtern vor uns hin.

»Ruth hat gesagt, ich soll dich nicht gleich ausfragen«, sage ich und hoffe, dass L. dem widerspricht und sich sofort mit mir über Erfahrungen, Einschätzungen und Ruth austauscht. Stattdessen sagt er: »Gescheite Frau.« Bald platze ich. Als wir in unserem Viertel ankommen, frage ich: »Und jetzt?« L. legt seinen Arm um mich: »Jetzt wären ein Bier und eine Zigarette schön.«

Wir gehen in unsere Kneipe um die Ecke und bestellen. Nach dem zweiten Bier halte ich es nicht mehr aus. »Und? Wie fandest du's?« L. überlegt. »Es war nicht total scheiße, wie ich das befürchtet hatte. Es war sogar wunderschön. Bis zu einem gewissen Punkt. Ab dem war es dann total scheiße.«

»Und warum?«, will ich wissen. »Es war unangenehm. Ich kam mir plötzlich vor, als wäre ich bei einer Prostituierten.«

Und wie fand er Ruth? »Sympathisch. Ich wusste gar nicht, dass sie nackt war, das habe ich erst irgendwann später gemerkt. Und wie war es für dich?«, fragt L. zurück. »Eifersüchtig?«

»Nein«, antworte ich. »Ich war ganz neidisch. Und ich habe mich gefreut für dich. Bis es nur noch um deinen Lingam ging, das fand ich dann schal.«

»Ja«, stimmt L. zu, »vorher war es AUCH sexuell, dann war es NUR NOCH sexuell.«

Wir trinken an diesem Abend noch einige Biere, endlich dürfen wir ja auch über den Goldfaden lachen, was wir dann noch ausgiebig tun.

Als am nächsten Tag, es ist Sonntag, das Telefon klingelt, weiß ich: Das ist Jana. Oder Anne. Oder Beate. Die wollen jetzt wissen, wie alles genau war. Vor ein paar Tagen haben wir noch miteinander gewitzelt, Vermutungen angestellt, über Ruths Foto gelacht und uns ausgemalt, was passieren würde. Sie erwarten vermutlich eine lustige Geschichte, Zynisches über Eso-Ruth und Tantra-Tanten, wie L. kichern musste, weil er kitzelig ist, oder ich abgebrochen habe, weil ich für so einen Mist nicht 195 Euro zahlen will. Damit kann ich leider nicht dienen. Ich habe nur die Goldfaden-Geschichte anzubieten, aber sonst – sonst ist es keine Geschichte. Eher eine Intimität, die nicht taugt für einen Weiberstammtisch. Sonst bin ich da nicht so, aber etwas, das wir als ehrlich und schön empfinden, ist keine Lachnummer. Die Wahrheit ist: Wir haben eine sehr sympathische Frau kennengelernt, die innerhalb relativ kurzer Zeit, nämlich in zweieinhalb Stunden, durch ihre Berührungen und ihren Körperkontakt eine große Nähe und Vertrautheit aufgebaut hat. Die die Kunst des Anfassens zum Beruf hat und das sehr liebevoll tut.

Wir werden nicht mehr zu Ruth oder einer anderen Masseurin oder einem Masseur gehen. Was wir nach Hause mitgenommen haben, ist eine neue Idee, wie man den anderen berühren kann und dieses Berühren zu einem Erlebnis macht. Zwischen uns beiden. Wer allerdings keinen Partner hat, mit dem er das zelebrieren kann, ist dort gut aufgehoben.

Man kann jetzt sagen, das ist Prostitution in stilvollem Ambiente. Die Frauen, auch Ruth, geben die Hälfte ihrer Einnahmen an die Praxis, in der sie arbeiten, ab. Man kann dorthin gehen zum Lustgewinn, wie Ruth sagte. Es hat diesen Beigeschmack von Handentspannung mit esoterischem Gewürz. Und ich finde, das kann man so sehen.

Zumindest solange man nicht die Schönheit und Liebe, die dem innewohnt, erlebt hat. Denn ohne Liebe ist alles zynisch.

Jetzt klinge ich schon selbst nach Eso-Scheiße.

AMORA

So, Schluss mit lustig. Ich bin auf der Suche nach Fakten, Fakten, Fakten. Was hat die Wissenschaft mir zu bieten? Geforscht wird im Themenbereich Sexualität schließlich seit der Antike und heutzutage beschäftigen sich Mediziner, Biologen, Psychologen, Pädagogen, Kultur- und Geschichtswissenschaftler, eigentlich fast alle wissenschaftlichen Bereiche mit dem Sex. Außer vielleicht die BWLer.

Die Sexualforschung als solche kam, mit Ausnahmen, erst in den Siebzigerjahren in die Puschen und hat seit jeher schwer zu kämpfen. Schließlich unterstellten alle anderen Wissenschaftler den Sexualforschern einen Hang zur Perversion oder Abartigkeit. (Wir haben heute dieses enge Denken überwunden und unterstellen das nur noch männlichen Gynäkologen.) Man muss sich nur vorstellen: Anfang des 19. Jahrhunderts untersuchten die Ärzte und Gynäkologen ihre Patientinnen, ohne hinzugucken. Die tasteten im Dunkeln (!), Hände unter die Decke, Blick an die Decke. Da fällt mir ein: Das ist mir auch einmal passiert. Und zwar Ende des 20. Jahrhunderts. Genauer gesagt 1995. Da übernachteten mein damaliger Freund Hannes und ich im Haus seiner Eltern. Mit Sex im Bauernbett in der rot karierten Bettwäsche. Problem 1: Am nächsten Morgen verspürte ich Schmerzen im Schoß. Problem 2: Es war Sonntag. Problem 3: Wir waren in Haderstadl. Jetzt wissen Sie vielleicht nicht, wo Haderstadl ist, ich zeichne Ihnen das einmal auf:

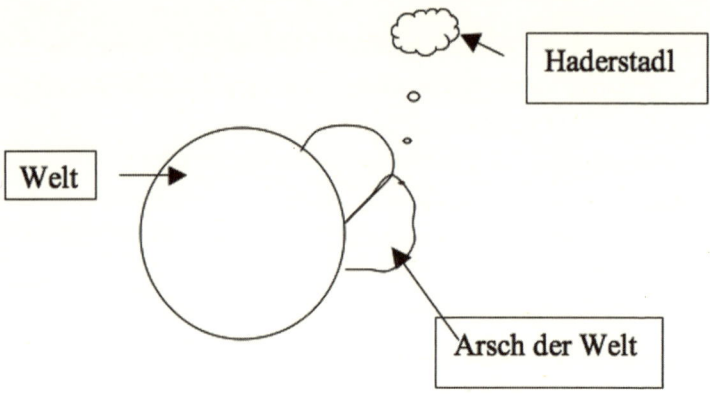

In der nächstgelegenen »Stadt« hatte ein junger Allgemeinarzt mit Turban Notdienst, der zwar sehr freundlich war, aber die gleiche viktorianische Untersuchungsmethode praktizierte: Tuch über meinen geöffneten Reißverschluss, Hände darunter und Blick an die Decke. Da tat mir gleich nichts mehr weh, vor Staunen.

Zurück zur Sache. Leicht hat es die Sexualforschung immer noch nicht. Fördergelder werden lieber für medizinische Forschungen ausgegeben, die Pharmaindustrie schießt auch nichts dazu, und von der Situation in muslimischen Ländern mag ich gar nicht erst anfangen. Zu meinem großen Glück hat ein Franzose (wer sonst) eine Sexakademie aufgemacht. Er hat zusammengetragen, was wir heutzutage über Sex und Beziehungen wissen. Kein Museum, in dem es um das Gestrige geht, sondern um den heutigen Stand der Dinge. Dabei halfen ihm Wissenschaftler, Ärzte, Psychologen, Beziehungsratgeber und Sextherapeuten. In einem Interview mit der Zeitschrift *SPIEGEL* sagt der Gründer über seine Motive:

Ich möchte, dass die Welt sexy wird. Ich wünsche mir, dass Menschen den einen oder anderen Tipp mit nach Hause nehmen, der ihr Leben verändern kann.

Klingt gut, oder? Die Ausstellung ist derzeit in Berlin, in den Räumen des Beate-Uhse-Museums.[102] In London besuchten über 360 000 Menschen die Ausstellung.

»L.?«

»Ja?«

»Kommst du mit auf eine Ausstellung?«

L. ist ein kunstinteressierter Mensch. Wenn eine Frage die Wörter *Ausstellung, Museum* oder *Vernissage* beinhaltet, ist die Antwort immer Ja. Ich warte immer noch darauf, dass ein Schuhladen mit dem Namen Manolos Vernissage aufmacht.

Die Ausstellung trägt den Namen Amora. Na, das klingt vernünftig. Amor, Amora, das ist schlüssig. Amora hat aber auch noch folgende, nicht so schlüssige Bedeutungen:

a. eine französische Marke, die sich hauptsächlich mit Senf beschäftigt,

b. eine Gemeinde mit circa. 50 000 Einwohnern in Portugal,

c. eine Bezeichnung für Gelehrte des Talmud (Plural) und

d. ein Vertrieb für Hunde-, Katzen-, Nager- und Vogelfutter.

Das klingt wie die Antworten bei *Wer wird Millionär*, oder? Und die sind alle richtig!

---

102 http://www.erotikmuseum.de

Als wir den Beate-Uhse-Laden betreten, über dessen Räumlichkeiten sich die Ausstellung befindet, schwant L., dass seine Erwartungen an eine Ausstellung und die Realität hier möglicherweise auseinanderklaffen. Wir stellen uns an der Kasse an. Nachmittags zahlen Paare 25 Euro, einzelne Personen 14 Euro. Vor 12 Uhr ist es jeweils ein paar Euro billiger. Vor uns steht eine Gruppe schwäbischer Jugendlicher auf Klassenfahrt, die zusammengelegt haben und sich unter lautem Hallo ein Paar täuschend echte Silikonbrüste kaufen.

»Eine Ausstellung, hm?«, fragt L.

»Ja, eine Ausstellung.«

Die nette Dame an der Kasse gibt uns gleich noch einen Audioführer mit, es kann losgehen. Die Ausstellung ist im dritten Stock und als wir den Fahrstuhl verlassen, höre ich ein Paar zanken.[103]

Er: Ich will, dass du mir einen bläst.

Sie: Ich will, dass du dir meine Probleme anhörst, ohne sie immer gleich lösen zu wollen.

Er: Ich will nach dem Sex nicht reden.

Sie: Mag sein, dass ich früher Sex mit der ganzen Fußballmannschaft hatte, aber jetzt bin ich mit dir zusammen, das ist es doch, was zählt.

Mit großer Neugier biegen wir um die Ecke, um zu sehen, welch skurriles Paar da am streiten ist. Leider, leider, leider sind Er

---

103 Ich kann mich an den genauen Wortlaut nicht erinnern, aber Sie wissen bestimmt, was ich meine ...

und Sie nur Plastikmodelle, die den Besucher behutsam auf die Mann-Frau-Problematik einstimmen.

»Das sollen doch bestimmt so Allgemeinplätze sein, oder?«, fragt L.

»Ja«, vermute ich, »typische Mann-Frau-Aussagen eben.«

L. sieht erschrocken aus. »Sex mit der ganzen Fußballmannschaft???«

»Nein, nein«, beruhige ich ihn, »du weißt doch, ich mache mir nichts aus Fußball. Außerdem, jetzt bin ich mit dir zusammen, das ist es doch, was zählt, oder?«

L. steckt mir den Finger ins Ohr – zur Strafe.

An der nächsten Tafel werden wir über die Hormone aufgeklärt, Oxytocin, Testosteron etc. Alte Hüte für erfahrene Aphrodisiaka-Experten. Dafür gefällt mir das nächste Ausstellungsstück umso besser. Es geht um die Flirtsignale, die das andere Geschlecht aussendet. Auf einem lebensgroßen Monitor steht ein Mann an der Bar. Er trägt ein blaues Hemd und eine schwarze Hose und wendet mir den Rücken zu. Dann wirft er einen Blick über die Schulter und sieht mich an. Zieht eine Augenbraue hoch. Er wendet sich langsam, steht im Profil, guckt wieder und dreht sich mit seinem Glas ganz zu mir. Er lächelt mich an. Alles läuft super zwischen Blauhemd und mir. Aber he, was ist denn jetzt los? Plötzlich verfinstert sich seine Miene, er verschränkt die Arme vor der Brust und wendet sich wieder ab. Bis er mir, wie zuvor, den Rücken zudreht. Arschloch.

Ich sehe zu L. rüber, der neben mir steht und in den Monitor sieht, auf dem gerade eine attraktive Blondine die Beine übereinanderschlägt und den Kopf zur Seite neigt, damit L. ihren Hals besser sehen kann.

»Du, L.«, ich zupfe an seinem Ärmel.

»Jetzt nicht, es läuft gerade so gut, sie hat sich schon ins Haar gefasst«, wimmelt L. mich ab. Aber die Frau auf dem Monitor wendet sich gerade wieder ab und zeigt ihm die kalte Schulter. »Ich habe gar nichts gemacht!«, beschwert er sich bei ihr, aber sie bleibt cool. »Meiner hat mich auch sitzen lassen«, tröste ich L. Unsere Rache aber ist bitter: Wir stehen vor den Monitoren und warten, bis die Endlosschleife unsere Monitorpartner wieder in den Zustand größten Interesses versetzt. Mein Blauhemd dreht sich und lächelt mich an, L.s Blondine zwinkert und schüttelt ihr Haar. Und dann wenden wir uns ganz hochnäsig ab und lassen die beiden Arschnasen stehen. So. Sollen sie doch sehen, was sie davon haben.

Mit an die Wand projizierten Menschen, die den Betrachter direkt ansprechen, kann man tolle Sachen machen. Ich habe auf einer Vorführung mal einen Wecker erlebt, der zur gewünschten Weckzeit das Gesicht eines hübschen jungen Mannes in Überlegensgröße direkt auf die Wand gegenüber vom Bett projiziert hat. Der hat einen dann angelächelt und Sachen gesagt wie:

»Einen wunderschönen guten Morgen, Prinzessin, es ist Zeit aufzustehen, du siehst heute wieder hinreißend aus, wie ich dich verehre, Göttin, Schönste, du bist die tollste Frau der Welt, dies wird ein schöner Tag ...«

Es gab natürlich auch einen Prototyp für Männer, die wurden von einer kaffeebraunen Schönheit mit rauchiger Stimme geweckt. Die wurde auch nicht ungeduldig, wenn man nicht aufstand, à la: »Jetzt steh endlich auf, jeden Morgen das gleiche Theater«, oder etwas in der Art. Wahnsinnig geile Idee, oder? Leider ging der Wecker nicht in Produktion, was wirklich jammerschade ist.

L. und ich schlendern zum nächsten Exponat: *Der perfekte Partner-Touchscreen*. Zwei lebensgroße Touchscreens sind aufgestellt und zeigen einen animierten Mann und eine animierte Frau in Unterwäsche von der Seite. Man kann ihnen aufs Haar tippen, dann ändert sich die Frisur, außerdem kann man in der Höhe von Brust, Po und Beine ebenfalls durch Antippen die Körperpartien größer oder kleiner machen. Da kriegen wir uns ein bisschen in die Wolle, weil L. bei seiner Frau dreimal die Brust vergrößert. Ich kann mich nicht einmal rächen und die Beule in der Unterhose von meinem Mann größer werden lassen, nur die Unterschenkel blähen sich auf. »Ach komm«, sagt L., »ich bin ja auch nicht sauer, dass du auf Ballonwaden stehst.«

Scherzkeks.
Wir gehen weiter zu den nächsten Modellen: Auf einem Podest liegen ein nackter Plastikmann und eine nackte Plastikfrau. Sie stützen sich auf ihre Ellenbogen und haben die Beine leicht gespreizt. Alles dran. Eine Tafel erklärt uns, wenn wir die erogenen Zonen der beiden finden und berühren, leuchtet ein rotes Licht auf. Ich fahre mit meinen Händen über den Körper des Mannes und wie sehr große Masern leuchten die Dioden unter seiner Haut.

»Los, du auch!«, fordere ich L. auf. Der streckt seinen Zeigefinger aus und drückt ihn der armen Plastikfrau direkt zwischen die Beine. Es leuchtet nichts. Nicht das Geringste.

»War's das?«, frage ich.

»Ich wusste nicht, dass Plastikfrauen ein Vorspiel wollen!«, verteidigt sich L. Ich zeige auf die Finger ihrer rechten Hand: »Sieh mal, ihr rechter Ringfinger ist abgebrochen.«

»Kein Wunder«, sagt L., »da hat sich einer gedacht: Irgendwann muss sie doch was spüren.«

Wir gehen an einer Tafel vorbei, auf der alle Vorteile von regelmäßigem Sex aufgelistet sind. Ich möchte vorbeigehen, aber L. besteht darauf, mir jeden Punkt vorzulesen. Es macht den Eindruck, als wolle er die Liste auswendig lernen.

Über allem liegen die nörgelnden Stimmen des vermeintlichen Paars am Eingang, die man immer noch gut hört.

Er: Ich will, dass du mir einen bläst.

Sie: Ich will, dass du dir meine Probleme anhörst, ohne sie immer gleich lösen zu wollen.

Als Nächstes kommen die Sextrends, da bin ich ja gespannt.

- Ein bisschen bi
  Der Trend hat aber schon einen kleinen Bart, oder?

- Sexspielzeug von Frauen für Frauen
  1-a-Top-Vorzeigeladen von einer Frau für Frauen: BELLA DONNA, ein Erotikshop in Esslingen bei Stuttgart mit guter Auswahl, schöner Atmosphäre und einer reizenden Besitzerin.[104]

- Online-Dating

- 80 Prozent aller Affären beginnen mit einer freundschaftlichen Beziehung.

---

104 http://www.frauenzimmer.info

- Mehrere Orgasmusarten sind bekannt.

- Spielzeug für ihn: P-Punkt-Stimulatoren und Liebesringe
  Das wiederum lese ich jetzt vor, L. tut so, als höre er nichts.

- Pärchen besuchen Strip- und Lapdance-Lokale ...

- Analsex ist akzeptiert: 30 bis 40 Prozent haben ihn schon probiert, die Hälfte aller Liebenden praktiziert ihn regelmäßig.

- Fetischbekleidung von Burlesque bis Bondage, zum Beispiel
  Nipple Tassel.
  Nipple Tassel, das sind diese kleinen Vorhangquasten, die man
  sich auf die Brustwarze kleben kann. Wenn man das möchte.

- Weniger Stigmation
  Ach schau. Ob Stigmation auch schon mal Trend war?

Unsere nächste Station ist der Spielzeugkasten. Der Kasten ist
wiederum ein Monitor in der Wand, auf dem ein paar Spielzeuge vorgestellt werden. Alles ist aus buntem Plastik und zur
Unterbringung in den verschiedenen Körperöffnungen gedacht.
Nach uns hat ein junges Pärchen die Ausstellung betreten und da
L. und ich wegen unserer Blödeleien sehr langsam sind, haben
sie uns eingeholt. Zusammen stehen wir nun vor dem Monitor,
als im Film gerade der Einsatz von Analstöpseln am lebenden
Modell vorgeführt wird. Ich weiß nicht, wie es Ihnen geht, aber
ich finde eine solche Demonstration nicht geeignet, ein Gespräch
mit jemand Fremden zu beginnen. Ich meine, was sagt man da?
Interessant, nicht?, oder *Hach ja,* oder *Mann, Mann, Mann.*

Mit einem knappen Lächeln in Richtung des Pärchens verschwinde ich zu einer Schautafel, auf der in knappen Worten

Tantra, Kamasutra und Tao beschrieben sind. Am besten gefällt mir eine Aussage, die unter Tao steht: *Durch Masturbation geht Qi verloren!*

(Man geht im Tao davon aus, dass der Mensch mit einer gewissen Menge an Lebensenergie (Qi oder Chi) auf die Welt kommt, ist die verbraucht, stirbt man. Blöd: Durch Masturbation geht Qi verloren. (Das ist doch noch elender als die Drohung von unserem Pfarrer, vom masturbieren werde man blind! Tot sticht blind, finde ich.)

Ich gehe lieber weiter zu einer sehr interessanten Auflistung von Lebensmitteln, die den eigenen Geschmack frisch halten, was den Partner beim Oralsex freut:

•   Zimt, Ananas, Melonen, Kiwi und Erdbeeren,

heißt es, sind am besten geeignet. Ob man wirklich durch gezieltes Konsumieren zum Beispiel nach Kiwi oder Erdbeere schmecken kann? Und ob man sich dann ein bisschen wie ein Getränkeautomat vorkommt? Zu vermeiden ist, natürlich und wie immer, alles, was Spaß macht: Kaffee, Zigaretten und Alkohol. Und wenn ich das aus persönlicher Erfahrung hinterherschieben darf: Curry. Oh, und falls gerade Spargelsaison ist: Da müssen Sie ganz klar Prioritäten setzen. Entweder oder, da gibt es nichts dazwischen.

Als wir um die nächste Ecke biegen, liegt da wieder ein Plastikpaar auf einem Podest. Mann und Frau liegen beide auf der Seite und es fehlt ihnen eine Arschbacke samt Bein. Von ihren Genitalien kann man mittels eines Längsschnitts das Innere sehen. Als Überschrift steht dort nicht *Fußgänger machten grausigen Fund,* sondern:

G-Punkt- und P-Punkt-Finder

Cool! An diesen Modellen kann man üben, den richtigen Punkt zu finden. Das hat was Praktisches. Ich fahre dem Herrn Plastik über den Hintern und dann mit dem Finger zielgenau zur Prostata. Plötzlich stöhnt es laut aus den Lautsprechern über dem Modell und er sagt so was wie: *»Oooouuuuhhhhh, jaaaaaa!«* L. springt sofort aus dem Stand einen Meter rückwärts, sieht sich hektisch um und zeigt auf mich: »Sie war's!« Ich fasse gleich noch mal hin und sehe L. dabei lächelnd an. »Unter gar keinen Umständen«, sagt L.

Die nächste Statue steht aufrecht und streckt uns frech ihren blanken Hintern entgegen. Man darf ihr mit einem Seil auf selbigen hauen, leider klebt aber auf ihrer linken Backe ein Zettel:

Die Frau ist leider außer Betrieb

Hihi. Ich überlege, ob ich mir auch so einen Zettel schreibe. Den könnte ich mir während Diskussionen mit L. oder auch mal im Büro kurzzeitig an die Stirn pappen und hätte meine Ruhe.

Und dann kommt mein absolutes Lieblingsstück der Ausstellung. Es heißt *Ist die Länge wirklich wichtig?* und besteht aus 90 quadratischen Flächen, auf denen uns Abgüsse von Brüsten, erigierten und nicht erigierten Penissen keck entgegensehen. Klein, groß, schlaff, mittel, schwer, wabernd, spitz, alles ist dabei. Diese eine Wand hätte Generationen von Pubertierenden Jahre voller Zweifel ersparen können.

Was mir noch ein bisschen fehlt, ist der eine oder andere Tipp, den ich mit nach Hause nehme und der mein Leben verändern kann. Dafür werde ich mit vielen lustigen Fakten gefüttert:

- Die Größe der Vagina beträgt ungefähr 10 Zentimeter, sie kann sich aber auf 23 Zentimeter verlängern.

- Der längste jemals gemessene Penis ist 34,5 Zentimeter lang, der dickste ist 15,9 Zentimeter dick.

- Der kleinste bekannte Penis (Mikropenis) ist 1,8 Zentimeter lang. In erigiertem Zustand.
  Wer hat denn den bitte bekannt gemacht, frage ich mich.

- 14 Prozent der Männer wurden schon mit Analspielzeug penetriert.

- Bei der Ejakulation schießen Männer 18 bis 25 Zentimeter weit und zwar mit 45 Kilometer. Ab drei Tage ohne Ejakulation kann die Geschwindigkeit bis zu 90 Kilometer betragen.
  Ich erspare Ihnen und mir jetzt alle Witze über 30er-Zonen, Strafzettel etc.

- Die Klitoris besitzt mit 8000 Nervenenden doppelt so viele wie der Penis. *Ätsch.*

- Wenn Frauen erregt werden, können ihre Brüste um 20 Prozent größer werden.

- 7 Prozent der Frauen faken regelmäßig einen Orgasmus.

- In jedem Hoden werden pro Sekunde 1500 Spermien produziert.

- Ein Spermium kommt 3 Millimeter pro Sekunde weit, für die Strecke von einem Zentimeter muss das arme Ding 800 Mal mit dem Schwanz schlagen.

Es gibt so Fakten, mit denen man ein schleppendes Gespräch ein bisschen aufpeppen kann. Ich finde, da sind einige dabei. Ich kann dem noch etwas beisteuern:

• Die chinesische Kampfkunst Jui Yang Shen Gong ist eine Art Penis-Kung-Fu. Die Kämpfer versuchen 100 Kilo Gewichte mit dem Penis hochzuheben und Lastwägen zu ziehen. Den Weltrekord stellten drei Gefährten auf, die an ihren Penissen einen Tieflader quer über einen Parkplatz in Taipeh zogen. Wer sich weiterbilden möchte, kann sich die Lehr-DVD *Iron Crotch* (eiserner Schritt) bestellen.

• Eine kuriose Sammlung von Dingen, die in China als Penisring verwendet wurden, wie zum Beispiel die Augenlider eines Schafs. Die Wimpern verursachten dabei zusätzlichen Kitzel. Auch sind die Löcher, wo vorher die Hörner in Hammelschädeln waren, bekannt für ihren Nutzen. Da diese nicht elastisch sind, bekommt man sie aber schwer wieder ab. Was uns zu Kuriosität für gesellschaftliche Anlässe Nummer drei bringt:

• In San Francisco gehen derart viele Notrufe bei der Feuerwehr wegen Penisringen ein, dass es einen eigenen Code dafür gibt. *C-Ring*. Zum Einsatz kommt dann eine Minikreissäge, die von der Rettungseinheit extra entwickelt wurde. Allein die Übung für den Ernstfall stellt sich problematisch dar, weil die normalen Dummies keine ordentlichen Genitalien besitzen und die Kollegen sich nicht zur Verfügung stellen wollen.[105]

Aber vielleicht kommen wir dem lebensverändernden Tipp jetzt etwas näher: Wir kommen zur Sektion Fantasien, Fetisch und Gelüste. Zur Einstimmung sehen wir auf einer Projektion vier

---

105 Diese drei wunderlichen Geschichten stammen alle aus dem wunderbaren Buch *BONK* von Mary Roach, Fischer Taschenbuch Verlag, ISBN: 978-3-59618229-9

Personen auf einer Straße stehen. Einen Polizisten, einen Geschäftsmann, eine Geschäftsfrau und eine Hausfrau. Wenn man die per Touchscreen antippt, kommen die heimlichen Neigungen der vier zum Vorschein. (Der Polizist ist eine Transe. Hihi.) Im Film daneben geht es um SM und Schuhfetisch und ich glaube, da kommt jetzt keine großartige neue Erkenntnis. Wenn L. heiß würde beim Anblick meiner *Louboutins*, wäre mir das aufgefallen. Und ich hätte seine Leidenschaft weiß Gott gefördert.

Als wir uns umdrehen, schrecken wir ein bisschen zurück: Da tummeln sich hinter einem Absperrband gruselige Möbel. Eins erkenne ich, das ist ein Andreaskreuz[106], dann hätten wir noch einen Pranger, einen Schemel, alles mit schwarzem Leder bezogen und jeder Menge Nieten verziert, einen circa einen Meter hohen Käfig und eine niedrige Bank mit einem Loch drin. Ich will gar nicht wissen, zu was die gut ist. Außerdem hängt da noch etwas, das wie ein großes Gemüsenetz aussieht, allerdings für sehr böses Gemüse, es ist ganz aus Ketten und hat einen schwarzen Boden. Auch da kann ich keinen Zweck erkennen – außer dem eines Gemüsenetzes. Vielleicht ist das eine Art Zimmereinrichtung für Mitglieder der BDSM-Szene. Wahrscheinlich findet man genau diese Anordnung von Möbeln im IKEA-Katalog unter *Wohnzimmereinrichtung Schmärz*. Mit dabei: Der Schemel *Åua*, die Bank *Blödsitsen*, der Käfig *Lümmelstrum* und, jetzt neu im Programm, der Pranger *Schmähstehen*.

Als wir die Ausstellung verlassen, und uns die Plastik vom Eingang noch ein letztes »Ich will, dass du mir einen bläst« hinterherruft, stehen wir plötzlich in der hintersten Ecke des Beate-Uhse-Shops, zwischen den DVDs und den älteren Herren. Damit ist die Lifestylestimmung des oberen Stockwerks irgendwie im Eimer.

---

106 Ein großes X aus schwarz lackiertem Holz, an dessen Enden Hand- und Fußgelenke festgemacht werden können.

Ganz ehrlich: Den Tipp, der mein Leben verändert, habe ich nicht mitgenommen. Es sei denn, man rechnet den Zettel dazu, den ich mir jetzt manchmal an die Schulter hefte, wenn mal wieder alles zu viel wird. *Frau außer Betrieb.* Mir ist aber aufgefallen, dass mir in unangebrachten Momenten Dinge aus der Ausstellung wieder einfallen wie: *Das sind also 45 km/h.* Was sich aber sicher wieder legen wird – das hoffe ich zumindest.

Vielleicht habe ich aber aus dem Shop dann doch noch etwas mitgenommen, das mein Leben verändern wird. Als wir nämlich unsere Audioführer zurückgeben und uns in Richtung Ausgang bewegen, sehe ich sie plötzlich in der Ecke stehen. Unbeachtet, in einem Karton auf dem Boden und gegen die Wand gedreht: die Liebesschaukel.

DIE LIEBESSCHAUKEL

»Die will ich«, sage ich zu L., der sich prompt im Beate-Uhse-Shop nach Schuhen umsieht. Da ist er konditioniert. Ich deute aber auf die Schachtel in der Ecke. Etwa doppelt so groß wie ein Schuhkarton. »Was ist denn das?«, L. hebt die Schachtel hoch.

»Liebesschaukel multi vario«, lese ich vor, »bekannt aus dem Fernsehen.«[107]

»Komisch, die Sendung kenne ich gar nicht«, sagt L. und wir sehen uns die Bilder auf der Schachtel an. »Oh Gott«, sagt L.

Auf den Bildern ist ein nacktes Paar zu sehen, das, in einem Schlaufen- und Gurtsystem hängend, die wildesten Verrenkungen beim Koitus demonstriert. Eigentlich genau so wie Seilakrobaten im Zirkus, nur dass die Dame bis auf die Silikonbrüste nackt ist und der Herr nur eine ärmellose Jeansjacke trägt. »Ich habe keine ärmellose Jeansjacke«, versucht L. abzuwiegeln. »Aber hier steht, dass wir einzigartige Lustgenüsse, ekstatische Erlebnisse und intensive Höhepunkte erleben können. Ein ganz neues, nie zuvor gekanntes Gefühl des schwebenden Sexgenusses, das uns begeistern wird! Und schau: Die Schaukel hält bis zu 150 Kilo! Ganz schön sicher, oder?«

---

107 Die Joydivision Liebeschaukel, das Original, mit dem es Samantha in *Sex and the City* auf den Hintern gehauen hat.

»Ach, Alex«, sagt L. und gibt auf. Auf dem Weg zur Kasse ist es mir dann doch etwas unangenehm, die poppenden Jeans-Akrobaten vor mir her zu tragen. Da stellen sich doch gleich alle L. und mich in der Liebesschaukel vor. Oder schlimmer noch: in ärmellosen Jeansjacken. Die älteren Herren aus der DVD-Abteilung gucken schon. »Es soll ein Geschenk sein, können Sie mir das einpacken?«, frage ich die Kassiererin etwas lauter als nötig. Aber so genial, wie ich dachte, ist mein Einfall gar nicht. Die Schachtel verschwindet nämlich nicht mitsamt ihren Illustrationen schnell in einer neutralen Tüte, sondern bleibt vor uns auf der Theke liegen, weil unsere Kassiererin erst Papier und Schleifchen, Tesa und die Schere zusammensuchen muss. Die Tesafilmrolle ist aus. Natürlich. L., der alte Deserteur, ist schon vor die Türe gegangen und wartet draußen. Hinter mir bildet sich allmählich eine Schlange und alle, alle, alle schauen zwischen der Schachtel und mir hin und her. Kein Wunder, dass der Internetversand boomt. Plötzlich taucht L. wieder neben mir auf. »Nanu? Ich dachte, es wäre dir peinlich, hier bei multi vario und mir?« L. tritt von einem Fuß auf den anderen. »Also VOR einem Sexshop zu warten, ist ehrlich gesagt noch viel peinlicher.«

Auf dem Nachhauseweg sitzt die Schaukel in ihrer Tüte im Bus zwischen uns. L., multi vario und ich, eine glückliche, kleine Familie. Zu Hause packen wir multi vario sofort aus und da liegt sie dann. Ein Schlaufenallerlei aus gepolsterten Sicherheitsgurten an einem Stahlbügel, auf dem Boden unseres Wohnzimmers. Ich skizziere Ihnen das mal auf der nächsten Seite.

Mit dabei: eine Kette und eine starke Feder. »Das habe ich mir irgendwie anders vorgestellt«, sagt L. »Eher wie so eine Schaukel eben.« Der eklatante Unterschied zu einer Schaukel ist, dass diese hier keine Sitzfläche hat, sondern zwei verschieden lange Sitzgurte. Und zwei Gurte mit Schlaufen am Ende, vermutlich für die Beine, aber wer weiß.

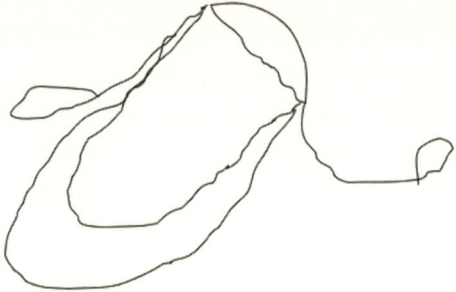

»Wir müssen sie irgendwo aufhängen«, ich sehe mich im Wohnzimmer um. »Aber im Wohnzimmer? Die sehen ja dann alle«,
wirft L. ein. Und wie ein gemütlicher Hängesessel sieht multi
vario nun nicht aus. In der Gebrauchsanweisung steht aber ein
Tipp zu diesem Thema:

*Wenn der Deckenhaken z. B. im Wohnzimmer montiert wird, können Sie an
den Deckenhaken sehr gut eine Blumenampel hängen, falls Sie Besuch bekommen. Es wird Sie dann keiner fragen, welchen Zweck dieser Haken hat.*

Schlau, allerdings werden mich alle fragen, welchen Zweck eine
Blumenampel mitten in meinem Wohnzimmer hat. Ich überlege,
wie man multi vario noch tarnen könnte, und komme auf folgende Lösungen:

•   Ein Hundespielzeug. Der Hund verbeißt sich in einen der Gurte
    und kann dann durch die Gegend geschleudert werden.

•   Ein neuartiges Design für einen sogenannten Butler, über den
    man nachts seine Klamotten hängen kann.

•   Man könnte hartnäckig die Existenz der Schaukel leugnen
    und sie nicht sehen. Und seinen Besuch so in den Wahnsinn
    treiben.

- Eine Art Gehhilfe für Kleinkinder.

- Eine Art Gehhilfe für Senioren.

- Ein Gemüsenetz für sehr großes Gemüse. Riesengemüse.

- Die Sicherheitsgurtapparatur aus dem Auto. Haben wir ausgebaut und hängt jetzt zum Reparieren da.

- Ein Foltergerät. L. ist nämlich in Wahrheit ein Topspion, der sich manchmal Arbeit mit nach Hause nimmt.

- Eine Kraxe für Walbabys.

- Eine buddhistische Gebetsschaukel.

- Eine Salatschleuder von Alessi, wir kommen aber nicht zurecht damit.

Ein ganz anderes Problem offenbart die Gebrauchsanweisung: Es ist nämlich kein Deckenhaken dabei, an dem man die Kette mit der Schaukel einhängen könnte. Ich bin dafür, es mit dem größten Dübel zu versuchen, aber da sollten Sie mal L. hören, der bekommt fast einen Herzinfarkt. Also gehe ich in den nächsten Eisenwarenladen. Ich brauche einen M10-Deckenhaken. Hat die Gebrauchsanleitung gesagt. Das sind so Angaben, bei denen man keine Ahnung hat, was sie bedeuten, man kann sie nur auswendig aufsagen. Und hoffen, dass das Gegenüber dann nicht so etwas fragt wie: M10 mit Über- oder mit Unterdröselung?

Mein Gegenüber im Eisenwarenladen hat keinen M10-Deckenhaken. Vielleicht ginge ja ein kleinerer? Was ich denn dran aufhängen wolle? »Lampe! Eine Lampe, eine sehr große Lampe, ein

Lüster fast schon.« Und wie viel die Lampe ungefähr wiegt, will der Eisenwarenladen-Mann wissen. »150 Kilo«, sage ich.

Wir sehen uns in die Augen. Dann verschwindet der Mann unter dem Tresen und legt einen Mordshaken auf die Theke. Und versichert, daran könne ich einen Elefanten aufhängen. Oder eine Lampe. Sehe ich da den Hauch eines ironischen Lächelns in seinem Gesicht?

L. sieht sich meinen Kauf zu Hause an und ist glücklich. Ein toller Haken. Also, wohin damit? »Schlafzimmer?«, schlage ich vor. »Schlafzimmer«, antwortet L. und zieht multi vario hinter sich her. Bei der Frage, wo genau im Schlafzimmer, kriegen wir uns in die Wolle. L. will die Schaukel unbedingt über dem Bett aufhängen, wegen, natürlich, der Sicherheit. Für den Fall, dass der Haken nicht hält (!) oder die Kette, an der multi vario hängt, aus dem Haken springt, reißt (!) oder sonst was passiert. Verstehen Sie mich nicht falsch, ich kann mich noch gut erinnern, wie es Samantha aus *Sex and the City* auf den Arsch gehauen hat, als sie mit ihrem Lover so ein Ding ausprobiert hat. Mit L. wäre ihr das nicht passiert. Aber über dem Bett? Ich halte das für kompletten Schwachsinn und sage es auch so. L. runzelt die Stirn und bohrt das Loch für den Deckenhaken trotzdem über das Bett. »Damit sich niemand das Steißbein bricht.« Jetzt rieselt auch noch Deckendreck aufs Bett. Ich werde ein klitzekleines bisschen schlecht gelaunt, ich meine, wie soll denn das gehen: Eine schwebt in den Gurten und der andere balanciert auf einer weichen Matratze? Das wird doch eine Zirkusnummer! »Unsexy«, finde ich. »Was da alles passieren kann«, sagt L. und hängt die Feder an die Kette und multi vario an die Feder. Knapp einen Meter über dem Bett schaukelt multi vario nun zwischen uns. Wir stehen beide leicht verstimmt auf dem Bett und versuchen uns vorzustellen, wie das funktionieren soll. »Das ist doch scheiße so«, nörgle ich und prompt ist L. sauer. Dass der auch immer so empfindlich sein muss. Mit Minus-Gesichtern blicken wir uns in die Augen und multi vario schaukelt am Rand unseres Gesichtsfeldes leicht hin und her, als wolle sie auf sich aufmerksam machen. »Hey, Leute, ich bin's, guckt doch mal her!« Aber niemand guckt. L. dreht sich um und geht und ich schaue böse hinterher.

Ich kann ja so eine ungute Stimmung zu Hause nicht gut aushalten. Da bekomme ich Bauchweh und L. geht es ähnlich. Wir sind beide nicht die großen Sturköpfe, vor allem nicht, wenn es um nichts geht. Und so dauert es nicht lange, bis eins (ich) beim anderen (L.) auf die Schulter klopft. »Entschuldigung, dass ich gemein war. Wir können multi vario auch über dem Bett lassen.« L., froh, dass der Groll sich verzogen hat, macht sich ans Gemüseschneiden für den Eintopf. An diesem Abend, als wir in die Decken gemummelt nebeneinander im Bett liegen und ich meinen Kopf an L.s Schulter lege, sehen wir, knapp einen Meter über uns, als wehte ein lindes Lüftchen, sanft multi vario baumeln.

»Es ist fast wie in die Sterne zu schauen, nur anders«, meint L. »Ja, näher«, finde ich und mache mir kein bisschen Sorgen, dass sie runterfallen könnte.

Ich erschrecke morgens nur kurz, als ich die Augen aufmache. »Guten Morgen, L., guten Morgen, multi vario.« Während wir Morgenkaffee trinken und zu dritt im Bett sitzen, beziehungsweise sitzen nur L. und ich, multi vario schwebt darüber, bin ich gar nicht mehr begeistert von der Anschaffung. Mit diesem Stahlbügel und der Kette und den schwarzen Gurten sieht multi (ich nenne sie jetzt bei ihrem Vornamen, wir haben schließlich schon eine Nacht zusammen verbracht) den Möbeln aus der Wohnzimmerserie *Schmärz* nicht unähnlich. L. stellt sich nackt neben multi und wippt auf und ab. »Du hast schon recht, einen sicheren Stand hat man hier nicht.« Spricht's und verschwindet mit seinem Kaffee. Kurz darauf raschelt es in der Kammer, wo wir das Werkzeug aufbewahren. Hier wird es gleich ungemütlich werden. Lila sitzt an der Schwelle zur Schlafzimmertür und beäugt misstrauisch das neue Ding. In unser Schlafzimmer hinein darf sie nicht, weil sie uns sonst beim Sex zusieht, das Luder. Sie hatte dabei immer einen leicht besorgten Blick, als würde sie überlegen, wer sie füttern sollte, wenn sich ihre Herrchen jetzt im Bett umbrächten. »Na los, Mädchen, gehen wir spazieren.«

Als Lila und ich wieder nach Hause kommen, hängt multi nicht mehr über dem Bett. Sie ist umgezogen, ein gutes Stück hinter das Fußende unseres Bettes, in die Mitte des Raums. Da hängt sie nun. »Na«, fragt L., »besser?« Ich nicke. »Viel besser. Und wir können ja eine Decke unterlegen, zur Sicherheit«, mache ich ein Angebot. Als wir an diesem Abend saumüde ins Bett gehen, hängt multi an ihrer Kette wie eine Anklage. Nach dem Motto: Ihr könnt mich doch nicht einfach so hier hängen lassen! Ihr habt hier noch was zu erledigen, Freunde!

Obwohl das Licht aus ist, kann ich in der Dunkelheit trotzdem ihre Umrisse erkennen und ihr leichtes, vorwurfsvolles Schaukeln. Ich stupse L. an. »Ich habe das Gefühl, sie schaut uns an.« L. brummelt nur. Ich stupse stärker. »L.!«

»Was denn, was denn?«, er dreht sich zu mir. »Multi!«, sage ich, »es sieht aus, als würde sie uns beobachten. So abwartend.« Ich kann förmlich hören, wie L. die Augen verdreht. »Ach, Alex, das ist doch Quatsch«, und will sich geradewegs wieder in die Decke mümmeln. »L., wirklich, ich finde, sie macht einen lauernden Einruck. L.?« Ich höre L. seufzen, dann wühlt er sich aus dem Bett. »Okay«, sagt er, »ist gut.« Er tapst zu dem Sessel, über den er abends seine Klamotten schmeißt, und schnappt sich Hose,

Pulli, T-Shirt und den Bademantel und drapiert alles über die Gurte und den Stahlbügel von multi. »Ich hab ihr die Augen verbunden, meinst du, du kannst jetzt schlafen?« Kann ich.

Multi hängt seitdem leicht behängt in der Mitte unseres Schlafzimmers und wir haben uns an sie gewöhnt wie an ein Möbel. Ich mache auf meinem Weg ums Bett abends einen kleinen Schlenker, um ihr auszuweichen, und L. legt seine Hemden auf ihr ab. Morgens gibt er ihr einen freundschaftlichen Schubser. Warum wir sie nicht endlich ausprobieren – das hat psychologische Gründe. Die Tatsache, dass sie da hängt, kommt mir wie eine Aufforderung vor, was mich sofort um 27 Jahre zurückwirft, direkt in meine Trotzphase. *»Du Hängeding hast mir gar nichts zu sagen ...«* etc. Ein Dilemma. L. ist da entspannter und zeigt mir freundlich einen Vogel, wenn ich ihm meine Bredouille schildere.

Während L. mit Lila spazieren ist und ich die Betten überziehe, stupse ich multi an, die daraufhin L.s Hemden abwirft. »Ruhig, multi«, rede ich ihr gut zu und tätschle ihre Gurte. Ich habe noch nicht einmal ausprobiert, ob man normal schaukeln kann. Vorsichtig schiebe ich einen der Gurte unter mein Hinterteil, halte mich am Stahlbügel über mir fest und mit festem Blick auf den Haken hebe ich langsam die Zehenspitzen vom Boden. Hält. Ich schaukle ein ganz klein wenig vor und zurück. Hält immer noch.

»Yiieeeehhaaaaaa«, quietsche ich und komme mit den Zehen fast bis zur Decke, als L. und Lila zurückkommen und mit großen Augen in der Schlafzimmertür stehen. »Ich vermute, du hast die Bredouille überwunden?«, fragt L. und überprüft, ob der Haken noch richtig sitzt. »Yes«, antworte ich und drehe mich langsam ein. Und wieder aus. Super. Mir wird schwindlig, genau wie früher auf dem Spielplatz. »Los, komm mit rein, hier ist noch ein Gurt«, sage ich und L. schwingt ein Bein in den zweiten Gurt. »Vielleicht, wenn ich die Beine hier durch die Schlaufen …«, L. hüpft jetzt auf einem Bein und versucht, das andere durch eine der Beinschlaufen zu bekommen. Er hält sich dabei an der Schaukel fest, die dreht sich, L. liegt am Boden, mit einem Bein in der Schlaufe. »Hast du dir wehgetan?« Aber L. winkt lachend ab. »Nein, alles gut.« Dann dreht sich die Schaukel wieder und L. dreht sich mit, er zappelt, aber er kann sich nicht richtig aufrichten, weil er so lachen muss. Er liegt auf dem Rücken und strahlt. »Tolles Gerät.«

»Lass uns die Stellungen von der Verpackung nachmachen und ausprobieren, ob das geht«, schlage ich vor und hole den Karton. Machen Sie sich keine falschen Vorstellungen, wir reißen uns nicht die Klamotten vom Leib, diese Art von Stimmung liegt nicht im Raum. Wir sind eher in einer Ikea-Ballparadies-Stimmung.

Die erste Stellung sieht recht einfach aus und soll so gehen: L. schiebt sich den Sitzgurt unter sein Hinterteil, lehnt sich zurück und steckt seine Arme bis zum Oberarm durch die Schlaufen. Ich setze mich einfach oben drauf.

Als L. endlich in der Waagrechten ist, klettere ich auf ihn. Dabei gerät irgendwie das System L. aus dem Gleichgewicht und wie bei einer Wippe geht sein Kopf nach unten und seine Beine gehen nach oben. Ich sitze auf seinem Bauch und L.s Kopf wird rot. »Ich kann nicht mehr«, presst er hervor und ich steige vorsichtig wieder ab. L. hängt jetzt in der Mitte durch und sitzt mit dem Hintern auf dem Boden, Beine und Arme zeigen noch nach oben. Und ich Trottel habe den Akku von der Digitalkamera nicht aufgeladen.

»Jetzt du«, sagt L., als er wieder steht, und zeigt auf das nächste Bild auf der Verpackung. Ich nenne es mal Sterbender Schwan, aber sehen Sie selbst:

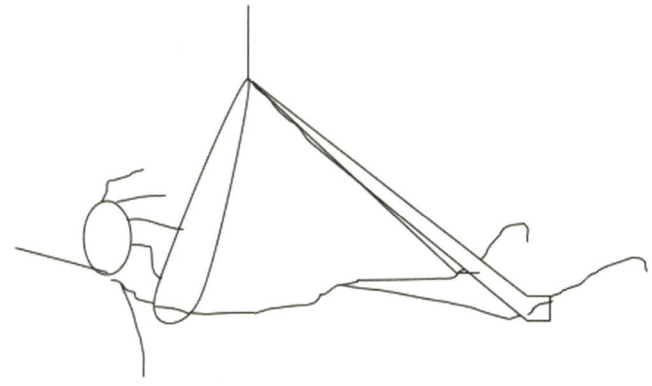

Ich hänge also bäuchlings in den Seilen. Falls man diese Stellung für eine tatsächliche Nummer in Betracht ziehen sollte, stünde der zuständige Herr hinter und zwischen den abgehangenen Beinen seiner Liebsten. Ich lehne mich vorn über den Gurt, mit angezogenen Beinen kann ich schaukeln. »Du musst mir helfen, die Beine in die Schlaufen stecken, das kann ich nicht alleine«, und L. packt den ersten Fuß, um ihn durch die Schlaufe zu stecken. Das wird ein ziemliches Gezuppel, ich bin nämlich kitzlig. Als beide Füße in den Schlaufen stecken, zieht L. sie mir weiter hoch, bis unter die Knie. Es ist so weit. Ich schwebe. Wobei, vielleicht ist Schweben nicht das richtige Wort. Schweben hat so was Leichtes, Elegantes, Friedliches. Ich hingegen baumle eher. Bewegen kann ich mich auch nicht, ich kann nur Schwimmbewegungen machen. L. stupst die Schaukel an. Jetzt baumle und kreisle ich gleichzeitig. Ich bin ein Hubschrauber auf LSD, eine Spinne, die an ihrem eigenen Faden kleben bleibt, der sterbende Zombieschwan, ein Flugunglück.

Wegen meiner Schwimmbewegungen hat sich der Gurt, auf dem ich liege, in Richtung Bauch verschoben. Um den Kopf oben zu behalten, muss ich die Bauchmuskeln anspannen, das geht nicht ewig gut. Ich gehöre zu den Leuten, die in ausweglosen Situati-

onen anfangen müssen zu lachen, das ist so eine Art Übersprungs-
handlung. Ich würde als Geisel keine Viertelstunde überleben, so
eine wiehernde Schenkelklopferin würden Terroristen bestimmt
nicht lange ertragen. Ich fange also schlimm an zu lachen und
Klapp! schon geben die Bauchmuskeln nach. »Köpfchen in das
Wasser, Schwänzchen in die Höh«, prustet L. während ich vor
Lachen brülle und mit den Armen rudere, was ungefähr so aus-
gesehen haben muss:

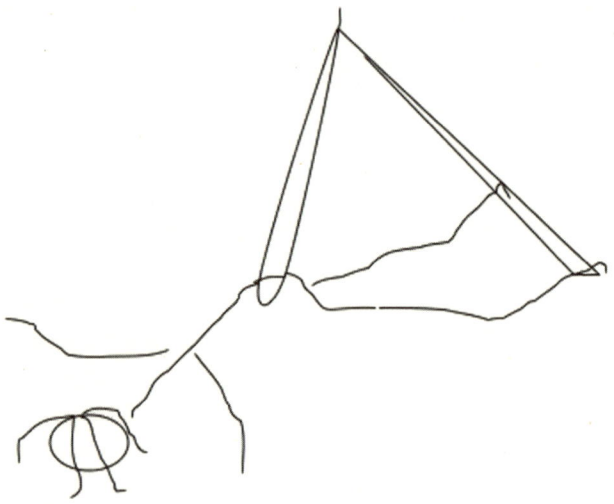

Ich kann es L. nicht verdenken, dass er nichts unternimmt. Ich
kann mich leider nicht beruhigen und fange, während ich Bauchweh vom Lachen bekomme, an, vor und zurück zu schwingen, in
der Hoffnung, mich während eines Vorwärtsschwungs am Bettende festhalten zu können. »Hua, hua, hua, ha, ha, ha«, mir laufen inzwischen Lachtränen aus den Augen. Und bekomme das
Bettende zu fassen. Am letzten Stück Matratze halte ich mich
fest und versuche mich wie eine Raupe nach vorn zu – raupeln?
Würmeln?

Keuchend liege ich wenig später auf dem Bett, L. lässt sich neben mich fallen. »Eine Spitzenschaukel«, japse ich. »Ja, Wahnsinnsnummer«, sagt L. und wir kichern noch ein bisschen vor uns hin.

An diesem Abend, während L. in der Küche eine Putenbrust in Streifen schneidet, suche ich im Internet nach den Erfahrungsberichten anderer Leute. Ich frage mich, ob die auch so viel Spaß mit ihren Liebesschaukeln hatten. Ich habe nur ein Paar gefunden. Die hatten allerdings tatsächlich Sex in dem Ding. »Erstaunlich«, finde ich. »Die Leute sind nun mal verschieden«, findet L. Stimmt. Ich habe ja auch keinen Delfin in die Scham tätowiert und L. ist nicht ganzkörperrasiert, so wie die beiden aus dem Internet.

Als wir später mit einem Glas Wein auf dem Sofa liegen, sagt L.: »Weißt du, eigentlich fand ich unser Liebesleben vor deiner Mission auch ganz schön«, während er von seinem Glas nippt. »Heißt das, du willst keinen Heimporno drehen?«, frage ich ihn und L. verschluckt sich an seinem Wein. Er hustet in seine Faust und sieht mich dann verzweifelt an. »Ist das dein Ernst?«

Ja. Ist es. Und von dem Oralsexkurs nächste Woche sage ich jetzt einmal noch nichts.

»Ich will doch zur besten Liebhaberin der Welt werden«, rufe ich L. ins Gedächtnis.

»Hm, hm!«, sagt L., »reicht es vielleicht auch, wenn du die beste Liebhaberin *meiner* Welt bist?« Ich überlege kurz. »Ja, ich denke, das kann ich gelten lassen«, antworte ich und schmiege mich noch ein bisschen weiter in seinen Arm.

NACHWORT

Ich möchte darauf hinweisen, dass ich nicht den Anspruch erhebe, die Wahrheit über irgendeines der beschriebenen Themen herausgefunden zu haben, ich habe lediglich meine Wahrheiten gefunden. Allgemeingültig sind diese mit Sicherheit nicht. Wenn Sie während meiner Suche aber dazu angestachelt wurden, Ihre eigene Wahrheit zu suchen, dann viel Spaß und ein herzliches: Toi, toi, toi!

Falls Sie dabei eine wirklich sensationelle Entdeckung machen, lassen Sie es mich wissen.

VIELEN DANK:

an Jana, Daniela, Grabschi, Eva Meier alias Motter, Cristina, Gisela, Rosa, Beate, Birgit und Anne, Olli und Petra, Markus, Dani vom Stripkurs, Thomas Hoffmann, Dr. Michael Hermann Josef Braun, Jana und Moritz, Barbara Langer, Boris, Ave, Matthias Werner, Rita –

und natürlich L.

Wie gefährlich ist die Kuscheltierose?

256 Seiten
Preis: 8,99 € [D] | 9,30 € [A]
ISBN: 978-3-86883-278-5

Axel Fröhlich

Frauenkrankheiten

Links-Rechts-Schwäche, Komplimentesucht, Dekoritis, Schnippismus und andere chronische Leiden unserer geliebten Damen

Das Zusammenleben mit Frauen ist die reinste Erfüllung – und wird erst in dem Moment eine echte Herausforderung, in dem eine der zahlreichen Frauenkrankheiten akut wird. Die Bandbreite der Erkrankungen reicht von Einschnapp-Atmung über Morbus Kram bis hin zu den gefürchteten Gängelien. Erstmals in der Geschichte wurden all diese Frauenkrankheiten in einem medizinischen Standardwerk zusammengefasst. Um aufzuklären und um – wo immer möglich – Hilfestellung zu geben, vorzubeugen oder die Schmerzen der Frauen zu lindern.

riva

Das Buch, das alle Glücksratgeber überflüssig macht

256 Seiten
Preis: 14,95 Đ (D) | 15,40 Đ (A)
ISBN 978-3-86882-205-2

Alexandra Reinwarth

DAS GLÜCKSPROJEKT

Wie ich (fast) alles versucht habe, der glücklichste Mensch der Welt zu werden

»Dies ist kein Glücksratgeber. Ratgeber bringen überhaupt nichts, glauben Sie mir, ich habe viele davon. Wenn es nach meinem Bücherregal ginge, wäre ich schon längst schlank im Schlaf geworden, ich wäre die perfekte Liebhaberin, wüsste Wege in die Entspannung, es wäre egal, wen ich heirate, denn ich würde mich selbst lieben und ich würde mich nicht sorgen, sondern leben.«

Alexandra Reinwarth hat ihr Leben einfach selbst in die Hand genommen und es ein Jahr lang tatsächlich versucht: das Glück zu finden. Dafür ist sie weder vor dem Lachyoga-Seminar noch vor Bestellungen ans Universum zurückgeschreckt.

Was sie in ihrem Glücksprojekt erlebt hat, ist so wunderbar und inspirierend, dass es Sie schon beim Lesen glücklich machen wird.